사회과학과 글쓰기

고려대학교
사고와 표현 편찬위원회

고려대학교출판부
KOREA UNIVERSITY PRESS

CONTENTS

I

사회과학적 사유와 표현

1장 인간과 사회

사회과학의 일차적인 관심대상은 사회 그 자체라고 할 수 있다. 그것도 인간의 다양한 이해(利害)와 욕망이 역학관계를 이루는 사회이다. 따라서 인간에 대한 이해(理解)는 사회과학도에게 사회를 유연하고 섬세하게 볼 수 있는 통찰력을 길러줄 것이요, 사회에 대한 이해는 동시에 인간을 깊이 있게 파악할 수 있게 해줄 것이다. 그러한 의미에서 사회과학적 사유와 인간의 탐구는 필요충분조건관계에 있다고 하겠다.

우리는 인간을 정의하는 여러 가지 명제들을 알고 있다. 그 중에서 가장 전통적인 것은, '인간은 사회적인 존재다'라는 정언일 것이다. 그러나 여기에서 우리는 '사회성이 인간의 것이기만 한가'라는 질문을 던져볼 수 있다. 그렇다면 '사회성은 인간의 본성과 어떤 관련이 있을까', 나아가 '인간을 생물학적 기반에서 설명할 수는 없는가', '인간의 본성은 동물적이므로 억압되어야 하는가' 아니면 '인간의 본성은 자연이므로 존중되고 긍정되어야만 하는가' 등의 여러 가지 의문도 떠오를 법하다. 우리가 '동물'이라고 말할 때 우리 머릿속에서 '식물'이 자연스럽게 제외되는 것처럼 '인간'도 어느새 예외가 되어버린다. 이 지점에서 우리에게 필요한 것은 인간의 본성을 무조건 부인하거나 긍정할 것이 아니라 인간의 본성에 관한 주장들을 냉정하게 조사하고 균형 있게 사고하는 것일 것이다.

인간 본성에 대한 생물학적 주장은 지식 사회에서 매우 몰인정하고 사악한 것으로 여겨져 왔다. 특히 2차 세계대전 때 극단적으로 악용되어 대량학살로 연결되었던 역사적 기억과 맞물리면서 생물학적 개념 자체는 지식인에게 불편한 것으로 분리되었다. 이 지점에서 다시 묻자. 인간 본성에 관한 주장 자체가 사악해질 수 있는 것인가? 생물학적 주장과 20세기 도덕적 재앙을 단순한 동의관계로 파악할 수 있는가? 꾸준한 관심과 사유를 거치지 않은 부정은 인간과 사회를 이해하고자 하는 건전한 욕구를 가로막고 세계를 향한 정신을 폐쇄시킨다. 그러면 점점 현실은 우리가 알 수 없는 그 무엇이 될 것이다.

그에 대한 첫걸음으로 이 장에서는, 인간의 본성과 행동양식을 생물학적 개념으로 풀이하는 두 글(읽기자료 1, 2)과, 인간의 이기적 본성을 포착하고 그에 관한 허무주의적 두려움을 환기하는 소설 작품(읽기자료 3), 그리고 허무주의에 대한 두려움을 생물학적 관점에서 해결하는 글(읽기자료 4)을 만나보도록 하자. 읽기자료들을 통해 각자 가능한 질문을 던지고 사유의 공간을 마련하여 글로 표현해 보자.

:: 읽기자료 1

이기적 유전자란 무엇일까? 말을 바꿔보자. 개개의 이기적 유전자의 목적은 무엇인가? 그것은 유전자 풀 속에 그 수를 증대시키고자 노력하고 있는 것이다. 개개의 유전자는 기본적으로 그것이 생존하고 번식하는 장소인 몸의 프로그램을 만드는 것을 도와주어 이것을 행하고 있다. 그러나 이제 우리는 '그것' 이 다수의 다른 개체 내에 동시에 존재하는 분산된 존재라는 것을 강조하고자 한다. 유전자가 남의 몸속에 앉아 있는 자기복제까지도 도울 수 있을 것이라는 점이다. 만약 그렇다면 이것은 개체의 이타주의로 나타나겠지만, 그것은 어디까지나 유전자의 이기주의에서 생겨난 것이다.

한 개체는 다른 개체의 생명에 자기의 일부를 투자하거나 내기하는 것으로 생각할 수 있다는 점에서 개체는 생명 보험자라고 생각된다. 그는 다른 개체와 자기와의 근친도(유전자를 공유하는 정도)를 고려하고, 또 보험업자 자신의 '평균 여명' 과 그 개체의 것을 비교해 보아 그 개체가 '좋은 피보험자' 인지 아닌지를 고려한다. 엄밀히 말하면 평균 여명이타기보다는 '번식 기대치' 라고 하는 것이 적절하며, 더 엄밀하게는 '장래 기대에서의 자기의 유전자를 이롭게 할 일반적인 능력' 이라고 해야 할 것이다. 그리고 이타적 행동이 진화하기 위해서는 이타주의자로서의 위험도가 수익자로서의 순이익에 그 근친도를 곱한 것보다 더 작지 않으면 안 된다.

그러나 그것은 어설픈 생존 기계가 특히 서둘러서 계산을 행하기에는 얼마나 복잡한 계산인가! 다행히 생존 기계가 복잡한 방식으로 암산해야 한다고 생각할 필요는 없다. 동물은 복잡한 계산을 한 것처럼 행동하도록 미리 프로그램을 만들었을지도 모른다. 이것은 생각보다 그리 상상하기 어려운 것이 아니다. 공을 공중에 던져 올렸다가 다시 잡을 때 사람은 그 공의 궤도를 예견하는 데 일련의 미분 방정식을 푼 것 같이 행동한다. 마찬가지로 모든 찬반과 예상할 수 있는 모든 결과를 고려하여 어려운 결정을 행할 때, 사람은 컴퓨터가 하고 있는 것과 기능적으로 똑같은 대규모의 '가중 합계(加重合計)' 계산을 하고 있는 것이다.

하나의 모형 생존 기계가 이타적으로 행동할지의 여부를 결정하는 시뮬레이션을 하기 위하여 컴퓨터 프로그램을 만든다면 우리는 대체로 다음과 같이 일을 추진해야 할 것이다. 우선 그 동물이 행하는 택일적 행동 전부의 일람표를 만든 다음에 이들의 택일적 행동 패턴의 각각에 대해 가중 합계 계산의 프로그램을 만든다. 모든 이익에는 +기호를, 위험에는 −기호를 붙인다. 합계하기 전에 양쪽에 이익과 위험의 적당한 근친도를 곱하여 '가중' 한다.

이야기를 간단히 하기 위해 우선 연령과 건강과 같은 그 밖의 조건은 무시하기로 하자. 어떤 개체이든지 자신에 대한 '근친도' 는 1이기 때문에(즉 그 개체는 자신의 유전자를 당연히 100% 가지고 있다) 자신에 대한 위험과 이익은 전혀 평가절하가 없다. 어쨌든 하나의 택일적 행동 패턴에 관한 총계는 다음과 같다. 행동 패턴의 순이익 = (자기 이익) − (자기 위험) + (형제의 이익 1/2) − (형제의 위험 1/2) + (또 다른 형제의 이익 1/2) − (또 다른 형제의 위험 1/2) + (사촌의 이익 1/8) − (사촌의 위험 1/8) + (자식의 이익 1/2) − (자식의 위험 1/2) + 등등.

그 합계 결과는 그 행동 패턴의 '순이익 득점(net benefit score)' 이라고 하는 수치이다. 다음에 그 모델 동물은 레퍼토리 속에 들어 있는 자기의 택일적 행동 패턴들의 레퍼토리의 각각에 대해 같은 식으로 합계를 구한다. 최후에 그 동물은 순이익이 최대로 되는 행동 패턴을 선택하여 실행한다. 가령 전체 득점이 마이너스라고 해도 최고 득점의 행동을, 즉 가장 작은 불운을 택할 것이다. 어떠한 적극적 행동을 하더라도 다른 일을 하는 데는 시간과 에너지의 소비가 있음을 기억하라. 아무것도 하지 않는 것이 순이익 득점을 최고로 하는 '행동' 이라면 그 모델 동물은 아무 것도 하지 않을 것이다.

여기서 매우 단순화된, 주관적인 독백 형식으로 표현해 보자. 내가 8개의 버섯 무더기를 발견한 동물이라고 하자. 나는 그 영양가를 고려하고 그것들이 독이 있을지도 모른다는 위험을 어느 정도 감안하여 그것들이 각각 +6단위의 가치가 있다고 추측한다. 버섯이 크기 때문에 그 중 3개밖에 먹을 수 없다. 나는 "먹을 것이 있다" 고 소리쳐 나의 발견물을 그 밖의 누구에게 알려주어야 할 것인가, 알려준다면 들리는 범위에는 누가 있을 것인가. 동생 B(나에 대한 근친도 1/2)와 사촌 C(근친도 1/8), 그리고 D(특별한 관계는 없고 나에 대한 근친도는 매우 작아 실제로 0으로 취급)가 있다고 하자. 나의 순이익 득점은 내가 발견물에 관해 가만히 있으면 내가 먹을 수 있는 3개의 버섯에 관해 각각 +6이니까 합계는 +18이다. 먹이가 있다고 알렸을 때의 나의 순이익 득점은 계산을 필요로 한다. 8개의 버섯은 우리 4인에게 균등히 분배될 것이다. 내 자신이 먹은 2개에서 얻은 득점은 각각 완전한 +6단위, 즉 합계 +12일 것이다. 그러나 동생과 사촌이 2개씩 먹었을 때 세 사람은 공통의 유전자를 가지고 있으므로 내게도 얼마의 득점이 부여된다. 실제의 득점은 (1 × 12) + (1/2 × 12) + (1/8 × 12) + (0 × 12) = +19와 1/2이 된다. 이기적 행위를 취했을 경우에 이에 상당하는 순이익은 +18이었다. 두 점수는 비슷하나 답은 분명하다. 나는 동료를 불러야 한다. 이 경우 나의 이타주의는 나의 이기적인 유전자에 이익을 주는 것이 된다.

설명을 간단히 하기 위해 개개의 동물이 자기의 유전자를 위해서 무엇이 최선인가를 계산해 낸다고 가정해 보았다. 실제로 일어나는 일은 몸들이 마치 이와 같은 계산을 한 것처럼 행동하도록 몸들에 영향을 미치는 유전자들로 유전자 풀이 채워지게 되는 것이다.

여기서 잠깐 유전자 용어로 돌아가자. 살아 있는 몸은 지금까지 생존해 온 유전자에 의해 만들어진 프로그램 기계이다. 지금까지 생존해 온 유전자는 과거에 '평균하여' 그 종의 환경을 특징짓는 경향이 있던 조건들 속에서 생존해 왔다. 그러나 이때의 경험은 유전자의 경험, 더 정확히 말하면 과거의 유전자의 생존 조건이란 특별한 의미가 있다. 조건이 터무니없이 변하지 않는 한 그 추산은 괜찮은 추산이고 생존 기계는 평균적으로 올바른 결단을 내리는 경향이 있을 것이다. 조건이 급변하면 생존 기계는 틀린 결정을 내릴 가능성이 높아져서 그 유전자는 벌금을 내게 될 것이다. 낡은 정보에 기초한 인간의 결정이 틀리기 쉬운 것과 똑같다.

근친도의 평가에도 역시 오류와 불확실함이 따르게 마련이다. 지금까지 이야기해 온 매우 단순화된 계산에서는 마치 생존 기계가 누가 자기의 친족이고 어느 정도 가까운 혈연인가를 알고 있는 것처럼 말해 왔다. 실제로는 이와 같이 확실히 알고 있는 경우도 있지만, 대개의 근친도는 평균치로 추정하는 데 불과하다.

가령 A와 B의 부모가 같은 형제인지 아버지가 다른 형제인지를 모를 때를 생각해 보자. 그들 간의 근친도는 1/4이거나 1/2인데 부모가 같은 형제인지 부모 중 아버지가 다른 형제인지 모르기 때문에 유효 근친도 수치는 평균 3/8이다. 그들의 어머니가 같다는 것은 확실하나 아버지가 같다는 확률이 1/10이라면 그들이 아버지가 다른 형제라는 것은 90%가 확실하고 같은 부모를 가진 형제라는 것은 10%가 확실하다. 이때 유효 근친도는 $(1/10)\times(1/2)+(9/10)\times(1/4)=0.275$이다.

그러나 '그것'이 90% 확실하다고 말할 때 무엇을 '그것'이라고 말하고 있는 것일까? 오랜 야외 연구를 한 박물학자에게 90% 확실하다는 것인가 아니면 동물에게 90% 확실하다는 것인가? 다행히 이들 내용은 둘 다 거의 같다. 이것을 알려면 실제로 동물이 누가 자기의 근친인가를 어떻게 판단하는지를 생각해야 한다.

우리가 누가 친족인가를 알 수 있는 것은 사람으로부터 듣고, 이름이 있으며, 결혼이라는 형식, 사실의 기록과 좋은 기억력이 있기 때문이다. 많은 사회 인류학자는 자기가 연구하고 있는 사회의 '친족 관계'에 몰두하고 있다. 그들은 진정한 유전적 혈연이 아닌 친족 관계라는 주관적 문화 개념을 가지고 연구하고 있다. 일반적으로 인간의 관습이나 종족 의식은 친족 관계를 크게 강조한다. 조상 숭배가 널리 행해지고 있고 가족의 의무와 충실이 생활의 큰 부분을 지배한다. 근친상간의 금기는 인간의 위대한 친족 의식을 증명하고 있다. 근친상간 금기의 유전적 이익은 이타주의와는 아무런 관계가 없다. 그것은 아마도 근친상간에 의해 나타나는 열성 유전자의 유해한 효과와 관계가 있을 것이다.

야생 동물은 누가 친척인가를 어떻게 알 수 있는 것일까? 바꾸어 말하면 그들이 어떤 행동 규칙을 따랐기에 그들은 마치 혈연관계를 알고 있는 듯 행동할 수 있는 것일까? 동물은 자신의 유전자 활동에 의해 단순한 규칙을 부여받아야 한다. 그리고 그 규칙은 행동의 최종 목적이 무엇인지를 확실하게 인식시켜 주지는 않더라도 적어도 평균적인 조건들 속에서 작동해야 한다. 우리 인간은 규칙에 익숙해 있다. 그리고 그 규칙은 대단히 강력해서 우리는 그 규칙이 자기뿐 아니라 그 누구에게도 좋을 게 없다는 것을 잘 알고 있으면서도 규칙 그 자체에 순종한다. 예를 들어 일부 정통파 유대 교도와 회교도는 비록 굶어 죽을망정 돼지고기를 먹지 않는다는 규칙을 지킨다. 그렇다면 동물이 따르는 정상 조건 하에서는 그들의 친척에 이익을 준다는 간접 효과를 가지고 있음에 틀림없는, 그러한 단순하고 실제적인 규칙은 어떤 규칙일까?

만일 동물이 육체적으로 자기와 닮은 개체에 대해 이타적으로 행동하는 경향을 가지고 있다면, 그들은 간접적으로 자기의 친족에게 어느 정도 좋은 일을 하는 셈이 될 것이다. 그러나 그 효율성의 정도는 해당 종이 나타내는 여러 특성에 크게 영향받을 것이다. 어쨌든 이 같은 규칙은 다만 통계적 의미에서 '올바른' 결단으로 이끌어 갈 뿐이다. 조건이 변하면, 예를 들어 한 종이 훨씬 큰 집단에서 생활하기 시작하면 그것은 잘못된 결단으로 이끌지 모른다. 상상컨대, 인종 편견이란 육체적으로 자기를 닮은 개체를 인지하고 외견상 다른 개체를 싫어하는 성질이 혈연 선택에 의해 진화하여 그것이 비이성적으로 일반화된 결과 생긴 것이라고 볼 수 있을 것이다.

병아리는 가족 무리 속에서 모이를 쪼며 모두 어미의 뒤를 따라 다닌다. 병아리에게는 주로 두 종류의 울음 소리가 있다. 크고도 예리한 삐악삐악 소리와 먹는 중에 내는 짧은 지저귐이 있다. 어미의 도움을 청하는 효과적인 삐악삐악 소리는 다른 병아리에게 무시된다. 그러나 지저귀는 소리는 다른 병아리를 먹이가 있는 곳으로 유인한다. 이 같은 겉보기의 이타주의는 혈연선택에 의해 쉽게 설명된다.

자연계에서 그 병아리들은 모두 친형제자매이므로 지저귀는 병아리의 손실이 다른 병아리의 순이익의 1/2보다 적으면 먹이가 있다는 지저귐의 유전자 분포는 확산될 것이다. 물론 가끔 가정이나 농장에서 암탉이 자기 것이 아닌 알을 — 칠면조나 오리알을 — 품고 있을 경우, 이 규칙은 적용될 수 없다. 그러나 암탉과 병아리가 이것을 인식하기를 기대할 수는 없다. 그들의 행동은 자연계에서 일어날 수 있는 조건 아래 형성된 것이고, 자연계에서는 정상적으로 자기의 집 속에 낯선 알이 있는 알은 없다.

이런 오류는 자연계에서도 가끔 일어난다. 무리를 이루고 사는 종에서는 고아가 된 새끼가 다른 암컷, 대개는 자기 자식을 잃은 어미의 양자가 되는 경우가 있다. 원숭이 관찰자는 때때로 양자를 들이는 어미에게 '이모'라는 말을 쓴다. 대개의 경우 그 어미가 실제로 이모라는 증거는 없고 어떤 친척이라는 증거마저 없다. 원숭이 관찰자가 유전자 의식을 강하게 가졌더라면 '이모'와 같은 중요한 말을 함부로 쓰지는 않았을 것이다.

대체로 양자를 키우는 행동은 그것이 아무리 감동적으로 보일지라도 하나의 짜여진 규칙의 오용이라고 보아야 할 것이다. 왜냐하면 그 암컷은 고아의 시중을 드는 것이 자기의 유전자에게는 아무 도움이 되지 않기 때문이다. 어미는 자기의 친족, 특히 장래의 자기 새끼들의 양육에 쓸 수 있는 시간과 에너지를 허비하고 있다. 그것은 아마도 모성 본능이 잘 선택되도록 하는 규칙을 개정할 필요가 없었던 그런 실수일 것이다. 그런데 많은 경우 이와 같은 양자 결연은 거의 일어나지 않으며 대개 고아는 죽게 내버려진다.

— 리처드 도킨스, 《이기적 유전자》 중에서

:: 읽기자료 2

우리는 극단적인 형태의 자기 희생에 매료된다. 하지만 포유동물의 자기 희생에는 그런 감정을 느끼겠지만 개미의 자기 희생에는 그렇지 않을 것이다. 의회 의 명예 훈장들은 대부분 제1, 2차 세계대전, 한국 전쟁, 베트남 전쟁에서 동료를 구하기 위해 수류탄 위로 몸을 던진 사람, 격전지에서 자신의 목숨을 희생하여 남을 구한 사람, 죽음이라는 똑같은 운명을 향해 비범한 결정을 내린 사람들에게 수여되었다. 그러한 이타주의적 자살은 용기의 궁극적 행우 이자 국가 최고의 영예를 받을 가치가 있는 감동적 행위이다. 그러나 거기에는 커다란 수수께끼가 남아 있다. 절망의 순간에 이 사람들의 마음 속에 있는 그 무엇이 그것을 가능하게 했을까? 제임스 존스(James Jones)는 《제2차 세계대전WW II》에서 이렇게 썼다.

> 그런 상황에서는 언제나 개인의 자존심과 긍지가 중요한 요소가 되며, 전투의 순수한 흥분 상태는 그것이 없었다면 망설였을지 모를 상황에서 종종 사람을 기꺼이 죽음으로 이끌 수 있다. 그러나 절대적이고 궁극적인 목적을 생각하면, 너의 궁극적인 소멸이 저기 단지 몇 걸음 떨어진 곳에서 너를 돌아보고 있는 순간에 너에게 마지막 몇 걸음을 계속 걷도록 하는, 일종의 이차적인 국가적 사회적 심지어 인종적인 — 열렬한 기쁨, 거의 성적 쾌락의 쇄도와 같은 종류의 — 매저키즘이 있을지 모른다. 더 이상 그 어느 것도 개의치 않는 궁극적인 쾌락이.

전쟁터의 직접적 영향으로 기술되곤 했던 이성과 열정의 그 자멸적 혼합물은 헤아릴 수 없이 많은 용기와 관용의 작은 충동들을 넘어선 곳에 놓여 있는 사회를 결속시키는 극단적인 현상일 뿐이다. 사람들은 그런 문제를 제쳐놓은 채, 이타주의의 순수한 요소들을 단순히 인간 본성의 좋은 측면으로 받아들이고 싶어한다. 아마 그 문제를 가장 잘 해석하면, 자각하는 이타주의는 인간과 동물을 변별하는 초월적인 특징이 될 것이다.

자연계에서도 이타주의는 흔히 나타나며, 그 유형도 인간의 용어로 쉽게 이해할 수 있다. 그것은 단지 자손을 위해서만 행해지는 것이 아니라 그 종의 다른 구성원들을 위해서도 행해진다. 예를 들어 울새, 개똥지빠귀, 박새 같은 작은 새들은 매가 접근하면 다른 새에게 경고를 보낸다. 그들은 낮게 웅크린 채 특유의 가늘고 새된 소리를 낸다. 비록 그 경고 소리가 음원이 어디에 있는지 찾기 어렵게 만드는 음향학적 특성을 갖고 있기는 하지만, 적어도 모두에게 신호를 보내는 그 행동이 이기적인 것은 아닌 듯하다. 새는 소리를 내 자신을 드러내기보다는 침묵하는 편이 더 현명할 것이다.

인간을 제외하면, 모든 포유동물 중 침팬지가 가장 이타적일지 모른다. 그들은 공동 사냥 뒤에 고기를 공유할 뿐 아니라 양자를 들이기도 한다. 제인 구달은 탄자니아의 곰비강 국립공원에서 침팬지 어른 형제자매들이 고아가 된 아기를 떠맡은 사례를 세 번이나 관찰할 수 있었다. 앞으로 논의할 이론상의 이유에 비춰볼 때, 그 이타적 행동이 아이를 가진 경험이 있는 암컷, 즉 고아에게 젖을 줄 수 있고 사회적으로 더 충분히 보호해줄 수 있는 암컷이 아니라, 가장 가까운 친척에게서 전개되었다는 것은 상당히 흥미로운 일이다.

그러한 사례가 척추동물한테 꽤 풍부하게 나타남에도 불구하고, 인간에 비견될 만한 이타적 자살은 오직 하등 동물, 특히 사회성 곤충한테서만 만나볼 수 있다. 개미, 꿀벌, 말벌 군체의 구성원들은 집을 방어하기 위해 침입자에게 미친 듯이 돌격할 준비가 되어 있다. 꿀벌의 일벌은 낚시 바늘처럼 바늘이 거꾸로 나 있는 침을 갖고 있다. 벌이 벌집에서 침입자를 공격할 때면 침은 피부에 박힌다. 그리고 벌이 떨어질 때, 침은 박힌 채로 남아 독액샘을 비롯하여 침과 연결되어 있는 내장들을 끄집어낸다. 벌은 곧 죽지만 벌의 공격은 침을 원상태로 빼낼 때보다 더 효과적이다. 독액샘이 상처에 독액을 계속 흘려 넣기 때문이다. 그와 동시에 침의 뿌리에서 발산되는 바나나 향은 다른 벌들이 같은 지점에 가미카제식 공격을 하도록 자극한다. 전체 군체의 관점에서 보면 한 개체의 자살은 손실보다 얻는 것이 더 많다. 일벌 군대의 수는 2~8만 정도이며, 그들은 모두 여왕벌이 낳은 알에서 태어난 자매들이다. 각 벌의 자연적 수명은 약 50일에 불과하며, 그 기간이 지나면 노화로 죽는다. 따라서 목숨을 내놓는 것은 사소한 일에 불과하며, 유전자는 전혀 소모되지 않는다.

극단적인 희생 능력을 공유한다고 해서 인간의 정신과 곤충의 '정신' 이(만약 존재한다면) 비슷하게 작용한다는 뜻은 아니다. 그것은 그 충동을 신성하거나 초월적인 것으로 규정할 필요가 없음을 의미하며, 우리가 더 전통적인 생물학적 설명을 탐구하는 것을 정당화해준다. 그러한 설명은 더 근본적인 문제와 직결된다. 죽은 영웅에게는 자식이 없다는 것이다. 자기희생이 더 적은 자손을 낳는 결과를 빚는다면, 영웅이 창조될 수 있도록 허용한 유전자들은 점차 집단에서 사라질 것이라고 예측할 수 있다. 다윈의 자연선택을 편협하게 해석하면 그렇게 예측할 것이다. 왜냐하면 이기적인 유전자의 지배를 받는 사람은 이타적 유전자를 지닌 사람보다 우월할 것이 분명하며, 또 이기적 유전자는 매 세대가 지날수록 증가하여 우점하는 수준이 되고, 그 집단의 이타적 반응 능력은 계속 감소해야 할 것이기 때문이다.

그렇다면 이타주의는 어떻게 유지되는 것일까? 사회성 곤충이라면 의문의 여지가 없다. 친족 선택은 자연선택의 한 부분이다. 자기희생적 흰개미 병정은 부모인 여왕과 왕을 포함한 군체의 구성원들을 보호한다. 그 결과 병정개미보다 번식력이 더 뛰어난 자매가 번성하게 되고, 그들을 통해 질녀와 조카가 더욱더 늘어남으로써 이타적 유전자는 증식하는 것이다.

그렇다면 인간한테서도 친족 선택을 통한 이타주의 능력이 진화해 왔는가 하는 물음이 당연히 제기된다. 인류 역사의 지배적인 사회 단위가 가족 및 가까운 친족들로 이루어진 친밀한 관계망이었다는 사실은 이런 설명을 지지한다. 그런 이례적인 응집력을 고도의 지능을 통해 가능해진 상세한 친족 분류 체제와 연결시키면, 왜 친족 선택이 원숭이나 다른 포유동물보다 인간한테 더 강력하게 나타났는지 설명할 수 있을지 모른다.

인간 이타주의의 진화론은 이타주의의 유형들이 대부분 궁극적으로 이기적인 속성을 지니고 있다는 점 때문에 한층 더 복잡해진다. 지속성을 지니는 인간 이타주의 중에서 철저하게 자기 파멸적인 것은 없다. 가장 고귀한 영웅적 삶은 개인의 불멸성이라는 강한 신념이 커다란 보상을 받을 것이라는 기대 아래 형성된다. 죽음이 행복한 묵종이라고 말하는 시인들은 죽음을 뜻한 것이 아니라 신격화나 해탈을 말한 것이다.

자비심은 선택적이며 궁극적으로 볼 때 때로는 이기적이기도 하다. 힌두교는 자신과 가까운 친척들을 먼저 후하게 대접하는 것을 허용하는 반면, 관계없는 사람들, 특히 계급에서 탈락한 자에게는 절대로 자비를 베풀라고 권하지 않는다. 니바닉(Nibbanic) 불교의 핵심 목표는 이타주의를 통해 개인을 보존하는 것이다. 신자들은 자비로운 행위를 함으로써 더 나은 개인적 삶을 위한 점수를 얻고 가치 있는 행위로 악을 상쇄한다. 불교 및 기독교 국가들은 보편적 자비 개념을 포용하면서도 한편으로는 침략 전쟁을 방편으로 삼아 왔고, 그 많은 전쟁들은 종교의 이름으로 정당화되어 왔다.

자비심은 유연성이 있고 정치 현실에 대한 적응 능력도 탁월하다. 말하자면 그것은 자기 자신, 가족, 동맹자들의 최대 이익을 따른다. 팔레스타인 난민들은 전 세계의 동정을 받아 왔고 아랍 국가들 사이에서는 분노의 수혜자가 되어 왔다. 그러나 후세인 국왕에서 살해당한 아랍인들이나 요단강 서안 지구에 이주한 사람들보다 훨씬 더 열악한 환경에 놓여 있고 인권을 유린당하고 있는 아랍인들은 거의 언급되지 않는다.

이런 이상한 선택성을 이해하고 인간 이타주의의 수수께끼를 풀려면, 우리는 협동을 두 가지 기본 유형으로 구분해야만 한다. 먼저 이타적 충동은 타인을 향한 비합리적이고 일방적인 것일 수 있다. 베푸는 자는 똑같은 보답을 바란다는 욕망을 결코 표현하지 않으며, 그런 목적을 성취하기 위한 어떤 무의식적 활동도 하지 않는다. 나는 이런 형태의 행동을 '맹목성(hardcore)' 이타주의라고 불러 왔다. 이것은 사회적 보상이나 처벌에 비교적 영향을 받지 않는 유년기 이후의 반응 집합이라 할 수 있다. 그런 행동이 존재한다면 그것은 경쟁 단위인 가족이나 부족 전체에 작용하는 친족 선택이나 자연선택을 통해 진화해 왔을 가능성이 높다. 맹목성 이타주의는 이타주의자의 가장 가까운 친척들에게 기여하고 유연관계가 멀어질수록 기여 빈도와 강도는 급격히 줄어들 것이다.

반면 '목적성(softcore)' 이타주의는 궁극적으로 이기적이다. 이 '이타주의자'는 사회가 자기 자신이나 자신의 가장 가까운 친척들에게 보답해주기를 기대한다. 그의 선행은 때로는 철저하게 의도적으로 계산된 것이고, 그의 전략은 고통스러울 정도로 뒤얽힌 사회의 제재 규범과 요구 사항에 따라 조율된다. 목적성 이타주의의 능력은 주로 개체 선택을 통해 진화해 왔을 것이고, 변덕이 심한 문화적 진화에 크게 영향을 받는다고 예상할 수 있다. 그것의 심리적 매개체는 거짓말, 겉치레, 사기 등이다. 여기에는 자기기만도 포함되는데, 그 이유는 자신의 연기가 현실이라고 믿는 배우가 가장 설득력이 있기 때문이다.

그렇다면 맹목성 대 목적성 이타주의의 상대적 비율이 어느 정도인가 하는 것이 사회 이론의 핵심 문제가 된다. 꿀벌과 흰개미에게서는 그 문제가 이미 해결된 상태이다. 즉 친족 선택이 최고이며, 이타주의는 거의 전부 맹목적이다. 사회성 곤충 속에는 어떠한 위선자도 없다. 이 경향은 더 고등한 동물에서도 주류를 차지한다.

반면 목적성 이타주의는 인간에게서 극단까지 정교해져 왔다. 먼 친척 혹은 무관한 개인 사이에 이루어지는 보답은 인간 사회구성의 열쇠이다. 사회 계약의 완성은 엄격한 친족 선택이 부과했던 고대 척추동물의 속박들을 깨뜨렸다. 탄력적이고 무한히 생산적인 언어 및 어구 분류의 재능과 결합된 보답의 관습을 통해, 인간은 문화와 문명을 건설할 수 있을 만큼 오래 기억되는 계약을 맺는다.

그러나 문제는 아직 남아 있다. 과연 모든 계약의 상부구조 밑에 맹목성 이타주의라는 토대가 존재할까? 그래서 우리는 이렇게 묻기로 한다. 계약을 성립시킨 생물학적 목적은 무엇이며, 족벌주의는 얼마나 완고할까?

이 구분은 중요한다. 왜냐하면 친족 선택에 바탕을 둔 순수한 맹목성 이타주의는 문명의 적이기 때문이다. 인간이 자신의 친척과 부족에게 호혜를 베풀도록 프로그램된 학습 규칙 및 정서적 발달 성향에 의해 상당한 수준까지 인도된다면, 지구 전체의 조화는 극히 제한적으로만 가능할 것이다. 국제 협력은 상한선에 도달할 것이고, 그 다음부터는 전쟁과 경제 투쟁으로 혼란을 겪다가 해체될 것이다. 또 혈통과 영토의 보전 의무는 이성을 노예화하는 열정이 될 것이다.

나는 인간 행동의 맹목성 대 목적성 이타주의의 상대적 비율을 낙관적으로 추정하고 있다. 인간은 한없이 더 큰 조화와 사회적 항상성을 이룰 수 있을 만큼 계산적이고 또 충분히 이기적인 듯하다. 이 말은 자기모순이 아니다. 포유동물 생물학의 속박에 복종하기만 한다면, 참된 이기주의는 거의 완벽한 사회 계약을 이룰 열쇠가 된다.

내 낙천주의는 부족 중심주의와 민족성의 본성을 밝혀낸 증거들에 토대를 두고 있다. 이타주의가 융통성 없이 일방적이라면 친족적 및 인종적 유대는 같은 수준으로 완고하게 유지될 것이다. 끊기가 어렵거나 불가능한 충성의 끈들은 그들의 뒤엉킴에 의해 문화적 진화가 중지될 때까지 점점 얽혀들 것이다. 그러한 상황에서는 확대 가족과 부족 등 중규모 사회 단위들의 보존이 최우선 사항이 될 것이다.

이 개념을 더 명료하게 이해하기 위해, 잠시 진화의 기초 이론으로 돌아가기로 하자. 이기적 행동의 스펙트럼을 상상하자. 한쪽 끝에서는 개인만이 이익을 얻고, 핵가족, 확대 가족(사촌, 조부모, 기타 친족 선택에서 중요한 역할을 할 사람들을 포함), 무리, 부족, 수장제 국가 순으로 나아가다가, 다른 쪽 끝에서는 가장 고도의 사회정치적 단위가 이익을 얻는다고 하자. 인간이 타고난 사회적 행동 성향에 의해 가장 선호되는 것은 이 스펙트럼의 어느 단위일까? 해답을 얻기 위해 자연선택을 다른 관점에서 바라보기로 하자.

상어의 경우 자연선택은 개체 수준에서 집중적으로 일어난다. 즉 상어의 모든 행동은 자기 중심적이고, 절묘할 만큼 자기 자신과 직계 자손의 복지에 적합하다. 대집단을 이루면서 고도의 협동성을 보이는 포르투갈 관해파리의 경우 자연선택은 거의 전적으로 군체 수준에서 작용한다. 각 개체, 즉 젤라틴 덩어리로 압축되고 환원되는 해파리 하나하나는 중요하지 않다. 군체의 어떤 개체들은 위가 없고, 어떤 개체들은 신경계가 없다. 또 대부분 생식 능력이 없다. 거의 모든 개체들은 떨어져 나가거나 재생될 수 있다. 꿀벌, 흰개미, 기타 사회성 곤충들은 단지 이보다 약간 덜 군체 중심적일 뿐이다.

인간은 확실히 이 스펙트럼의 양끝 사이에 자리한다. 그런데 정확히 어디일까? 증거들은 인간이 스펙트럼의 개체 쪽 끝에 더 근접해 있음을 암시하는 듯하다. 우리가 상어나 이기적인 원숭이의 자리에 있는 것은 아니지만, 이 한 가지 변수를 기준으로 삼으면 꿀벌보다는 그들과 더 가깝다. 피상적으로 보면, 부족과 국가에 헌신하는 이타적 행위를 포함하여 개인의 행동을 종종 매우 우회적인 방식으로, 홀로 선 인간과 그 근친의 복지 향상이라는 다원주의를 지향하고 있다. 겉으로 드러난 모습이 어떻든, 가장 정교한 형태의 사회 조직은 궁극적으로 개인의 복지를 위한 매개체 역할을 한다.

인간의 이타주의는 가장 가까운 친척에게 향할 때면 사실상 맹목적인 것처럼 보인다. 우리 이타주의의 나머지 부분들은 본질적으로 목적적이다. 그래서 개인의 마음은 양가감정, 기만, 죄 의식으로 뒤범벅이 되어 언제나 근심에 차 있게 된다.

모든 인종을 통틀어 가장 높은 수준의 자기 중심주의는 다양한 억압 하에 있는 민족 집단의 행동을 통해 가장 뚜렷이 드러난다. 예를 들어 중국계 카리브인들의 역사는 마치 통제된 실험과 비슷하다. 그들의 경험을 상세히 조사한다면, 우리는 민족적 충성심에 영향을 미치는 핵심적인 문화 변수들을 일부 파악할 수 있을 것이다. 19세기 후반 자메이카에 도착한 중국인 이민자들은 소매점 체계를 확보하고 휘어잡을 기회를 얻었다. 일종의 경제적 진공 상태가 존재했던 것이다. 흑인 소작인들은 여전히 예전의 노예 농장을 중심으로 시골에 매여 있던 반면, 상류층을 이루고 있던 백인 유대인들과 이교도들은 소매업을 비천한 것으로 여기고 있었다. 혼혈 '유색인들' 이 그 생태적 지위를 차지할 수도 있었지만, 그들은 자신들이 지향하는 사회경제적 계층인 백인들을 모방하는 데 열심이었으므로 그런 일에는 관심이 없었다. 중국인들은 1퍼센트도 채 안 되는 소수 민족이었지만, 자메이카의 소매업을 차지해 자신들의 운명을 현격히 개선할 수 있었다. 그들은 상업을 직종으로 삼고 민족적 충성심과 제한된 결혼 풍습을 통해 신분을 통합함으로써 그것을 이루어냈다. 민족 의식과 신중한 문화적 배타성이 개인 복지에 공헌한 것이다.

1950년대 들어 사회 환경이 급격히 변화함에 따라 중국인의 민족 정신도 변화했다. 자메이카가 독립하게 되었을 때, 전국적이고 통합적인 크리올(Creole) 문화를 고수하고 있던 민족적 혼합체가 새로운 지배 엘리트가 되었다. 이제 중국인 집단의 최대 관심은 사회적으로 엘리트 집단에 진입하는 것이 되었고, 그들은 민첩하게 그것을 해냈다. 그들이 변별되는 문화 집단을 벗어나는 데는 15년밖에 걸리지 않았다. 그들은 도매업에 진출했고 슈퍼마켓과 쇼핑 센터의 건설과 경영 쪽으로 사업 방향을 바꿨다. 그들은 부르즈와 생활양식과 크리올 문화를 받아들였고, 전통적인 확대 가족을 떠나 핵가족에 비중을 두기 시작했다. 그러면서도 그들은 민족의식을 맹목적인 유전적 명령이 아니라 경제적 전략으로 계속 간직했다. 가장 성공한 사람들은 언제나 동족간 결혼을 많이 하는 가족들이었다. 즉 여성은 재산을 교환하고, 늘리고, 작은 가족 집단 내에 보존하는 수단이었다. 그 풍습이 그 외의 크리올 문화에 동화되는 것을 간섭하지 않았기 때문에, 자메이카의 중국인들은 그것을 버리지 않았다.

한 개인이 지닌 민족 정체성의 강도와 범위는 그가 속한 사회경제적 계층의 일반 이익에 따라 결정되고, 그것들은 먼저 그 자신, 그리고 그의 계층, 마지막으로 그의 민족 집단의 이익에 봉사한다. 정치학에는 '대사제(大司祭)의 법칙'이라고 알려진 수렴 원리가 있다. 이것은 사회의 소득이 정부를 지배하는 계층의 이익으로 배분되는 것을 말한다. 미국에서 이 계층은 중산층이다. 그리고 법인에서 교회에 이르기까지 모든 형태의 기관은 자신을 지배하는 자들의 이익을 최대로 증진시키는 방식으로 진화했다고 덧붙일 수 있다. 생물학적 준거틀까지 돌아가 보면 인간의 이타주의는 목적적이다. 맹목적 요소를 찾으려면 개인을 아주 세밀하게 탐구해야 하며, 그 아이들과 몇몇 가장 가까운 친척들로부터 멀어져서는 안 된다.

그러나 인간의 모든 이타주의가 가장 맹목적인 형태로 표출되도록 강력한 감정적 통제 장치에 의해 성형된다는 것도 명백한 사실이다. 도덕적 공격성은 보답의 강화 측면에서 가장 격렬하게 표출된다. 협잡꾼, 배신자, 배교자, 반역자는 보편적인 증오의 대상이다. 명예와 충성은 가장 경직된 규약을 통해 강화된다. 일차적인 강화에 바탕을 둔 선천적인 학습 규칙들은 아무래도 자기가 속한 집단의 구성원들과 관련하여 바로 그 집단의 가치들을 습득하도록 유도하는 것 같다. 그런 규칙들은 다른 집단 구성원들을 향한 동일한 감정적 태도인 텃세와 이방인 혐오라는 발달 성향의 대칭형 대응물들이다.

더 나아가 학습 규칙과 감정적 방어 기제에 바탕을 둔 이타적 행동의 심층 구조를 일반화하면 이렇다. 내(內)집단은 더 가난해질수록 일종의 보상 작용으로 집단적 자기도취를 더 자주 사용한다는 것이다. 또 다른 일반화는 집단이 커질수록 개인이 집단과의 동일화를 통해 얻을 수 있는 자기도취적 만족감은 줄어들고, 집단의 결속력은 약화되며, 개인들은 집단 내의 하위 집단과 동화되기 쉽다는 것이다. 또 하나의 일반화는 어떤 유형의 하위 집단들이 이미 존재하고 있을 때, 더 큰 국가의 한 부분인 동안에는 동질적으로 보였던 지역도 독립하고 나면 더 이상 동질성을 유지하기가 어렵다는 것이다. 그런 지역의 주민들은 대부분 자신이 속한 집단의 동질성을 좁게 바라봄으로써, 정치적 경계를 협소화하는 반응을 보인다.

요약하면 목적성 이타주의는 강한 감정과 다방면의 충성이라는 특징을 지닌다. 인간은 명예의 관례 측면에서는 일관적이지만, 그 예법을 사람들에게 적용하는 문제에서는 한없이 변덕스럽다. 인간 사회성의 특징은 절대적이라고 믿는 규칙에 언제나 감정적으로 강하게 호소하면서, 사실상 동맹 관계가 쉽게 형성되고, 깨지고, 재구축된다는 점에 있다. 빙하기 이후로 지속되어 온 내집단과 외집단이라는 구분은 오늘날에도 존재하지만, 그 경계선의 정확한 위치는 이리저리 쉽게 옮겨진다.

프로 스포츠는 이런 기본 현상들의 내구성 위에서 번창한다. 관객은 한 시간 남짓 부족 대리인들 간의 원초적인 육체 투쟁 속에 자신의 세계를 용해시킬 수 있다. 선수들은 세계 곳곳에서 오며, 거의 1년 단위로 팔리고 거래된다. 팀 자체는 도시에서 도시로 팔려다닌다. 그러나 그것은 중요하지 않다. 중요한 것은 팬이 공격적인 내집단과 자신을 동일시하고, 팀의 단합, 용맹, 희생을 숭배하며, 승리의 환희를 공유한다는 점이다.

국가도 동일한 규칙에 따라 행동한다. 지난 30년 사이에 지정학적 배치는 독 · 이 · 일 추축국 대 연합국의 대결에서 공산 국가와 자유 세계의 대결로 변화했고, 그 후 대단위 경제 블록 간의 대립으로 바뀌었다. 국제 연합은 인류의 가장 이상적인 수사법이 펼쳐지는 마당이자, 이기적인 이익에 바탕을 둔 동맹 관계가 빠르게 변동하는 만화경이다.

인간이 헌신이 깨진 바로 그 순간에 영적 헌신을 한다는 것은 그야말로 절묘한 일이다. 사람들은 특별한 의미를 부여한 여러 동등한 대안들을 계속 이용할 수 있는 상태로 보유한 채, 다른 동맹 관계를 맺기 위해 많은 투자를 한다. 강력한 이타적 충동이 대개 목적적이라는 것은 행운이다. 그것이 맹목적이라면, 역사는 족벌주의와 인종 차별이라는 극심한 막시류적(hymenopterous) 음모의 기록이 될 것이며, 미래는 견딜 수 없을 만큼 황량해질 것이다. 인간은 말 그대로 끔찍하게 혈족을 위해 스스로를 희생하느라 열심일 것이다. 그러나 인간에게는 합리적인 사람이라면 상당한 수준까지 성취할 수 있는 영구적으로 갱신되는 낙관적 냉소와 결합된, 사회 계약을 맺을 수 있는 포유동물만의 결합성 능력이 있다.

그러면 이제 선천적인 인간 특성의 문화적 팽창, 즉 이상 발달로 돌아가 보자. 언젠가 말콤 무게리지(Malcolm Muggeridge)가 내게 물은 적이 있다. 마더 테레사(Mother Theresa)는 어떻습니까? 우리 곁에 살아 있는 성인을 생물학에서는 어떤 식으로 설명하죠? '사랑의 전도사들' 의 일원인 마더 테레사는 캘커타의 극빈자들을 돌본다. 그녀는 길에서 죽어 가는 사람을 거두고, 쓰레기 더미 속에 버려진 아이를 구하고, 아무도 손대려 하지 않는 부상자와 병자의 시중을 든다. 국제적 인지도와 영예로운 수상에도 불구하고, 마더 테레사는 철저하게 가난하고 고된 삶을 살아간다.

문화는 인간 행동을 이타적 완성 상태에 도달하도록 변화시킬 수 있을까? 어떤 마술 부적을 만지거나, 혹은 성인(聖人) 종족을 창조하는 스키너식 기술을 고안해내는 것이 가능할까? 그렇지 않다. 차분하게 숙고하면서 〈마가복음〉에 나온 예수의 말을 상기해 보자. "온 천하에 다니며 만민에게 복음을 전파하라. 믿고 세례를 받는 사람은 구원을 얻을 것이요 믿지 않는 사람은 정죄를 받으리라." 바로 여기에 종교적 이타주의의 근원이 있다. 이와 똑같이 순수한 어조로 완벽한 내집단 이타주의를 드러내는 거의 동일한 공식 표현이, 마르크스-레닌주의를 포함한 모든 주요 종교의 예언자들을 통해 역설되어 왔다.

모든 종교는 다른 종교의 위에 올라서기 위해 투쟁해 왔다. 마더 테레사는 비범한 사람이지만, 그녀가 교회의 불멸성이라는 인식과 그리스도의 임무 안에서 보호를 받고 있음을 망각해서는 안된다. 마찬가지로 마치 경쟁이라도 하듯 유토피아 약속을 설파했던 레닌은 기독교를 말로 표현할 수 없는 해악이자 가장 혐오스러운 전염병이라고 불렀다. 기독교 신학자들은 그 찬사를 종종 되돌려주곤 했다.

"그것이 모두 그렇게 단순하기만 하다면!" 이라고 알렉산드르 솔제니친은 《수용소 군도(The Gulag Archipelago)》에서 썼다. "악행이 교활하게 저질러지는 곳에 악인들만 있다면, 그리고 남은 우리들 속에서 그들만 솎아내 파멸시킬 일만 남는다면. 그러나 선과 악을 가르는 선(line)은 모든 인간의 마음을 가르며 지난다. 과연 누가 자신의 마음 한 부분을 기꺼이 파괴할 수 있을까?"

성인은 인간 이타주의의 이상 발달이라기보다는 골화(骨化)이다. 그것은 초월이라고 여겨지는 생물학적 명령에 기꺼이 복종한다는 의미이다. 이타주의의 참된 인간화는 사회 계약에 지혜와 통찰력을 덧붙인다는 의미에서, 도덕을 과학적으로 더 깊이 조사함으로써단 성취할 수 있다. 교육심리학자인 로렌스 콜버그는 개인의 정상적인 정신 발달 과정에 따라 진행되는 윤리적 추론 과정을 여섯 단계로 나누었다. 아이는 외부의 규칙과 통제에 맹목적으로 의존하다가, 그 다음 단계를 거치면서 점점 정교한 일련의 내재화한 기준들을 향해 나아간다.

그것은 (1) 처벌을 피하기 위해 규칙과 권위에 단순히 복종하는 단계, (2) 보상과 교환이라는 이득을 얻기 위해 집단행동에 순응하는 단계, (3) 착한 소년 지향 단계, 즉 타인의 혐오나 거부를 피하기 위한 순응 단계, (4) 의무 지향 단계, 즉 권위자의 검열을 피하기 위한 순응, 질서의 파괴, 그 결과로 나타나는 범죄 단계, (5) 준법 지향 단계, 즉 계약의 가치를 인식하고, 공공의 선을 유지하기 위한 규칙 형성 시 약간의 독단이 있음을 인식하는 단계, (6) 양심 또는 원칙 지향 단계, 즉 법이 선보다 악이라고 판단될 때 법을 무효화할 수 있는 선택 원리에 우선적으로 충성하는 단계 등으로 이루어져 있다.

위의 단계 설정은 도덕 문제를 질문했을 때 도출되는 아이들의 응답을 기초로 삼았다. 개인은 지능과 교육 수준에 따라서 사다리의 어느 단계에서 멈출 수 있다. 대부분은 4~5단계까지 도달한다. 4단계는 대략 비비와 침팬지 무리의 도덕 수준에 해당한다. 윤리적 준거가 부분적으로 계약적이고 준법적이 되는 5단계가 되면, 개인은 내가 인간의 사회적 진화 대부분의 토대가 되어왔다고 믿고 있는 도덕을 통합하게 된다. 이 해석이 옳다고 한다면, 개인의 도덕 발달 과정은 유전적으로 동화되어 왔을 가능성이 높고, 현재는 자동적으로 인도되는 정신 발달 과정의 한 부분이 되어 있을 것이다. 개인은 규칙을 학습함으로써, 그리고 비교적 완고한 감정 반응을 보임으로써 5단계를 통과해 간다. 한편 중대한 국면에서 이례적인 사건들 때문에 방향을 바꾸는 사람들도 있다. 반사회적인 이상 성격자도 있다. 그러나 대부분의 사람들은 4단계나 5단계에 도달하며, 따라서 홍적세의 수렵 채집인 무리처럼 조화롭게 살아갈 수 있는 준비가 된다.

우리는 더 이상 수렵 채집인들처럼 작은 무리로 살지 않기 때문에, 6단계는 거의 비생물적이며, 따라서 이상 발달에 가장 큰 영향을 받기 쉽다. 개인은 집단과 법의 판단에 상반되는 원칙들을 선택할 수 있다. 감정에 바탕을 둔 직관을 통해 선택한 원칙들은 대개 생물학적인 근원을 갖고 있으며, 그것들은 원시적인 사회 제도를 강화하는 수준이기 쉽다. 그런 윤리 원칙들은 무의식적으로 형성되어 집단의 신성화, 이타주의의 전도된 역할, 영토방어 등을 새롭게 합리화하는 역할을 한다.

그러나 그 원칙들이 생물학과 관계가 적은 지식과 이성에 의해 선택되는 한, 그것들은 적어도 이론상으로는 비(非)다윈주의적이다. 그래서 우리는 두 번째의 크나큰 정신적 딜레마로 돌아가지 않을 수 없다.

여기에서 제기되는 흥미로운 철학적 의문은 이렇다. 숭고한 도덕 가치들의 문화적 진화가 스스로 방향을 설정하고 자체 추진력을 획득하여 유전적 진화를 대체할 수 있을 것인가? 나는 그렇게 생각하지 않는다. 유전자는 문화를 가죽끈으로 묶어놓고 있다. 끈은 상당히 길지만, 가치들은 자신들이 인간의 유전자 풀(gene pool)에 미치는 결과에 따라서 불가피하게 속박될 것이다.

뇌는 진화의 산물이다. 인간의 행동은 — 그것을 유도하고 지도하는 가장 깊은 감정적 반응 능력들처럼 — 인간의 유전 물질이 자신을 고스란히 보존해 가는 우회적인 방법이다. 도덕은 설명할 수 있는 다른 어떠한 궁극적 기능도 갖고 있지 않다.

— 에드워드 윌슨, 《인간본성에 대하여》 중에서

:: 도움말

인간의 본성을 생물학적 관점으로 설명하는 글의 중심 화제는 유전자이다. 유전자는 자신의 수를 증대시키고자 노력한다는 점에서 근본적으로 이기적이며, 이기적 유전자는 개체의 행동양식을 그에 걸맞게 조정한다. 이기적 유전자에 의한 개체의 행동은 사회적 관계에서 이기적으로 보일 수도 있고 이타적으로 나타날 수도 있다. 이것이 현대 생물학의 기본적 견해이다.

이들의 논리를 따라갈 때 염두에 둘 것이 있다. 그것은 자신의 생존 가능성을 높이려는 '이기적 유전자'에서 '이기적'이라는 말이, 인간적이고 윤리적인 평가 이전의 가치중립적 표현이라는 점이다. 인간 개체를 '생존기계' 혹은 유전자를 실어 나르는 '수레' 라고 지칭하는 생물학의 용어도 그런 관점에서 생각해 볼 수 있다.

사회생물학적 관점으로 보면 인간은 다른 사회성 동물과 생물학적으로 동등하다. 이 관점에 따르면 인간만의 특성이라고 여겨지던 자기희생, 사랑, 미의 추구, 영혼 등의 수많은 숭고한 가치도 진화 과정에서 인류의 번식을 도왔기 때문에 존재할 수 있었다. 이 지점에서 '사회성 인간'과 다른 '사회성 동물'은 정말 동등하기만 한지, 역사적으로 구축된 인간만의 다른 특성과 가치는 없는지, 여러 가지 의문들이 떠오른다.

:: 토론과제

1. ① 우리 주변에서 발견할 수 있는 여러 가지 인간의 행동들을 나열해 보자.
   ② 이 행동들을 '이기적 유전자'에 의한 개체의 행동으로 설명할 수 있는지 이야기해 보자.
   ③ 이에 근거하여 인간 본성에 관한 생물학의 주장이 타당한지도 토론해 보자.

2. 인간의 행동양식이 '이기적인 유전자'에 의해 전적으로 결정된다고 말할 수 있는지(유전적 진화), 아니면 문화적으로 결정되는 부분은 없는지(문화적 진화)를 아래의 기사문을 사례로 토론해 보자.

남자로 살기도 어렵지만 남자로 '오래' 살기도 결코 쉽지 않다. 미국 ABC방송은 19일 남성이 여성보다 일찍 죽을 운명을 타고 났다는 미시간대학의 연구 결과를 소개했다. 미국인을 대상으로 한 이 연구는 전문지 '발달심리학(Evolutionary Psychology)' 최근판에 게재됐다.

이에 따르면 소년기에서 성년까지는 여성 1명당 남성 3명꼴로 사망하고, 50세 이하를 기준으로 하면 여성 10명에 남성 16명꼴로 사망하는 것으로 나타났다. 남녀 사망률 차이는 20~24세에 남성이 여성의 세 배로 최고였다.

남자가 일찍 죽는 이유는 뭘까. 이 연구를 진행한 미시간대의 사회심리학자 대니얼 크루거 박사는 "남자는 남성다워야 한다는 사회적 기대 때문"이라고 설명한다. 이 때문에 남성은 위험을 무릅쓰는 행동을 서슴지 않으며 따라서 일찍 죽을 가능성도 커진다는 것이다.

생물학적인 연원도 있다고 한다. 포유류 수컷은 2세 출산과 양육 과정에서 암컷보다 에너지 소모가 적다. 대신 그 에너지를 가능한 한 많은 수의 암컷과 짝을 짓는 데 쓰려 한다. 그러다 보니 경쟁적이고 공격적인 성향을 띠게 된다. 이러한 성향은 사회적 지위를 차지하는 것과 암컷의 관심을 끄는 데는 효과적일지 모른다. 하지만 개인의 생존에는 별 도움이 안 된다.

— 《중앙일보》, 2004. 7. 21.

:: 쓰기과제

1 '개체의 이타적 행위 역시 유전자의 이기주의에서 생겨난다'는 말을 다시 생각해 보자. 어쩌면 우리가 문제 삼아야 할 것은, 인간의 본성 자체를 두려워하고 부인할 것이 아니라 인간의 본성을 어떻게 이해하고 삶에 받아들일 것인가 하는 태도의 문제일지도 모른다. 다음의 네 가지 항목은 인간의 본성에 대한 두려움의 표출형태이다. 이 중 한 항목을 정하여 그 두려움의 근거를 설명해 보자. 그리고 과연 그것이 타당한 근심인지 아니면 그 속에 내포된 잘못된 의미나 논리가 있는지를 논리적으로 증명해 보자.

---

① 사람들이 유전적인 특성에 의해 선천적으로 다르다면 억압과 차별이 정당화될 것이다.
② 사람들이 선천적으로 이기적이라면(부도덕하다면), 인간의 삶의 조건을 개선할 수 있다는 희망은 무의미할 것이다.
③ 사람이 생물학의 주장대로 이기적인 유전자의 산물이라면 자유 의지는 허구적인 신화가 될 것이고 더 이상 사람들에게 행동에 대한 책임을 묻지 못할 것이다.
④ 사람이 생물학적 법칙의 산물이라면 삶의 의미와 목적을 위해 노력할 필요가 없을 것이다.

---

2 '본성'과 '양육'이 상호 작용하면서 마음의 일부를 형성한다는 생각은 형성된 지 오래되었지만 오늘날에도 전혀 낡아 보이거나 시시해 보이지 않는다. 하지만 현대 생물학에 의거하면 인간의 생각과 행동을 설명할 때 유전자의 역할은 충격적일 만큼 커 보인다. 극단적인 '본성'의 입장도 극단적인 '양육'의 입장도 아닌 그 중간 어느 지점에 진리는 있을 것이다. 그 중간 지점에 대한 각자의 입장을 정하고 구체적으로 논거를 들어 주장하는 글을 써 보자(앞에서 토론한 사례들을 활용하도록 하자).

:: 읽기자료 3

게비이시〔檢非違使, 헤이안(平安) 시대에 경찰과 재판에 관한 일을 맡아보던 직책〕의 물음에 대한 나무꾼 이야기

그렇습니다. 그 시체를 처음 본 것은 저임에 틀림없습니다. 저는 오늘 아침 여느 때처럼 뒷산으로 삼나무를 베러 올라갔었습니다. 그런데 산그늘 덤불 속에 그 시체가 있지 않겠습니까? 시체가 있던 장소 말입니까? 그곳은 야마시나(山科) 역로(驛路)에서 4, 5정 (町)쯤 산으로 들어간 곳입니

다. 호리호리한 삼나무들이 대나무 덤불이 섞여 있는 호젓한 곳입니다.

시체는 옥색 스이칸〔水干, 사냥을 할 때 입었던 옷. 나중에는 귀족의 평상복이 됨〕을 입고 교토풍의 아취스런 에보시(烏帽子)를 쓴 채 하늘을 보고 넘어져 있었습니다. 하여튼 단칼이라고는 하나 가슴팍의 상처인지라 시체 주위의 댓잎 낙엽은, 검붉은 물감에 담가 낸 것 같았습니다. 아닙니다. 피는 벌써 멎어 있었습니다. 상처 구멍도 말라붙은 것 같았구요. 그리고 왕파리 한 마리가 제 발소리도 듣지 못했는지 상처에 딱 들어 붙어서 빨아먹고 있더군요.

칼이나 다른 무엇을 못 보았느냐구요? 아니 아무 것도 없었습니다. 다만 그 삼나무 밑둥께에 밧줄이 한 가닥 떨어져 있었습니다. 그리고 — 아 참, 밧줄 말고도 빗이 하나 떨어져 있었습니다. 시체 옆에 있었던 것은 그 두 가지뿐이었습니다. 하지만 풀이나 댓잎 낙엽이 넓게 짓밟혀져 있는 것으로 보아 그 사내는 살해되기 전에 상당히 저항을 한 것이 틀림없습니다. 예? 말은 없었느냐구요? 도대체 그곳은 말 따위가 들어갈 수 없는 곳입니다. 하여간 말이 다니는 길과는 대나무 덤불이 가로막고 있으니까요.

게비이시의 물음에 대한 행려승의 이야기

그 시체의 사나이는 분명히 어제 제가 만난 사람입니다. 어제 — 그러니까 그게 점심때쯤이었습니다. 만난 곳은 세키야마〔關山, 교토부와 시가현(滋賀縣)의 경계이며 검문소가 있었다〕에서 야마시나로 가던 길 도중이었습니다. 그 사내는 말을 탄 여자를 데리고 세키야마 쪽으로 걸어가고 있었습니다. 그 여자는 이치메가사(市女笠) 아래로 늘어진 비단 때문에 얼굴이 잘 보이지 않았습니다. 제가 본 것은 꽃자줏빛 겹옷 같은 것의 색깔뿐이었습니다. 말은 적갈색 털빛의 — 틀림없이 갈기를 박박 깎은 말 같았습니다. 말의 키 말입니까? 키는 네 길은 되었을까요? — 하여튼 속세의 일이라 그 방면은 잘 모르겠습니다. 사내는, — 아닙니다. 칼도 차고 활과 화살도 가지고 있었습니다. 특히 검은 칠을 한 화살집에 스무 개 남짓의 화살을 꽂고 있었던 것이 지금도 뚜렷하게 생각납니다.

그 사내가 이렇게 되리라고는 꿈에도 생각지 못했습니다만, 참으로 사람의 목숨이란 이슬과 같고 번개와 같다는 말이 틀림없습니다. 허어 허, 참 뭐라고 말할 수 없이 불쌍한 일을 당한 거지요.

게비이시의 물음에 대한 나졸(邏卒)의 이야기

제가 붙잡은 사내 말씀입니까? 그놈은 틀림없이 다조마루(多襄丸)라는 꽤 이름이 알려진 도둑입니다. 하기야 제가 붙잡았을 때는 말에서 떨어진 때였지요. 아와다구치(粟田口) 돌다리 위에서 끙끙 신음하고 있었습니다. 시각 말씀입니까? 그건 어젯밤 초경(初更) 무렵이었습니다. 언젠가 제가 잡으려다 놓친 때도 역시 이 곤색 스이칸을 입고 무늬가 양각된 쇠칼집의 칼을 차고 있었습니다. 지금은 그것 말고도 보시는 바와 같이 활과 화살 따위도 가지고 있습니다. 그렇습니까? 그 시체의 사내가 가지고 있었던 것도 — 그럼 그 사람을 죽인 것은 이 다조마루임에 틀림없습니다. 가죽을 칭칭 감은 활, 검은 칠의 화살집, 매 깃의 화살이 17본 — 이것은 모두 그 죽은 사내가 가지고 있었던 것일 겝니다. 예, 말씀대로 말은 갈기를 짧게 깎은 적갈색의 말이었습니다. 그 말에서 떨어지다니, 무슨 인연임에 틀림없습니다. 말은 돌다리 조금 앞에서 긴 고삐를 끌며 길가의 풀을 뜯고 있었습니다.

이 다조마루란 녀석은 장안에서 활동하는 도둑 중에서도 남달리 계집을 좋아하는 녀석입니다. 작년 가을 도리베지〔鳥部寺, 교토에 있었던 법황사(法皇寺)〕의 빈즈루〔賓頭盧, 16나한(羅漢)의 하나〕 뒷산에서 절에 불공을 드리러 온 듯한 여인 하나와 계집아이 하나가 살해된 것도 이 녀석의 소행일거라는 말이 있습니다. 그 적갈색 말을 타고 있던 여인도, 이 녀석이 그 사내를 죽였다면 어디다 어떻게 한 것인지 모를 노릇입니다. 참견 같은 말씀이오나 그 일도 밝혀내 주시기 바랍니다.

게비이시의 물음에 대한 노파의 이야기

예, 저 죽은 자는 제 딸이 시집간 사내이옵니다. 하지만 장안에 사는 자는 아닙니다. 와카사(若狹)의 고쿠후〔國府, 지방 행정 관청〕 무사입니다. 이름은 가나자와(金澤)의 다케히로(武弘), 나이는 26세입니다. 아닙니다. 성질이 유순하기 때문에 누구에게 원한을 살 까닭이 없습니다.

제 딸 말씀입니까? 딸의 이름은 마사고(眞砂), 나이는 19세입니다. 그애는 사내보다 더 지기를 싫어하는 승벽(勝癖)이 있는 아이입니다만 지금껏 한 번도 다케히로 말고는 사내를 가진 일이 없었습니다. 얼굴은 좀 검은 편이고 왼쪽 눈꼬리에 검은 사마귀가 있는 조그맣고 갸름한 얼굴입니다.

다케히로는 어제 딸과 함께 와카사로 떠났는데 이런 변을 당하다니 대체 어찌된 일이란 말입니까. 그런데 딸이 어떻게 되었는지, 사위는 이제 어쩔 수 없는 노릇이라 하겠으나 딸만큼은 걱정이 아닐 수 없습니다. 이 늙은이의 평생의 소원이오니, 비록 초목을 다 헤치는 한이 있더라도 부디 딸을 찾아내 주시기 바랍니다. 그나저나 죽일 놈은 그 다조마룬가 뭔가 하는 도둑놈입니다. 사위뿐 아니라 딸마저도……. (뒤는 울음으로 말을 잊지 못한다)

다조마루의 자백

그 사내를 죽인 것은 저입니다. 그러나 여자는 죽이지 않았습니다. 그럼 어디로 갔느냐? 그것은 저도 모르는 일입니다. 아, 잠깐 기다려 주십시오. 아무리 고문을 한다 하더라도 어떻게 모르는 일을 말할 수 있겠습니까? 일이 일단 이렇게 된 이상 저도 비겁하게 숨기거나 하지는 않을 작정입니다.

저는 어제 점심때가 좀 지나서 우연히 길에서 그 부부를 만났습니다. 그때 마침 바람이 휙 불어와 여자의 삿갓 아래로 늘어진 비단이 잠깐 올라가는 바람에 그녀의 얼굴이 살짝 비쳤습니다. 살짝 — 보이는 순간 금방 가려져 버렸습니다만, 어쨌든 그 때문이기도 했겠지요. 제 눈에는 그 여자의 얼굴이 보살님처럼 아름답게 보였습니다. 저는 그 순간 비록 남자를 죽이는 한이 있더라도 여자를 빼앗자고 결심했습니다.

뭐, 사람을 죽이는 일 같은 건 당신들이 생각하는 것같이 그렇게 대단한 일도 아닙니다. 어차피 여자를 빼앗자면, 남자는 죽이게 마련인 것입니다. 다만 저희들은 죽일 때 허리에 찬 칼을 씁니다만 당신들은 칼은 쓰지 않고 권력으로 죽이고, 돈으로 죽이고, 어떤 때는 위해 주는 척하는 말만으로 죽이지요. 아닌게 아니라 피는 흐르지 않습니다. 사내는 멀쩡하게 살아 있지요 — 그러나 그런데도 죽인 것입니다. 죄로 본다면 당신들이 더 나쁜지, 우리가 더 나쁜지 모를 일입니다. (비웃는 미소)

그러나 남자를 죽이지 않아도 여자를 빼앗을 수만 있다면 별로 나쁠 것도 없습니다. 그때 저는 가능한 한 남자를 죽이지 않고 여자를 빼앗겠다고 결심한 것입니다. 하지만 저 야마시나의 역로에서는 도저히 그럴 수가 없습니다. 그래서 저는 산 속으로 그 부부를 유인할 꾀를 짜냈습니다.

그것도 어려울 것이 없습니다. 저는 그 부부와 동행이 되자 저 건넛산에는 고총(古塚)이 있는데 그것을 파 보았더니 거울이나 칼 따위가 많이 나오더라, 나는 아무도 모르게 산그늘 덤불 속에다 그것들을 묻어 놓았다, 만일 사겠다는 사람이 있으면 어느 것이고 헐값으로 팔아 넘기고 싶다 — 그런 이야기를 했습니다. 남자는 어느새 제 이야기에 마음이 동하기 시작했습니다 — 어떻습니까. 사람 욕심이란 무서운 것 아닙니까? 그로부터 30분도 안 되어 그 부부는 저와 함께 말을 산길로 향하게 하고 있었습니다.

저는 덤불 앞에 오자 보물은 이 안쪽에 묻어 놓았다, 함께 가서 보자고 말했습니다.

사내는 욕심으로 목이 타고 있었기 때문에 가는 것을 반대할 턱이 없었습니다. 그러나 여자는 말에서 내리지도 않고 기다리고 있겠다는 것입니다. 무성한 그 덤불을 보면 그렇게 말하는 것도 무리가 아니었습니다. 그러나 사실은 이것도 제 생각대로 된 노릇이었기에 저는 여자만 남겨두고 남자와 덤불 속으로 들어갔습니다.

덤불 속은 한 동안 대나무뿐입니다. 그러나 반정(町)쯤 들어가면 좀 터진 곳에 삼나무들이 서 있는 곳이 있습니다 — 제가 일을 하기에는 이보다 더 좋은 장소가 없습니다. 저는 덤불을 헤치고 나아가면서 보물은 저 삼나무 아래 묻어 놓았다고 그럴 듯한 거짓말을 했습니다. 그러나 남자는 메마른 삼나무가 비쳐 보이는 쪽으로 그저 정신 없이 헤치고 나아갔습니다. 그러는 동안 대나무가 성글어지고 여러 그루의 삼나무가 늘어서 있는, 그곳으로 오자마자 저는 느닷없이 상대를 걸어 넘어뜨렸습니다. 남자도 칼을 차고 있었던 만큼, 기운도 상당히 있었던 것 같으나 갑자기 당하는 일이라 별 수 없었겠지요. 단박에 그를 한 그루의 삼나무 밑둥에 묶어 버렸습니다. 밧줄이요? 밧줄은 도둑질을 해 먹고 사는 덕택으로 언제 담을 넘을지 모르기 때문에 늘 허리춤에 간직하고 있습니다. 물론 소리를 내지 못하게 대나뭇잎을 입에 가득 처넣고 나면 다른 문제는 하나도 없습니다.

저는 사내를 혜치우고 나서 이번에는 또 여자 쪽으로 가서 남자가 급병을 일으킨 것 같으니 어서 와 달라고 했습니다. 그것도 예상대로 들어맞은 것은 말할 것도 없습니다. 여자는 이치메가사를 벗은 채 저에게 손을 잡히면서 덤불 안으로 들어왔습니다. 그러나 그곳에 와서 보니 사내는 삼나무 등걸에 묶여 있고, ― 여자는 첫눈에 그것을 보자 어느 사이에 품에서 꺼내 들었는지 번쩍하고 단도를 뽑았습니다. 저는 지금까지 그렇게 성질이 사나운 여자를 본 일이 없습니다. 만약 그때 제가 방심하고 있었다면 일격에 옆구리를 찔렸을 것입니다. 첫 칼질은 몸을 비켰으나 사정없이 칼을 휘두르는 통에 언제 상처를 입을지 몰랐습니다. 그러나 저도 다조마루이니까 어떻게 가까스로 칼을 빼지 않고도 마침내 여자의 단도를 쳐서 떨어뜨렸습니다. 아무리 성깔 있는 여자라도 무기가 없으면 어쩔 수 없습니다. 저는 마침내 생각대로 남자의 목숨을 뺏을 것도 없이 여자를 손에 넣을 수가 있었습니다.

남자의 목숨을 뺏을 것 없이, ― 그렇습니다. 저는 그렇게 된 이상 사내까지 죽일 마음이 없었습니다. 그러나 엎드려서 울고 있는 여자를 보고 덤불 밖으로 달아나려고 하자 여자는 갑자기 미친 사람처럼 제 팔에 매달렸습니다. 그리고 띄엄띄엄 외치는 소리를 들으니 당신이 죽든지 내 남편이 죽든지 둘 중에 하나는 죽어 달라. 두 사내에게 수치를 보인 것은 죽기보다 괴롭다는 것이었습니다. 아니, 어느 쪽이든 살아남은 사내를 따라가고 싶다고, ― 그렇게 흐느끼며 말했습니다. 저는 그때 사내를 죽이고 싶다는 맹렬한 욕망이 솟았습니다. (어두운 흥분)

이런 소리를 하면 틀림없이 제가 당신들보다 잔인한 인간으로 보일 것입니다. 그러나 그것은 당신들이 그 여자의 얼굴을 보지 못했기 때문입니다. 특히 그 순간의 불타는 눈을 못 보았기 때문입니다. 저는 여자와 눈이 마주친 순간 비록 벼락을 맞는 한이 있더라도 이 여자를 아내로 삼아야겠다고 생각했습니다. 아내로 삼고 싶다, ― 제 머릿속에 있었던 것은 오로지 이 생각뿐이었습니다. 그것은 당신들이 생각하는 것처럼 천한 색욕(色慾)이 아니었습니다. 만약 그때 색욕밖에 아무 욕심도 없었다면 틀림없이 저는 여자를 차 버리고 달아났을 것입니다. 그랬더라면 제 칼에 남자의 피를 묻힐 일도 없었겠지요. 하지만 어슴푸레한 덤불 속에서 가만히 여자의 얼굴을 본 순간, 저는 남자를 죽이지 않는 한 이곳을 떠나지 않겠다고 각오를 했습니다.

그러나 남자를 죽이는 데도 비겁한 방법으로는 죽이고 싶지 않았습니다. 저는 사내의 밧줄을 풀어주고 칼로 맞서라고 했습니다. (삼나무 뿌리께에 떨어져 있던 것은 그때 버리고 잊어버린 밧줄입니다.) 사내는 안색을 확 바꾸고서 칼을 뽑아 들었습니다. 칼을 뽑았다고 생각하자 말 한마디 없이 맹렬하게 덤벼들었습니다 — 그 결투가 어찌 되었는지는 말할 필요가 없겠습니다. 제 칼은 23합(合)째에 상대의 가슴을 찔렀습니다. 23합째에, — 부디 그것을 잊지 말아 주십시오. 저는 지금도 그것만큼은 대단한 일이라고 생각합니다. 저와 칼을 그 정도로 맞댄 자는 천하에 그 사내 하나뿐이었으니까요. (쾌할한 미소)

저는 사내가 넘어지자 피 묻은 칼을 든 채 여자 쪽을 돌아보았습니다. 그랬더니 — 아, 이게 웬일입니까, 그 여자는 온데간데없는 것이 아닙니까? 저는 여자가 어디로 달아났는가 하고 삼나무 숲속을 찾았습니다. 그러나 댓잎 낙엽 위에는 아무 흔적이 없었습니다. 또 귀를 기울여 보아도 들리는 것은 다만 사내의 목에서 나오는 단말마의 소리뿐입니다.

'어쩌면 그 여자는 제가 칼싸움을 시작하자마자 사람이라도 부르기 위해서 덤불을 헤치고 달아났는지도 모른다' — 그런 생각이 들자 이번에는 제가 죽을 차례가 되기 때문에 칼이나 활, 화살을 빼앗아 가지고 바로 아까의 산길로 나왔습니다. 거기에는 아직 여자의 말이 조용히 풀을 뜯고 있었습니다. 그 뒤의 일은 이야기했자 쓸데없는 수다에 지나지 않겠습니다. 다만 칼만큼은 장안에 들어가기 전에 이미 처분했습니다 — 저의 자백은 이것뿐입니다. 어차피 한번은 가죽 나무 꼭대기에 매달릴 머리라고 생각하고 있었으니 부디 극형에 처해주시오. (의기양양한 태도)

기요미즈데라(清水寺)에 온 여인의 참회

— 그 곤색〔紺色〕 스이칸을 입은 사내는 저를 마음대로 하고 나자 묶여 있는 남편 쪽을 보면서 비웃은 것처럼 웃었습니다. 남편은 얼마나 분했겠습니까. 하지만 아무리 몸부림쳐도 몸을 묶은 밧줄은 한층 더 몸에 파고 들 뿐이었습니다. 저는 저도 모르게 남편 곁으로 구르는 것처럼 뛰어갔습니다. 아니 뛰어가려고 했을 뿐입니다. 그 사내가 저를 발로 걸어서 못 가게 넘어뜨린 것입니다. 마침 그 순간입니다. 저는 남편의 눈 속에 뭐라 형언할 수 없는 이상한 빛이 담겨 있는 것을 보았습니다. 뭐라 말할 수 없는, — 저는 지금도 그 눈 생각만 하면 몸이 부들부들 떨립니다. 말 한마디 할 수 없는 남편은 그 순간 눈에다 모든 마음을 전한 것입니다. 그런데 거기에 반짝이는 것은 노여움도 아니고 슬픔도 아닌, — 다만 저를 업신여기는 차가운 빛뿐이었습니다. 저는 사내에게 채인 것보다도 그 눈빛에 타격 받아 저도 모를 무슨 소리를 지른 채 정신을 잃고 말았습니다.

그런데 가까스로 정신이 되돌아와서 보니까 푸른 스이칸의 사내는 벌써 어디론가 사라졌더군요. 뒤에는 다만 삼나무 밑둥에 남편이 묶여 있을 뿐이었습니다. 저는 댓잎 낙엽 위에 가까스로 몸을 일으킨 채 남편의 얼굴을 지켜보았습니다. 그러나 남편의 눈빛은 조금도 달라지지 않았습니다. 역시 차가운, 업신여김의 밑바닥에 미움의 빛을 보이고 있었습니다. 부끄러움, 슬픔, 노여움 — 그때의 제 마음은 뭐라고 해야 좋을지 모릅니다. 저는 비틀비틀 일어서서 남편 곁으로 다가갔습니다.

"여보, 이제 이렇게 된 이상 당신과 함께 살 수는 없어요. 저는 단숨에 죽을 각오예요. 그러나, — 그러나 당신도 죽어 주세요. 당신은 저의 치욕을 보셨습니다. 저는 이대로 당신 혼자 뒤에 남게 해 드릴 수 없어요."

제가 있는 힘을 다해서 할 수 있는 말이란 그것뿐이었습니다. 그대로 남편은 더럽다는 듯이 저를 노려보기만 했습니다. 저는 찢어질 듯한 심정을 억누르면서 남편의 칼을 찾았습니다. 그러나 그 도둑에게 빼앗겼는지, 칼은 물론 활도 화살도 덤불 속에는 보이지 않았습니다. 그러나 다행히 단도만은 제 발치에 떨어져 있었습니다. 저는 그 단도를 주워 들자 다시 한 번 남편에게 이렇게 말했습니다.

"그럼 목숨을 저에게 주세요. 저도 바로 뒤따르겠습니다."

이 말을 듣고 남편은 저를 멸시하는 듯한 어조로 "죽여라" 하고 한 마디 했습니다. 저는 저도 모르게 남편의 옥색 스이칸 가슴에다 쿡, 단도를 찔렀습니다.

이때도 저는 정신을 잃었습니다. 가까스로 주위를 둘러보았을 때는 남편은 묶인 채 이미 숨져 있었습니다. 그 창백한 얼굴 위에는 대나무가 뒤섞인 삼나무 숲 하늘에서 한줄기 석양빛이 새어들고 있었습니다. 저는 울음을 삼키면서 시체의 밧줄을 풀어 던졌습니다. 그리고, — 그리고 제가 어떻게 되었는지? 그것만은 더 말할 기운이 없습니다. 어쨌든 저는 도저히 죽을 수가 없었습니다. 단도를 목에 대보기도 하고 산기슭의 연못에 몸을 던지기도 하고 여러 가지를 해 보았습니다만 죽지 못하고 이렇게 하고 있는 한 그런 일을 자랑이라 할 수는 없겠지요. (쓸쓸한 미소) 저처럼 쓸개 빠진 것은 대자대비하신 관세음보살조차 등을 돌리실지 모릅니다. 그러나 남편을 죽인 저는, 도둑에게 농락 당한 저는 대체 어떻게 하면 좋을까요? 대체 저는, — 저는, — . (갑자기 격심한 흐느낌)

무당의 입을 빌린 혼령(魂靈)의 이야기

— 도둑은 내 아내를 겁탈하고 나자 그곳에 앉은 채 여러 가지로 아내를 위로하기 시작했다. 나는 물론 말을 할 수가 없었다. 몸도 삼나무 밑둥에 묶인 채였다. 그러나 나는 그 동안에 몇 번이고 아내에게 눈짓을 보냈다. 이 사내의 말을 믿지 마라, 무슨 소리를 해도 거짓말로 알아라 — 나는 그런 뜻을 전하고 싶었다. 그러나 아내는 초연히 낙엽 위에 앉은 채 가만히 무릎만 내려다보고 있었다. 그것이 아무래도 도둑의 말에 귀를 기울이고 있는 것처럼 보이는 게 아닌가? 나는 질투심에 몸부림을 쳤다. 그러나 도둑은 이야기를 차례차례 교묘하게 이끌어갔다. 한번 몸을 더럽힌 이상 남편과 사이도 좋을 리가 없다, 그런 남편을 따라가기보다 자기 아내가 될 마음은 없느냐?

자기는 그대에게 반했기 때문에 그런 엄청난 짓을 감행한 것이다 — 도둑은 뻔뻔스럽게 그런 소리까지 해댔다.

도둑의 말을 듣더니 아내는 솔깃해서 마치 꿈을 꾸는 것처럼 얼굴을 들었다. 나는 아직 그때처럼 아름다운 아내의 얼굴을 본 적이 없다. 그러나 그 아름다운 아내는 지금 내 눈 앞에 묶여 있는 나를 앞에 놓고 도둑에게 뭐라 대답하였는가? 나는 지금 중유〔中有, 죽어서 아직 내세(來世)에 다시 태어나지 않고 헤매는 49일간〕에 헤매고 있지만 아내의 대답이 생각날 때마다 분노가 치밀지 않을 수 없다. 아내는 분명히 이렇게 말했다 —

"그럼 어디든지 데려가 주세요." (긴 침묵)

아내의 죄는 그것뿐이 아니다. 그것뿐이라면 내가 이 어둠 속에서 지금처럼 괴로워하지 않는다. 아내는 꿈을 꾸는 것처럼 도둑에게 손을 잡혀 덤불 밖으로 나가려다가 갑자기 안색이 바뀌며 삼나무 밑둥의 나를 가리키며, "저 사람을 죽여 주세요. 저 사람이 살아 있는 한 당신과 함께 갈 수 없어요" — 아내는 미친 듯이 이렇게 소리쳤다. " 저 사람을 죽여 주세요" — 이 말은 지금도 폭풍우처럼 나를 아득한 어둠의 밑바닥에 거꾸로 처박으려 한다. 이런 무서운 말이 한 번이라도 인간의 입에서 나온 적이 있었을까? 이런 저주스런 말이 한 번이라도 인간의 귀에 들린 적이 있을까? 한번이라도 이만큼, — (갑자기 터져 나오는 조소) 그 말을 들은 도둑도 얼굴빛을 잃었다. "저 사람을 죽여 주세요" — 아내는 그렇게 외치면서 도둑의 팔에 매달렸다. 도둑은 가만히 아내를 바라보며 죽인다고도 죽이지 않겠다고도 대답을 않고 있는가 싶더니 아내는 대나무 낙엽 위에 도둑의 발에 한 번 채여 넘어졌다. (다시 터져 나오는 조소) 도둑은 조용히 팔짱을 끼고 나에게 눈길을 보냈다. "저 여자를 어떻게 할까? 죽일까 살릴까? 대답은 그저 끄덕거리기만 하면 된다. 죽일까?" — 나는 이 말만으로도 도둑의 죄는 용서해 주고 싶다. (다시 긴 침묵)

아내는 내가 망설이는 동안 뭔가 한 마디 외치더니 쏜살같이 덤불 안쪽으로 달려가기 시작했다. 도둑도 순간적으로 달려들었으나 소매도 붙잡지 못한 것 같다. 나는 다만 그런 광경을 환영(幻影)처럼 바라보고 있었다.

도둑은 아내가 달아난 뒤 칼이나 활, 화살을 집어 들자 내 밧줄을 한군데만 끊어 주었다.

"이번에는 내 목숨이다" — 나는 도둑이 덤불 바깥으로 모습을 감출 때 이렇게 중얼거리는 소리를 들은 것 같다. 그 후로는 사방이 조용했다. 아니, 아직 누군가 울고 있는 소리가 들렸다. 나는 밧줄을 풀면서 가만히 귀를 기울여 보았다. 그러나 그 소리도 알고 보니 나 자신이 울고 있는 소리가 아닌가? (세 번째 긴 침묵)

나는 가까스로 삼나무 밑둥에서 지친 몸을 일으켰다. 내 앞에는 아내가 떨어뜨린 단도가 하나 반짝이고 있었다. 나는 그것을 집어 들자 단숨에 내 가슴에 꽂았다. 뭔가 비린내 나는 덩어리가 내 입으로 치밀어 올라왔다. 그러나 고통은 전혀 없었다. 다만 가슴이 차가워지니까 한층 주위가 조용해졌을 뿐이다. 아아, 얼마나 고요함이냐. 이 산그늘의 덤불에는 작은 새 한 마리 와서 울지 않는다. 다만 삼나무나 대나무 끝에 몇 줄기 쓸쓸한 햇살이 비칠 뿐이다. 몇 줄기 햇살이, ㅡ 그것도 점점 희미해져 간다 ㅡ 이제 삼나무도 대나무도 보이지 않는다. 나는 거기에 쓰러진 채 깊은 정적에 싸여 있다.

그때 누군가 발소리를 죽이며 내 곁에 왔다. 나는 그 쪽을 보려고 했다. 그러나 내 둘레에는 어느새 엷은 어둠이 깔려 있었다. 누군가, ㅡ 그 누군가는 보이지 않는 손으로 살며시 내 가슴에서 단도를 뽑았다. 동시에 내 입에서는 다시 한 번 피가 넘쳐왔다. 나는 그것으로 영구히 중유의 어둠으로 가라앉아 버렸다….

ㅡ 아쿠타가와 류노스케, 〈덤불 속〉 전문

:: 도움말

윗글은 아주 짧은 소설, 〈덤불 속〉(아쿠타가와 류노스케, 1921)이다. 이 소설은 인간의 이기적 욕망에 관한 문학적 발견이자 통찰이라고 말할 수 있다. 동시에 이 소설은 인간과 진실에 관한 어떤 두려움을 환기시킨다. 이 소설에 나타나는 이기적 욕망의 성격과 두려움의 정체를 생각해 보자.

:: 토론과제

1. 다조마루, 마사고, 다케히로의 증언은 각각 다를 뿐만 아니라 상식적으로 이해하기 어렵다. 그들은 왜 이런 증언을 하는 것일까? 세 명의 증언에는 어떤 공통점이 있다. 공통점을 생각해 보고 그렇게 증언하는 이유를 토론해 보자.
2. 다조마루, 마사고, 다케히로의 증언을 통해 사건을 사실적으로 구성할 수 있는지 다시 정리해 보자. 구성할 수 있는지 없는지 각자 발표해 보고, 결과의 의미에 대해 생각해 보도록 한다.

:: 쓰기과제

① 다조마루, 마사고, 다케히로의 증언을 분석하여 이들이 보여주는 이기성의 성격을 분석하여 설명하는 글을 써 보도록 하자.

② 〈덤불 속〉에서 환기되는 근심과 두려움이 〈읽기자료 1·2〉의 〈쓰기과제 ①〉에 제시된 네 가지의 두려움 중 어느 것에 해당하는지 각자 결정하고 그 이유를 들어 두려움의 성격과 의미를 분석하는 글을 써 보자.

:: 읽기자료 4

마음을 생물학적으로 설명하는 것에 대한 두려움 중의 하나는 그로 인해 우리의 삶이 의미와 목적을 잃어버리지 않을까 하는 것이다. 만약 우리가 유전자를 통해 자신을 복제해 내는 기계에 불과하다면, 만약 우리의 기쁨과 만족이 언젠가 촛불처럼 꺼질 생화학적 사건에 불과하다면, 만약 인생이 더 높은 목적을 위해 창조되지 않았고 고상한 목표를 향해 나아가지도 않는다면, 계속 살아갈 이유란 무엇인가? 우리가 소중하게 생각하는 인생은 가짜가 될 것이고, 허울 좋은 가치로 지어진 포템킨 마을이 될 것이다.

이 두려움에는 두 가지 형태, 즉 종교적 형태와 세속적 형태가 존재한다. 정교한 형태의 종교적 근심은 1996년 교황 요한 바오로 2세가 교황청 과학원 회의에 보낸 〈진리는 진리와 모순되지 않는다〉에 명시되어 있다. 교황은 다윈의 진화론이 "단순한 가설 이상"임을 인정했다. 여러 독립된 분야의 발견들이 "노력이나 조작 없이" 진화론을 지지했기 때문이다. 그러나 교황은 인간의 진화 과정 중에 한 차례 변화가 일어났는데, 그것은 과학이 관측할 수 없는 "존재론적 비약"이었다고 선을 그었다. 살아 있는 물질은 "개인의 존엄성을 뒷받침"하지 못하기 때문에 영혼은 그러한 "물질의 힘에서" 출현할 수 없다는 것이다.

지상에서 인간은 하느님께서 그 자체로 원했던 유일한 존재이다. … 다시 말해 인간은 누구도 종이나 사회에 순수한 수단이나 순수한 도구로 종속될 수 없고, 그 자체로서 가치를 가진다. 그는 곧 인격체이다. 지성과 의지를 가진 인간은 공동체적 관계, 동료들과의 연대와 자기 희생의 관계를 맺을 줄 안다. … 하느님과 지식과 사랑을 함께하는 관계, 시간을 넘어 영원 속에서 완전한 성취를 이루는 관계로 들어오도록 인간은 부름받는다.…

온전한 인간이 육신을 입은 상태에서도 그러한 존엄성을 소유할 수 있는 것은 그의 영혼 덕분이다. … 인간의 몸은 그 이전에 존재했던 생명체에서 생겨났지만, 영혼은 하느님이 즉각적으로 창조하셨다. … 결과적으로, 영혼을 생명체의 힘에서 출현한 것으로 또는 그 부수적 현상으로 간주하는 진화론은 진화론을 자극하는 철학자들처럼 인간의 진리와 양립하지 못한다. 또한 개인의 존엄을 뒷받침할 수도 없다.

다시 말해 마음이 생물체에서 생겨났다는 과학자들의 말이 옳다면, 우리는 개인의 가치와 존엄, 동료 인간들과의 연대와 헌신성, 그리고 신의 사랑과 그의 계시를 통해 이 가치들을 실현하는 고귀한 목적을 모두 포기해야 한다. 어떤 것도 우리의 삶에서 무정한 착취와 냉정한 이기주의를 막지 못할 것이다.

말할 나위도 없이 교황과 논쟁하는 것은 무익하다. 나의 요점은 교황의 논의를 논박하거나 종교를 비난하거나 신의 존재를 부인하는 것이 아니다. 종교는 무수한 사람들에게 위안, 공동체, 도덕적 가르침을 제공해 왔다. 일부 생물학자들은 많은 종교들이 지향하는 정교한 이신론(理神論)이 마음과 인간 본성을 진화론적으로 이해하는 것과 양립할 수 있다고 주장한다. 나의 목표도 이러한 주장을 옹호하는 것이다. 다시 말해 마음에 대한 유물론적 견해가 도덕과는 무관하므로, 도덕을 위해서 본질적으로 보다 인간적인 종교적 관념을 선호해야 한다는 부정적 견해를 논박하는 것이다.

물론 아무리 무신론적인 과학자들조차도 냉담한 비도덕성(도덕에 어긋난다는 뜻의 '부도덕'과는 달리 도덕과 무관하다는 뜻이다)을 옹호하지는 않는다. 뇌는 평범한 물질로 구성된 신체 기관이지만, 그 물질이 조직된 방식은 즐거움과 고통을 느낄 수 있는 감정적 유기체를 존재하게 한다. 그래서 도덕성이 출현할 수 있는 무대가 되는 것이다. 연재만화 〈캘빈과 홉스〉를 보면 그 이유를 간단히 확인할 수 있다.

고양이과 동물인 홉스는 같은 이름의 인간이 그랬던 것처럼, 왜 비도덕의 이기주의자가 지지를 받을 수 없는 입장에 서 있는가를 보여 준다. 이기주의자가 진흙탕으로 떠밀리지 않으면 다행이지만, 그 자신이 스스럼없이 남들을 떠민다면 그들에게 자신을 밀지 말라고 요구할 수도 없는 일이다. 남을 떠밀고 자신이 떠밀리는 것보다는 남을 떠밀지 않고 자신도 떠밀리지 않는 것이 좋기 때문에, 솔선수범해야 하는 어려움이 따르긴 해도 도덕적 규범을 지키는 것이 유리하다. 모든 시대의 윤리 철학자들이 지적했듯이, "남들은 안 되고 나만 된다!"는 삶의 철학은 객관적인 관점에서 자기 자신을 남들과 똑같은 존재로 보는 순간 물거품이 되고 만다. 그것은 지금 이 순간 내가 서 있는 공간상의 한 점인 "여기"가 우주에서 특별한 장소라고 우기는 것과 같다.

캘빈과 홉스(만화 주인공들)의 역학적 관계는 사회적 동물들의 본질인데, 그 해결책 — 도덕 관념 — 은 각 사람이 일단 진흙탕에 빠져 본 다음 백지 상태에서 추론해야 하는 것이라기보다는 인

Calvin and Hobbes ⓒ Watterson. Reprinted with permission of Universal Press Syndicate. All rights reserved.

류와 함께 진화해 온 것이라고 믿을 이유가 충분하다. 생후 1년 반 된 아이는 자발적으로 장난감을 주고, 도움을 제공하고, 우울허 보이는 어른이나 다른 아이들을 위로한다. 어떤 문화에서든 사람들은 옳고 그름을 구분하고, 공정함을 따지고, 서로 돕고, 권리와 의무를 부여하고, 잘못을 바로잡아야 한다고 생각하고, 강간, 살인, 특정 형태의 폭력을 금지한다. 이 정상적인 감정의 존재는 우리가 정신병질자라 부르는 특별한 개인들을 통해 더욱 분명히 확인할 수 있다. 그렇다면 가치의 원천에 관한 종교적 이론을 대신할 수 있는 대안은 무엇인가? 진화가 우리에게 도덕 관념을 부여했고, 우리가 역사의 흐름에서 이성(우리의 이익과 타인의 이익이 서로 교환될 수 있다는 사실을 논리적으로 이해함), 지식(장기간에 걸쳐 발생하는 협동의 장점을 깨달음), 공감(경험을 통해 타인의 고통을 느낌)을 통해 그 적용범위를 확대해 왔다고 보는 것이다.

어느 이론이 더 바람직하겠는가? 사고 실험을 통해 서로의 장점을 비교해 보자. 만약 하느님이 인간에게 관대하고 친절하기보다는 이기적이고 잔인하게 살라고 명령했다면 어떻게 하는 것이 올바른 일이겠는가? 종교에서 가치를 구하는 사람들은 이기적이고 잔인하게 사는 것이라고 말할 것이다. 도덕 관념에 의지하는 사람들은 하느님의 명령을 거부해야 한다고 말할 것이다. 이로써 우선권을 부여할 가치는 우리의 도덕 관념에 있다는 사실이 입증된다.

이 사고 실험은 가령 하느님이 미래를 보고 모든 것을 안다면 우리가 어떻게 행동하는가에 왜 신경을 쓰겠느냐는 물음처럼 열세 살짜리 무신론자들이 좋아할 만한 논리 퍼즐이 아니다. 종교의 역사를 보면 하느님이 사람들에게 온갖 종류의 이기적 행동과 잔인한 행동을 명했다고 기록되어 있다. 미디안 사람들을 학살하고, 그 여인들을 유괴하고, 매춘부를 돌로 치고, 동성애자를 처형하고, 마녀를 태우고, 이교도와 불신자들을 살해하고, 신교도들을 창 밖으로 던지고, 죽어가는 아이들에게 약을 쓰지 못하게 하고, 낙태 시술 의사를 총으로 쏘고, 샐먼 루시디를 저격하고, 시장을 폭파하고, 고층 건물을 향해 비행기를 몰라고 명했다는 것이다. 심지어 히틀러도 자기가 하느님의 의지를 수행한다고 생각했다는 사실을 상기해 보자. 신의 이름으로 저질러진 악행이 반복된다는 것은 그것이 우연한 도착 행위가 아님을 말해 준다. 아무도 볼 수 없는 전지전능한 권위자는 성전의 전사들을 끌어 모으는 사악한 지도자들에게는 아주 쓸 만한 후원자다. 또한 입증할 수 없는 믿음은 객관적으로 발견되는 것이 아니라 부모와 동료들로부터 전해지기 때문에 집단마다 다르고 그래서 서로를 구별하는 견장이 된다.

그러니 누가 영혼의 이론이 마음을 신체 기관으로 이해하는 이론보다 더 인간적이라고 말하겠는가? 줄기 세포를 연구하면 간염이나 파킨슨병의 치료법을 발견할 수도 있는데, 그것이 "존재론적 비약"을 통해 "영혼"으로 성장할 세포 덩어리이므로 연구를 금지해야 한다고 주장하는 종교 운동에서 어떤 존엄을 볼 수 있는가? 알츠하이머병, 중증 우울병, 정신 분열증 같은 불행의 씨앗들은 생각과 감정을 비물질적 영혼으로 취급할 때가 아니라 생리학과 유전학의 대상으로 취급할 때 제거될 것이다.

마지막으로 영혼이 육체보다 오래 산다는 교의는 결코 옳지 않다. 필연적으로 지상에서의 삶을 무가치하게 만들기 때문이다. 수잔 스미스는 어린 두 아들을 호수 바닥으로 던질 때 "우리 아이들은 가장 좋은 곳에서 살 자격이 있고 이제 그렇게 될 것"이라는 합리화로 자신의 양심을 속였다. 행복한 사후 세계는 부모가 자식의 생명을 빼앗으면서 남기는 최후의 편지에 단골로 등장하는 메뉴다. 최근에도 그런 믿음이 자살 폭탄 테러범과 공중 납치범에게 용기를 돋우어 주었음을 기억해야 한다. 이런 이유에서 우리는, 사람들이 더 이상 신의 응보를 믿지 않으면 거리낌없이 악행을 저지를 것이라는 주장을 거부해야 한다. 물론 비신자들은 법망이나 사회적 비난이나 자신의 양심을 피할 수만 있다면 영원한 지옥 불에 떨어지는 것쯤은 두렵지 않다고 생각할 수도 있다. 그러나 그들은 또한 천국에서 영원히 살 것이라는 희망을 위해 수천 명의 사람을 학살하지는 않는다.

사후 세계에 대한 믿음이 주는 정서적 위안도 믿을 만한 것이 못 된다. 뇌가 죽을 때 우리의 존재가 끝난다면 삶은 목적을 상실하는가? 오히려 매 순간을 감각하며 사는 것이야말로 인생의 소중한 선물이라는 깨달음보다 인생을 의미 있게 만드는 것은 없을 것이다. 우리가 순간순간 "인생은 짧다"라는 사실을 떠올림으로써 얼마나 많은 싸움을 피했고, 얼마나 많은 친구를 사귀었으며, 얼마나 많은 시간을 아꼈고, 얼마나 많은 애정을 표현했는가?

— 스티븐 핑커, 《빈 서판》 중에서

:: 도움말

많은 사람들은 유전적 결정론을 인정하는 것이 극악스러운 인간 생활의 조건을 기정사실로 시인하는 것이고, 또한 그것을 더욱 조장할 것이라고 믿는다. 인종 차별, 성 차별, 전쟁, 탐욕, 집단 학살, 허무주의, 정치적 반동, 아동과 소외 계층에 대한 무관심 등이 그것인데, 실제로 전쟁은 인간과 국가의 자연스런 열망으로서 고무적이고 고상한 것이라는 분위기가 압도적이었던 때가 있었다.

그래서 이기적 본성을 지닌 인간과 이기적 욕망들이 충돌하는 사회는 얼마나 살풍경할 것이고, 인류가 쌓아온 철학적, 도덕적, 종교적 의미는 무슨 의미가 있으며 또 얼마큼 힘을 발휘할까 하는 등의 회의와 두려움과 우울함이 만연할 수 있다. 위의 글은 그 중에서 허무주의에 대한 생물학적 성찰이다.

:: 토론과제

① 인간의 본성을 인정했을 때 야기되리라 생각되는 근심거리들을 생각해 보자. 반대로 인간의 본성을 부인했을 때 생길 수 있는 쟁점들을 생각해 보자.

가령, 인정했을 때의 근심거리로는 많이 이야기된 각종 차별, 경쟁, 배반, 전쟁, 약자에 대한 무관심 등이 있을 수 있다(읽기자료 1, 2의 쓰기과제 ① 참조).

인간의 본성을 부인했을 때의 주장으로 다음과 같은 것들이 예로 들 수 있을 것이다. 첫째, 사회에서 폭력이 일어나는 주된 이유는 가난, 차별, 교육 제도의 실패 등의 사회제도가 탓이다. 둘째, 성(gender)의 차이는 태어날 때 주어지는 것이 아니라 전적으로 길러지는 것이다. 셋째, 아이를 최고로 기르기 위해 부모는 사랑을 많이 주어야 하고 권위가 있어야 하며 말을 많이 해야 한다. 아이들이 훌륭하게 자라지 못하면 그것은 부모의 잘못이다.

위에서 열거한 예들은 조금씩 과장되었다. 이 외에 가능한 다양한 예들을 생각해 보고, 극단적인 부정이나 극단적인 긍정이 은연중에 영향을 미쳐 왜곡된 대중적 담론이나 일상생활을 논의해 보자.

:: 쓰기과제

① 스티븐 핑거에 의하면 "이 세계에는 양 당사자가 이기적으로 행동하는 것보다는 비이기적으로 행동하는 것이 더 유리한 비(非)제로섬 게임이 존재(떠밀고 떠밀리는 것보다는 떠밀지 않고 떠밀리지도 않는 것이 더 이익이다)"한다. 이 비제로섬이 인류의 도덕 관념이나 미 개념, 삶의 이상 등의 공통 감각의 조건이 될 수 있는지 생각해 보자. 그리고 구체적인 예를 활용하여 이 점을 설명하는 글을 써 보도록 하자.

② 현대 사회에는 다양한 종류의 자선 사업과 사회 운동이 존재한다. 이들 행위는 혈연관계에서 발견할 수 있는 맹목적인 이타적 행위라기보다는 사회적으로 개방된 목적적인 이타적 행위라고 할 수 있다. 이들 행위를 이기적 유전자의 관점에서 비평하는 글을 써 보자.

[더 읽을거리]

- 에른스트 페터피셔. 《인간》. 박규호 역. 들녘, 2005.
- 스티븐 핑거. 《빈 서판》. 김한영 역. 사이언스 북스, 2004.
- 매트 리들리. 《이타적 유전자》. 신좌섭 역. 사이언스 북스, 2001.
- 아쿠타가와 류노스케. 《아쿠타가와 작품선》. 진웅기 · 김진욱 역. 범우사, 2000.
- 에드워드 윌슨. 《인간본성에 대하여》. 이한음 역. 사이언스북스, 2000.
- 지그문트 프로이트. 《문명 속의 불만》. 김석희 역. 열린책들, 1997.
  ________________. 《종교의 기원》. 이윤기 역. 열린책들, 1997.
- 리처드 도킨스. 《이기적 유전자》. 홍영남 역. 을유문화사, 1993.

2장 이분법적 사유를 넘어서

현대 사회는 점점 더 빠르게 변화하고 있다. 변화의 폭과 양상도 다양하고 복잡하다. 이는 우리 사회의 규모가 그만큼 커졌다는 것을 반영한다. '덩치가 커진' 사회의 모습과 문제성은 현대 지식인의 달라진 모습에서도 알 수 있다. 섬세한 지적 전문화를 요구받아온 거의 모든 지식인들은, 이제 특정한 분야에서만 지식의 생산자들이고 나머지 많은 분야들에서는 지식의 소비자가 되었다. 사회의 지식을 생산하여 사회를 지도하는 성찰적인 지식인의 모습은, 현대 정보 사회에서 찾아보기 어려운 전통적인 지식인상이 된 것 같다.

한편 오늘날 우리 사회는 비동시적이고 상충적인 요소가 공존하는 복합성도 보여준다. 이 점은 지적 전문화를 심화시켜 온 현대 지식인의 판단과 결정을 더욱 어렵게 한다. 복합적이고 다층적인 현대사회는 어느 특정한 이념이나 가치관으로 묶이거나 해석되기를 거부하기 때문이다. 그래서 A와 그 대립물 ~A(not A, 非A)로 사유하는 이분법은 복잡하고 연속적인 오늘날의 현실 자체와 어긋날 때가 많다. 이분법적 사유는 명쾌하기는 하지만 명쾌해지는 만큼씩 현실로부터 멀어진다. 그러한 사유의 위험성은 A와 ~A의 반사 이미지에 매몰되어 A의 비판은 ~A의 지지라는 손쉬운 결론과 섬뜩한 편견으로 귀결될 때 가장 분명해진다. 그러나 오늘날의 현실은 우리에게 이분법적 사유의 질서를 넘어설 것을 요구한다.

현실적인 사유나 실천에 있어서 합리적인 선택은 두 가치의 중간 어디쯤에 있을 것이다. 물론 두 가치 사이에는 개인적, 사회적, 문화적, 시대적 조건들이 개입하므로 적절한 지점을 취하기는 여간 어려운 것이 아니다. 이제 우리 사회에서 만났거나 만날 수 있는 이분법적 사유의 몇 가지 패턴을 살펴보면서 균형 있는 사유란 무엇인가를 생각해 보도록 하자.

:: 읽기자료 1

예술이 외설이라는 이유로 권력의 탄압을 받은 때가 많다. 가장 높은 문화 수준을 자랑하는 프랑스나 개인의 자유를 구가하는 미국에서도 그랬다. 소설《쥬스띤》과《쥴리에뜨》의 18세기 저자 사드는 그 작품이 음탕하다는 죄로 투옥됐고 시집《악의 꽃》의 19세기 저자 보들레르는 유사한 이유로 그 일부를 삭제당했고 같은 시대에 플로베르의 소설《보바리 부인》은 도덕적으로 불순하다는 구실로 오랫동안 판금되었다. 20세기 들어와서도 조이스의《율리시스》, 로렌스의《채털리 부인의 사랑》, 헨리 밀러의《북회귀선》등의 소설이 오랫동안 판금됐다. 권력에 의한 예술의 통제와 탄압의 예는 문학 말고도 다른 예술의 경우에서도 쉽게 찾아 볼 수 있다. 20여 년 전〈헤어〉와〈오! 칼카타〉가 상연됐을 때 그것의 외설성과 법적 대처 문제를 놓고 상반된 의견들이 열기를 띠었다.

이러한 사건들이 있을 때마다 사회적 문제가 제기되고 각계 각층에서 찬반의 논쟁이 벌어지곤 했다. 우리의 경우 같은 문제가 1993년에 있었던 소설《즐거운 사라》의 판금과 그 작가의 투옥, 그리고 최근 연극〈미란다〉의 상영 금지로 새삼 제기되고 예술계, 학계에서 논쟁과 찬반의 시비 대상이 되고 있다. 언뜻 보아 문제의 성격은 명백하다. 그것은 예술과 외설의 관계 문제인 듯하다. 그러나 좀 반성해 보면 문제의 성격은 훨씬 복잡하게 얽혀 있을지도 모른다는 점이다.

외설이라는 이유로 한 문학 작품의 판매 금지나 연극의 상연 금지의 문제가 현재〈예술이냐? 외설이냐?〉라는 물음의 형태로 제기되고 있다. 이 같은 문제 제기에는 예술이 국가 권력의 통제 밖에 있다는 대전제를 깔고 있으며 그러한 대전제는 대충 다음과 같은 잘못된 소전제를 깐 빗나간 논증으로 뒷받침되고 있다.

첫째, 예술 작품과 외설물이 객관적으로 규정될 수 있다는 것이다. 그러나 예술과 외설은 명확히 규정할 수 없다. '예술' 이라는 말이나 '외설' 이라는 말은 분류적으로도 사용되고 평가적으로도 사용된다. 분류적으로 사용될 때는 그것의 좋고 나쁨을 떠나서 그것이 사물로서 소속하게 되는 사건의 객관적 속성 범주와 관련되는 데 반해서 평가적으로 사용될 때는 그 사물이나 사건에 대한 우리의 긍정적 혹은 부정적 태도를 표현한다. 분류적 뜻으로 예술이나 외설물을 결정하는 작업은 용이하지 않다. 예술 작품과 그렇지 않은 물건들을 결정하는 문제는 오늘날 예술 철학에서 더 이상 숨길 수 없는 핵심으로 끊임없는 토론의 대상이 되어 있으며, 외설성과 그렇지 않은 것의 차이는 객관적으로 결정될 수 없고 개인, 사회 그리고 시대에 따라 그 속성이 항상 변하고 있다. 따라서 어떤 작품이 예술이냐 아니냐, 어떤 것이 외설이냐 아니냐가 객관적으로 영원불변하게 결정될 수 있는 듯이 문제를 제기한다는 것은 처음부터 공허하다.

둘째, 예술 작품과 외설물은 서로 배타적인 두 개의 다른 범주에 속하므로 예술 작품은 외설물일 수 없고 동시에 외설물은 예술 작품일 수 없다는 생각이다. 그러나 예술과 외설은 서로 배타적이 아니다. 어떤 작품이 예술의 범주에 속할 수 있는 동시에 외설물의 범주에 속할 수도 있다. 어떤 사람이 교수의 범주에 속하고 그와 동시에 아버지의 범주에 속할 수 있으며 어떤 사물이 나무의 범주에 속할 수 있는 동시에 아름다운 사물의 범주에 속할 수 있는 경우도 있다. 외설적이면서 예술 작품일 수 있으며 예술 작품이 아닌 외설물도 허다하다.

셋째, 예술이 내재적 가치를 갖고 있는 데 반해 후자는 그 정반대라는 명제이다. 그러나 예술과 외설이라는 개념이 평가적으로 긍정적 가치가 있는 것과 부정적 가치가 있는 것으로 흔히 사용되지만 분류적인 뜻으로 예술 작품은 가치를 자동적으로 의미하지 않고 분류적 의미로서 외설물은 자동적으로 반가치를 뜻하지도 않는다. 꽃나무가 식물의 범주에 속하면서도 아름다운 사물의 범주에 속할 수 있는 것이나 혹은 살인의 범주에 속하는 사람이 위인의 범주에 동시에 속할 수 있는 것과 마찬가지다.

넷째, 내재적 가치가 있는 것은 국가 권력의 통제 대상이 될 수 없다는 전제이다. 그러나 이런 전제는 성립되지 않는다. 꽃이 그 자체로서 아무리 가치가 있다 하더라도 만약 그 꽃 때문에 의학적으로 인간이 해를 받고 사회적으로 혼란을 빚게 된다면 그 꽃의 재배, 유통 그리고 진열은 국가에 의해 마땅히 통제되어야 한다. 아편 꽃은 아름답지만 자유로운 아편 재배로 큰 사회적 문제가 생긴다면 그 국가에 의한 그 꽃의 재배 및 유통의 통제는 정당화된다.

다섯째, 결론적으로 어떤 작품이 외설의 범주에 속하지 않고 예술의 범주에 속한다는 것이 밝혀졌다면 예술 작품은 국가 권력의 간섭, 통제 및 처벌의 대상이 될 수 없다는 것이다. 문학 예술로 자칭한 텍스트 《채털리 부인의 사랑》이나 《즐거운 사라》나 무대 예술로 자칭한 쇼 〈미란다〉가 정말 소설의 범주에 속하고 연극의 범주에 속한다는 것이 결정된다면 국가 권력에 의한 그것들의 출판이나 무대 발표의 금지는 정당화될 수 없다는 것이다. 그러나 이러한 결론은 타당치 않은 논리에 뒷받침되어 있다. 앞서 봤듯이 예술 작품과 외설물을 각기 어떻게 정의할 수 있는가는 아직도 해결되지 않은 철학적 문제이다. 이러한 사실을 무시하고 백 보를 양보해서 예술이 무엇이냐 혹은 외설이 무엇인가에 대한 확실한 대답이 나왔고 그에 따라 어떤 작품이 예술이다 혹은 외설물이다라는 결론이 섰다고 가정할 경우에도 권력에 의한 어떤 예술 작품의 출판 혹은 상연, 전시의 금지나 그에 따른 처벌이 제기하는 문제는 풀리지 않는다.

국가 권력이 어떤 예술 작품을 판금하거나 그런 작품의 작가를 처벌할 때 제시하는 유일한 이유는 그 작품이 예술에 속하지 않는다고 해서가 아니라 도덕적으로 허용될 수 없다는 데 있다. 성 도덕으로 봐서 잘못이라는 의미로 '외설' 적이고 따라서 사회적으로 해롭다고 전제하기 때문에 예술가나 예술 작품은 다른 시민이나 다른 것들과 마찬가지로 처벌과 통제의 대상이 된다는 것이다. 그러나 과연 국가가 국민들의 개별적인 판단을 초월한 그러한 탁월한 도덕적 판단을 할 수 있으며, 비록 할 수 있다고 가정해도 그런 판단에 따라 자신의 통치 하에 있는 국민들의 도덕적 판단과 행위를 강요할 정당성를 갖고 있는가?

도덕적 문제는 인간 생활의 다양한 측면과 관련되어 있다. 대인 관계에 대한 도덕이 있고 정치, 경제, 전쟁, 의학, 교육 등등 무수한 삶의 측면에 관련된 도덕적 문제도 있다. 그 중에 성(性)에 관한 문제는 가장 보편적이고 가장 뿌리 깊다. 성이 동물로서의 인간이 타고 난 가장 근본적 본능의 하나이기 때문이다. 그렇기 때문에 그러한 본능적 욕구는 어떠한 통제 하에서도 어떤 형태로든지 표현되게 마련이다.

성적 본능과 관심이 보편적 본질인 만큼 그것에 대한 도덕적 규범은 보편적이고, 또한 그런 성에 대한 도덕적 규범은 확실치 않고 항상 유동적이다. 여러 면에 걸친 도덕적 규범들 가운데서 어떤 것은 시대와 장소를 통해 보편적이며 공통적인가 하면 다른 어떤 것들은 유동적이다. 무고한 살인이나 남에 대한 가해가 도덕적으로 '악' 이며, 남을 위한 헌신적 봉사가 도덕적으로 '선' 하다는 것은 시간과 공간을 초월한 불변의 객관적 규범 같다. 사회 정의 그리고 더 일반적으로 '정의' 자체에 대한 도덕적 평가 기준도 비교적 보편적이며 고정된 듯하다. 그런가 하면 가령 부모 자식 혹은 사제간의 도덕적 규범이나 포로나 병자나 동물에 대한 도덕적 규범은 시대나 문화에 따라 크게 다양하고 유동적이다. 서양에서 생각하는 부모 자식 간의 올바른 도덕적 관계는 동양 특히 한국에서 생각하는 것과 아직도 사뭇 다르고, 같은 한국 사회에서도 사제간의 올바른 도덕적 규범에 대한 생각은 어제와 오늘 크게 변했다. 동물에 대한 도덕적 관념은 서양에서나 동양에서나 다같이 관용한 방향으로 크게 변했다. 부모에 대한 효도의 덕목이 서양에 가면 동양보다 훨씬 약해지고 동물이나 병자에 대한 관심과 배려는 서양에서 훨씬 강해진다.

다양하고 유동적인 도덕 규범들 중에서도 가장 두드러지게 다양하고 유동적인 것은 성에 관계된 규범이다. 한국에서 우리는 과거 어려서부터 '남녀칠세부동석(男女七歲不同席)' 이란 성에 관한 규범을 익혀 왔다. 그러나 현재 바로 그러한 한국의 수도 한복판에서 20대, 30대의 성적으로 왕성한 남녀들이 팔짱을 끼고 입을 맞추며 대로를 활보한다. 한국에서는 미혼의 여자가 자식을 낳는 것은 성 도덕적으로 몹시 부끄러운 일이지만 미국의 10대 미혼 고등학교 여학생들 가운데는 애기를 안고 학교에 등교하는 경우가 적지 않은 실정이다.

이러한 성에 대한 감수성의 변화는 외설에 대한 규정의 변화를 말해 주고 외설에 대한 규정의 변화는 곧 성 도덕에 관한 인식의 다양성과 그것에 관한 개인적, 시대적, 문화적인 부단한 인식 변화를 반영한다. 그리고 이러한 사실은 예술 작품의 외설성 즉 도덕성이 확고부동한 객관적 기준을 갖고 있지 않음을 의미하고, 그것은 더 나아가 어떤 특정한 개인이나 집단이 자신의 기준을 다른 개인이나 집단에 강요할 수 없음을 말해준다. 국가도 하나의 집단이다. 물론 국가는 막강한 권력을 위촉받은 집단이다. 그러나 국가의 권력은 논리적으로 부당한 것이어서는 안 된다. 과거 여러 형태의 국가 조직이 자신의 권력을 종교적으로 혹은 전통에 호소하여 정당화했지만 현대 어느 민주 국가도 그와 같이 자신의 권력을 정당화할 수 없다. 어떤 것이 예술이며, 어떤 것이 외설이며, 어떤 것이 도덕적 혹은 비도덕적이냐 하는 문제는 그것이 국민 전체의 합의를 얻기도 전에 국가가 단독적으로 결정하고 해결할 문제가 아니다. 이러한 합의가 있기 전까지는 국가는 국민 개개인의 표현과 행동의 자유를 간섭하거나 억압할 권리나 권위는 가질 수 없다. 외설의 기준을 결정할 권한과 능력이 없는 한 '외설' 즉 '비도덕' 이란 명목 하에 성에 대한 예술적 표현은 물론 모든 양식의 표현에 대한 통제와 억압은 부당하다.

그렇다고 국가는 어떠한 경우에도 예술 작품이나 그 작가를 통제하고 탄압할 수 없다는 것은 아니다. 국가 및 국민 전체의 큰 이익에 위배된다는 것이 확고하다면 예술가나 예술 작품은 그 자체로서 다 같이 귀중한 가치가 있더라도 국가에 의한 그것들의 통제나 처벌은 정당화될 수 있다. 그것은 마치 아편의 꽃이 그 자체로서 아름답다 해도 그것의 자유로운 유통이나 재배 혹은 사용에 대해서는 국민의 건강과 사회적 안정을 위해 국가의 통제가 정당화될 수 있다는 것과 같다.

어떤 것이 예술이냐 외설이냐 또는 도덕적이냐 아니냐의 문제는 국가의 권한 밖에 있다. 그러한 물음에 대한 대답은 그때그때 국민의 합의에 의해서만 찾을 수 있다. 어떤 경우에도 결정적으로 중요한 것은 국민의 합의다. 국민의 합의만 있다면 국가는 예술 작품에 관한 것도 다른 것들에 관한 것과 꼭 마찬가지로 통제 · 규제할 권리를 행사할 수 있다. 그렇다면 《즐거운 사라》나 〈미란다〉의 경우 국가의 판금이나 공연 금지 조치는 정당한가? 시대적 그리고 세계적 추세만이 아니라 현재 우리가 경험하고 있는 외설관이나 도덕관으로 볼 때 위와 같은 작품들은 도덕적으로는 물론 그 밖에 다른 측면에서 국가 · 국민의 이익에 결정적 타격이나 위험이 되지 않는다. 그럼에도 불구하고 일부 계층의 도덕적 정서에 배치된다는 이유로 국가가 간섭한다면 그것은 국민의 자유 억압과 인권 유린이라는 대가를 과도하게 치러야 함을 의미한다. 가령 《즐거운 사라》나 〈미란다〉에 대한 통제는 사회적인 부정적 여론 및 평론가들이나 독자들의 부정적 반응에 의해서 자연스럽게 즉 비강권적으로 이루어질 수 있다. 특별한 이유를 댈 수 없는 한 가령 《즐거운 사라》나 〈미란다〉 같은 작품을 외설이라는 이유로 공권이 개입할 수 없다는 주장은 그러한 작품들이 예술적으로 가치가 있다는 것을 함의하지 않음은 물론 비록 그들이 그런 작품들을 '예술' 이라고 한대서 그런 주장을 반드시 인정함을 의미하지도 않는다. 이러한 문제는 예술 작품에 대한 국가 권력의 통제가 갖는 정당성의 문제와 별개의 성질에 속한다. 자세히 들여다보면 그것들은 예술을 빙자한 상업 만능주의의 표현이거나 예술의 가면을 쓴 도덕적 타락의 예일 가능성이 많다. 상업 만능주의가 성행하는 오늘날이기에 이런 가능성은 더욱 크다.

예술은 예술과는 직접 상관없는 어떤 정치적 혹은 경제적 목적을 위해 제작되고 판매되며 이용될 수 있다. 얼마 동안 우리나라에서는 다른 적지 않은 전체주의 국가에 있어서와 마찬가지로 예술 특히 문학예술이 의도적이든 아니든 정치적 이념을 전파하는 목적에 널리 이용되어 왔다. 그러나 최근에는 개방과 예술의 특권을 빙자한 예술 상업주의의 오염된 바람이 문학 · 예술 · 출판계에 휘몰아치고 있는 것 같다. 예술이 아닌 것들이 예술로 포장되어 값비싼 상품으로 팔리고 있다는 것이다. 그렇지 않다고 해도 오늘날 일반적으로 그러하듯이 예술도 날로 저속화하고 타락하고 있다는 생각이 든다.

요새 우리나라 신문, 잡지 그리고 여러 가지 영상 매체에서 볼 수 있는 이른바 문학 · 예술계의 현상을 보면 누군가의 음모나 술책에 의해서인지 모르나 속된 예술의 오렌지족 시장이 형성되어 가고 있다는 생각은 더욱 굳어간다. 가령 《즐거운 사라》나 〈미란다〉 같은 작품들도 그러한 예로서 순진한 젊은이들의 가장 원초적 신경을 자극하여 돈을 벌거나 명성을 올리기 위해 고안되고 제작된 예술로 화사하게 포장한 천한 상품이기 쉽다. 예술이냐 외설이냐를 따지기 전에, 국가 권력에 의한 예술 작품의 통제가 정당하냐 아니냐를 다루기 전에, 중요한 것은 예술가 자신들은 물론 국민 전체의 지적 및 도덕적 저속화의 물결을 막고 가능하면 보다 진지하고 수준 높은 예술적 탐구와 질 높은 정신적 가치에 대한 끊임없는 이상을 지키고 키워가는 작업이다.

— 박이문, 〈예술, 외설, 권력〉 중에서

:: 도움말

예술과 외설의 판정 시비는 역사상 심각한 논쟁을 불러일으킨 쟁점들 중 하나이다. 그럼에도 불구하고 오늘날에도 여전히 예술과 외설의 경계는 명확하지 않으며, 판정 시비의 논란은 뜨겁다. 그것은 우선 판정에 다양한 개인적, 사회적, 역사적, 문화적 가치가 개입하기 때문이다. 그래서 예술과 외설의 경계는 역사와 사회에 따라 움직인다고 할 수 있다. 다음은 외설성과 예술성이 일정 정도 교집합 관계인 까닭이다. 한 작품에서 어떤 사람은 외설성을 읽기도 하고 어떤 사람은 예술성을 읽기도 한다. 그래서 외설은 비예술이며 예술은 반외설이라는 이분법이 성립하기 어려운 것이다. 외설과 예술은 배타적 대립물이 될 수 없다. 마지막으로 예술과 외설은 개념의 문제로 끝나는 것이 아니라 현실적인 여러 가지 문제들을 일으키기 때문이다. 이때 권력(법, 제재)이 개입하곤 한다. 위의 예문은 이 같은 예술, 외설, 권력의 복잡하고 현실적인 관계들을 사유한다.

:: 토론과제

1. 역사적으로 판금이 되었다가 예술로 인정된 작품들을 찾아보자. 또한 그 작품들의 사회적, 역사적, 문화적 맥락을 조사하고 그것을 요약해서 발표해 보자(예를 들면, 로렌스의 《채털리 부인의 사랑》이나 헨리 밀러의 《북회귀선》을 조사해 보자(그룹 별로 시기를 정하여 조사하면 좋다).

2. 아래에 제시된 글은 《내게 거짓말을 해봐》(장정일)에 대한 변론기의 일부이다. 이 변론기는 예술과 외설이라는 이분법적인 명제와 성에 대한 고정관념에 대한 진지하고 솔직한 심정을 보여준다. 제시문을 읽고 '예술'과 '외설'의 개념은 어떻게 판단되어야 하는가에 대해 다양한 방식으로 토론해 보자.

지금 와서 돌이켜보면, 재판의 변론을 맡았던 당시에 나는 장정일이 던진 화두를 제대로 풀지는 못하였다. 검사가 소설이 명백히 음란하다고 주장하고, 판사도 음란물을 버젓이 내놓고 반성하지 않는다는 이유로 그를 가둬놓은 상황에서, 나는 그를 변호하기 위하여 소설이 왜 음란하지 않다는 것인지 해답을 찾아야 하였다. 그 해답을 찾기 위하여 '음란'과 '예술'의 개념 사이에서 헤매인 과정이 그에 대한 변론과정이었던 듯하다. 노골적이고 구체적인 성묘사로 가득 차 있고, 장정일 스스로 "자기모멸을 위하여 포르노의 양식을 빌어왔다"고 밝힌 작품을 눈앞에 두고 음란하지 않다고 할 수도 없고, 그렇다고 해서 예술이 아니라고 할 수도 없다. 나는 "예술이냐, 외설이냐" 하는 이분법적인 명제와 한참을 다투어야 하였다.

육체를 성적인 맥락에서 성적인 자극과 흥분상태를 드러내는 방식으로 다루는 것이 외설이라고 한다면, 예술이 그와 같은 표현형식을 사용할 때는 분명히 예술도 외설도 아닐 수 없다. 일반적으로 하나의 고정관념으로 고착화된 "예술이 아니면 외설"이라는 식의 개념정리는 그런 의미에서 잘못된 것이다.

육체는 성적으로 다루어질 자유를 가지며, 예술을 포함해서 사회의 모든 외설적 성표현물을 모조리 금기시할 수는 없다. 범죄적 수준의 반사회성을 띠는 경우에 해당하는 성표현물들로 국한된다. 이 점에서 외설과 형법에서 말하는 '음란'은 의미가 달라진다.

— 강금실, 〈장정일을 위한 변론〉 중에서

:: 쓰기과제

1 〈읽기 자료 1〉의 필자는 외설이냐 예술이냐의 문제는 국민적 합의에 의해서만 찾을 수 있다고 말한다. 공공적 합의에 의한 진리 찾기는, "자율과 조화를 바탕으로 자유민주적 기본질서를 더욱 확고히 하여……"(헌법 전문)라는 법문에서 볼 수 있는 것처럼 헌법에서도 인정하는 과정이라고 볼 수 있다. 아래에 제시되는 문장을 보고 계속 이야기하자.

절대적이고 유일한 진리의 존재를 상대방에게 강요할 수 없는 자유민주주의 사회에서 헌법은 그나마 가장 높은 '기준'으로서 역할을 하게 됩니다. 우리 헌법은 곳곳에서 '대화와 타협을 통한 상대적 진리 찾기'의 정신을 이야기하고 있고, 잠깐만 들여다보아도 헌법과 법률 속 대부분의 규정들이 공정한 절차 확보를 위해 마련된 것들임을 알 수 있습니다. 그리고 대화와 타협을 통한 진리 찾기의 출발점은 '내 생각만이 전부가 아니다'라는 상호 관용의 정신입니다.

— 김두식, 《헌법의 풍경》 중에서

이상의 내용은 예술과 외설의 판단문제가 '비강권적'으로 이루어져야 한다는 견해로 흐르고 있는 것처럼 보인다. 그러나 한편으로는 현실적으로 국가권력의 판단과 통제가 외설성의 판정에 개입한다.

오늘날 권력이 예술과 외설의 문제에 개입한 사례를 한 가지씩 조사하고, 그 권력 개입의 정당성에 관해 찬반의 입장을 정하고 각자의 입장을 설득력 있게 주장하는 글을 써 보자.

∷ 읽기자료 2

자본주의 세계체제의 형성 이후 어떤 국가와 민족도 세계화의 질서와 무관하게 존립하지는 않았으며, 식민지 지역의 민족주의와 인종주의 역시 '보편'의 구호를 내세운 서구의 침략주의에 대한 반작용으로 촉발되었다. 그렇다면 개항 이후 한국의 모든 국가형성운동과 민족주의는 이러한 국제 정치·경제 질서로부터 자유로운 적은 없었다고 해도 과언이 아닐 것이다.

세계체제에 편입되기 이전 단계의 조선(Korea)은 "문화적 전통, 언어·혈연·정치적 공동 운명에 비추어볼 때 세계사상에 희귀한 단일 민족"이었고, 오랜 세월 동안 중앙집권적 통치를 경험했기 때문에 강력한 민족국가와 민족주의가 형성될 수 있는 풍부한 토양을 갖추고 있었다. 그러나 개항 이후 100년 이상 동안 우리는 근대적 민족국가를 형성하기 위해 줄기차게 노력해 왔음에도 불구하고, 주변 강대국의 영향과 국내 정치세력의 분열로 이를 이루지 못한 채 지금에 이르렀다.

필자는 민족주의 혹은 민족국가 형성의 측면에서 지금까지의 한국 근현대사를 다음 세 단계로 구분할 수 있다고 본다.

첫째 단계는, 민족의 생존을 폭력적으로 억눌러온 열강과 일본 제국주의의 침략에 맞서 민족국가의 형성을 시도한 시기이다. 이 시기의 민족주의는 기본적으로 저항적 성격을 지니고 있었으며, 반침략·반봉건을 그 과제로 설정하고 있었다.

둘째 단계는, 일제가 물러가고 통일된 민족국가의 형성이 가시화되었으나 미·소를 축으로 하는 냉전질서가 고착화됨으로써 남북한으로 분단되어 '민족 없는 국민국가(nation-state without nation)'가 수립된 시기이다. 이 시기 민족주의의 과제는 남북간 대립의 극복과 민족 통일이었다.

셋째 단계는, 통일된 민족국가는 수립되지 않았지만 남북한의 분단을 강제하는 국제정치적인 조건이 크게 변하고 민족의 통일이 민족 내부의 문제로 집약되는 80년대 말 이후 현재의 시기이다. 이 시기에는 남한 내 계급 분화와 자본의 국제화가 두드러지게 진척되어, 민족국가의 형성이 전혀 새로운 차원에서 논의된다.

이상의 세 단계 간의 차이점은, 첫 번째 단계의 경우 일제를 물리치고 국제적으로 인정받는 민족국가를 새롭게 건설하는 과제를 안고 있었다면, 이후 두 단계에서는 민족국가가 아닌 분단국가가 수립됨으로써 민족국가의 형성이 분단국가의 해소·약화라는 과제를 거쳐서만 가능하게 되었다는 점이다. 그리고 첫째·둘째 단계와 세 번째 단계를 가르는 구분점은, 분단국가인 남한의 경우 자본주의적 공업화와 사회분화가 진척되고 세계경제 질서에 본격적으로 편입됨으로써 셋째단계에서는 민족국가의 형성=부르주아 주도의 전통적인 민족국가 모델이 설정되기 어렵게 되었다는 점이다. 한국에서 민족국가의 형성은 한국 근대화의 가장 중요한 역사적 과제이지만 동시에 동시대의 세계사적 변화 속에서 진행될 수 밖에 없게 된 것이다. 다시 말해 한국 역사 발전의 시간과 세계체제의 시간이 불일치함으로써, 한국은 전통적인 민족국가를 수립하기도 전에 국가 건설에 대한 새로운 접근 방법이나 전망이 요구되는 시점에 놓이게 된 것이다.

필자는 첫 번째 단계가 고착되는 한말 · 한일합방기와 두 번째 단계가 고착되는 해방 8년간(1945~53)의 기간이 한국의 민족주의 및 민족국가 형성에 있어서 '유형 설정 시기' 였다고 본다. 여기서 유형 설정 시기라는 것은 이후 역사 발전의 전환점이 되는 시기로서, 한반도에 대해 강대국들의 규정력이 작용하기는 했지만 상대적으로 세계체제 내에서 우리 내부의 역량과 대응의 가능성이 비교적 넓게 열려 있었던 시기라는 의미이다. 그 중에서도 한말에서 일제 식민지로 나아가는 과정은 특정 강대국의 이해관계가 우리의 대응의 여지를 완전히 차단하지는 못했던 시기라는 점에서 이후 100년간의 근대사를 틀짓는 가장 중요한 유형 설정기였으며, 해방 8년의 기간은 민족 주체 역량의 개입 폭이 그 전 시기보다 훨씬 좁았다고 판단된다.

세계 정치 · 경제 질서 속에서 약소국이 민족국가를 수립한다는 것은 곧 침략주의에 대한 저항과 내부의 반봉건 근대 개혁이라는 양면과제를 수행한다는 것을 의미한다. 즉 국가의 건설은 대외적 독립의 문제이자, 대내적으로 시민 · 국민의 형성 문제이다. 이러한 조건에서 민족국가의 형성을 이루기 위해서는 첫째 물리력을 기초로 침략 세력에 대항하여 투쟁하고, 둘째 강대국의 힘의 균형과 힘의 공백을 활용하는 정치전략이 필요하며, 대내적으로 민족(국민)의 형성을 위해서, 셋째 반봉건 민주주의 개혁과, 넷째 근대적 제도 및 문화의 도입이 한꺼번에 요구된다. 이 가운데서도 첫째와 셋째는 약육강식의 원리가 관철되는 국제질서 속에서 민족이 힘을 바탕으로 독립을 유지하는 실질적인 초석이 될 것이다.

그러나 19세기 말에서 20세기 초의 전환기나 해방 8년 시기의 전환기에 우리 민족은 대외적 독립을 추구하는 세력과 대내적 민주 개혁과 국민 형성을 추진하는 세력이 언제나 불일치하였다. 이것은 자주적이고 통일된 민족국가 형성의 실패로 귀결되었다. 대체로 위정척사파에서 상해 임시정부로 연결되는, 반외세 민족주의를 굳게 견지했던 세력은 그 계급적 한계 때문이기도 하지만 대부분이 국제정세에 눈이 어둡고 복고적이어서 국내의 민족 역량을 동원해 낼 수 없었다. 국내의 개혁을 적극적으로 추진한 동학 농민군이나 일제하의 사회주의 세력 역시 국제정치적 안목을 결여하고 있었으며, 민족 역량의 동원에서도 한계를 가지고 있었다. 그리고 외교적 노선과 근대화에 더 큰 비중을 둔 개화파 · 민족개량주의자들은 '주관적인 독립 의지' 에도 불구하고 특정 강대국에 의존하는 쪽으로 나아갔고 급기야는 제국주의 침략을 용인하는 결과를 낳았다.

분단에 이르는 과정에서 한국 민족주의가 실패한 것은 주관적인 민족의식의 부족에 그 원인이 있었다기보다, 민족적 역량 동원의 실패(여기에는 지도세력 내의 통합 결여, 민중에 대한 적대시 등이 포함된다)와 가장 철저한 반외세 · 반봉건 세력의 국제정치적 감각과 내부 정치 역량의 결여에서 기인했다고 보인다. 그 결과 남한에서의 분단국가는 앞의 둘째와 넷째 요소에 주력하는 세력—더 이상 민족주의 진영에 서지 않고 외세에 의존하게 된 세력—을 선두로 하여 만들어지게 된다.

이러한 역사적 경험을 통해서 민족주의의 견지와 민족 이익의 확보는 반드시 일치하지 않는다는 것을 알 수 있다. 이것은 국제정치 질서에서의 한반도의 위상이나 국제 정치적인 힘의 논리, 자본주의의 논리가 한국인들의 민족 보존 의지를 뛰어넘어서 움직이고 있다는 것을 의미한다. 즉 민족국가의 수립과 민족 이익의 확보는 독립의 열망 혹은 민족주의의 강도에 좌우되는 것이 아니라 그것을 현실화시켜낼 수 있는 역량의 문제라는 것이다.

분단은 미 · 소를 양극으로 하는 세계 정치체제의 한국적 실현 형태이다. 남북한은 이러한 양 '제국' 의 첨병이었다. 분단국가의 수립은 곧 민족주의의 좌절을 의미한다. 그리고 냉전적 세계 정치체제의 체현자로서 분단국가의 성립은 국가의 행동이 '민족의 이익' 에 바탕을 두는 것이 아니라 냉전 이데올로기, 즉 동서간 체제대결의 논리에 따라 움직인다는 것을 의미한다. 따라서 논리적으로 볼 때 분단국가는 민족을 명분으로 하되 '민족의 이익' 보다는 '민족' 의 대표자 · 대표기구임을 자임하는 남북 양측의 '국가의 이익' 을 우선시한다.

남북한의 역사는 민족주의의 언술을 사용하면서도 실제로는 '국가주의' 의 원칙 아래 '민족주의' 를 억제해 왔다. 북한은 구식민지시기에 통용되던 저항적 · 배제적 민족주의를 견지해 왔지만, 그것은 다분히 내부의 단결을 위한 통치 이데올로기로서의 성격을 지니고 있었다. 남한의 경우는 박정희 집권 초기에 '민족적 민주주의' 의 논리가 표방된 적이 있으나 실제 외교 정책이나 국내 통치에서 민족주의는 오히려 억제되었다. 이처럼 최상위의 지배 논리는 국가질서의 유지이며, 국가질서의 유지에 반하는 민족주의=통일, 민족자주성은 부정되었다.

여기에서 중요한 것은 남북한에서의 분단국가 수립은 양 지역 거주민들에게 거역할 수 없는 정치적 규제력을 발휘했다는 사실이다. 분단국가는 단순히 국가의 기반이 불충분한 국가가 아니라, 만(Mann)이 말하는 국가의 전제적 힘(despotic power)이 훨씬 더 강하고 완벽한 정치 단위이다. 이 경우 국가는 국가 내 성원을 통제하는 구체적이고 현실적인 강제력이었으며, 민족은 오로지 '상상의 공동체' 일 뿐이었다.

국기, 애국가, 국화(國花), 국민교육, 국민징병제, 예비군 제도 등으로 표상되는 국가에 의한 체계적인 동원은 파시즘하의 독일과 일본 이상으로 훨씬 더 완벽하게 진행되었으며, 남한의 주민들은 '민족' 의 구성원으로서가 아니라 남한의 '국민' 으로 더욱 철저하게 사회화되었다. 폴라니(Polanyi)가 주장한 바 영국의 자유주의와 시장 경제가 독일에서 파시즘으로 귀결되었다면, 프랑스의 자유 · 평등의 시민권이라는 근대국가의 이념은 20세기 후반 들어서 가장 가공할 만한 국가숭배로 남북한에 정착되었다. 한반도에서 '국가성' 은 '민족성' 에 우선하였으며, 남한 국민은 북한 사람을 '한민족' 으로서가 아니라 적국의 백성으로 대하였다. 남한의 국민들은 북한이 궁지에 몰리는 것을 기뻐하고 미국 등 '자유 진영' 이 북한을 혼내주는 것을 기뻐하는 정서에 길들여졌다.

여기서 주목해야 할 사실은, 분단국가는 기본적으로 냉전적 세계체제의 산물이지만 냉전 질서가 점진적으로 와해되어 나가는데도 불구하고 자체의 생명력을 지니게 되었다는 점이다. 60년대 후반 들어서부터 냉전적 세계 정치 질서가 와해되면서 세계 질서는 다극화와 국익 중심주의로 발전해 갔음에도 불구하고, 한반도에서는 오히려 체제대결적 분단국가가 더욱더 완성을 향해 나아가고 있었다.

국가로서 남북한 분단국가의 완성=민족분단의 고착화는 '제국주의' 세력의 의도 혹은 세계체제의 강요가 아니라 분단된 국가의 자기 논리, 남한에서의 자본주의적 공업화와 부르주아계급의 성장이라는 내적인 발전 논리에 기인한 것이다. 이 과정에서 남북한의 경제력은 역전되면서 그 격차 또한 매우 커졌다. 과거에는 북한이 '이념' 으로 '민족' 의 대표자임을 주장하고 남한이 수세적인 입장에 있었으나 이제는 남한이 '경제력' 으로 '민족' 의 대표자임을 자부하고 있으며, 북한이 '민족' 으로 자부하면서 남한을 통일시키려 들기는커녕 반쪽 '국가' 의 틀을 유지하는 데 급급한 수세적 입장에 놓이게 되었다.

80년대 말 소련과 동유럽 사회주의의 붕괴, 그에 따른 냉전체제의 와해가 한반도에서 체제 대결의 논리 대신에 민족주의의 논리를 부활시키는 결정적인 분기점이 되는 것은 사실이다. 냉전 질서의 붕괴는 남북한에 '국가의 논리' 보다 '민족의 논리' 가 우선할 수 있는 객관적인 조건을 조성하였다. 미 · 소가 더 이상 민족주의의 억제력으로 작용하지 않게 되면서 민족 형성은 상당 부분 남북한 지배집단의 의지에 좌우될 수 있는 성질의 문제로 변화했다. 또 이런 변화된 조건은 미국에 대한 전통적인 의존 자세의 전환을 요구하고 있으며, 그 동안 한국과 적대 관계에 놓여 있었던 중국 · 러시아 등과 전혀 새로운 각도에서 관계 설정을 할 필요성을 제기하였다. 그와 더불어 '경제의 국제화' 가 진척되고 세계 각 지역이 지역경제로 통합되는 경향이 점점 더 강해짐에 따라, 시장 논리가 아닌 이념에 의한 국가간 적대는 구시대적인 것이 되었으며 이러한 질서에 편승하기 위한 내적인 정비를 서두를 것이 요청되고 있다.

한국에 있어 이러한 변화는 곧 대미 의존적 외교 노선의 탈피, 체제 대결을 전제로 한 군사비 지출의 억제, 국가 정체성 강화를 위해 지속되어 온 각종 공교육 내용의 개정 및 각종 냉전적인 법률과 사회제도의 개혁, 민족의 통일을 대비한 경제 정책과 사회 정책의 수립, 한반도의 환경 보존과 개발 계획 설정 등을 의미한다고 볼 수 있다. 그리고 이러한 모든 조치는 통일=민족국가 형성의 기반 조성이라는 목표 아래서 추진될 수 있을 것이다.

그러나 다른 한편으로 보면 한반도의 '민족주의' 를 자극하는 이러한 외적 조건은 남북한 당사자, 특히 남한의 내적 조건, 즉 주체적 대응과 사회 세력의 이해 기반을 통해서만 현실화될 수 있고 구체적인 모습으로 나타나게 될 것이다. 여기서 내적인 조건이란 앞절에서 언급한 바 고착화된 분단국가의 존재 및 분단국가 내의 사회분화와 계급 · 계층 분화의 상황이라고 할 수 있다.

근대사의 모든 과정이 보여주고 있듯이 '민족', '민족주의'는 그것을 구성하는 사회 집단의 이해관계 및 정서와 깊이 결합되어 있다. 그린펠드(Greenfeld)가 말하는 것처럼 사회구성원에게 민족이란 자신의 이해를 충족시켜 주고 위신을 높여줄 수 있을 때 의미가 있는 단위가 된다. '민족'이 자신의 위신을 높이는 데 걸림돌이 될 경우 '민족'은 무의미해진다. 반대로 민족 구성원으로 자신이 얻을 것이 많고 그것을 넘어서는 대안을 발견할 수 없을 때, 사람들은 민족이라는 상징에 집착하게 마련이다.

분단된 국민국가가 그 성원들에게 물질적이고 정서적인 만족감을 제공해 준다면, 국가를 버리면서 '민족'을 추구하는 민족주의자의 기반은 축소될 수밖에 없으며 '민족 일반'을 강조하는 통일 운동은 낭만적인 것으로 치부될 것이다. 이렇게 볼 때 남한 국가 형성과 자본주의 발전에 따른 국민적 동질성 강화 그리고 내부의 특권 · 준특권 계층의 성장은, 남한 내 '민족주의'의 기반을 점차 약화시키고 통일민족국가를 지향하는 정치적 민족주의를 경제적 재생산 과정과 거리를 두고 있는 학생과 지식인의 전유물로 만드는 계기가 되었다는 것을 부인할 수 없다.

국민교육 수준의 향상, 공업화에 의한 농촌공동체의 해체, 도시화와 소비문화 · 대중매체의 발전은 모두 정서적 민족주의의 기반을 약화시키는 요인으로 작용하였다. 그리고 내부 계급 분화의 심화는, 민족적 공동운명체성은 물론 국가 내의 공동운명체성, 시민적 동질성까지 회의하게 만들었다. 대자본은 이제 자신을 길러준 국가를 거추장스럽게 생각하기 시작하였고, 국민 · 국가 · 민족이 자신의 발전과 복리에 걸림돌이 되는 것을 원치 않고 있다. 중간층은 자신의 약간의 기득권을 전면적으로 위협할지도 모르는 '민족통일'보다는 '국가 질서의 유지'에 점점 더 집착하게 되었다. 노동자 · 농민에게도 '민족'은 국제화된 경제질서 속에서 점점 불리해지는 자신의 입지를 구원해 줄 전망을 갖지 않는 한 '관념적 공동체'로 간주될 가능성이 높다. 이들 모두에게 이제는 '민족 일반'이 아닌 '어떤 민족국가'인가가 실제로 중요하게 된다.

민족주의가 과거에는 남한의 권위주의 정권을 공격하는 진보의 논리로 작용하였으나, 이제는 '국제화'를 가로막는 보수적이고 퇴영적인 논리로 비판을 받게 되었다. 극단적으로 생각해서 만약 남한의 모든 국민이 안정된 생활을 누리고 있어서 통일이 곧 생활상태의 열악화를 의미한다면, 민족주의=통일의 동력은 오로지 이들의 정서 속에 남아 있는 관념적 요소에만 의지할 수밖에 없게 될 것이다. 이런 극단적인 예가 아니라 하더라도, '이해관계'의 측면에서 볼 때 자본주의 발전에 따른 수혜층이 증가하면서 대다수 남한국민들은 자신의 생활의 하락을 수반할 가능성이 높은 통일에 대해서 부정적인 태도를 취할 가능성이 크며 남한정부가 '민족주의' 노선을 내세우지 않는 데 대해 비판하지 않을 것이다. 우리는 1989년 독일의 통일이 서독 · 동독 국민들의 민족주의 열망에 의해 이루어졌다기보다는 동독의 붕괴에 따른 것이었다는 점을 상기할 필요가 있다.

그렇다면 당위적인 차원에서가 아니라 현실적인 차원에서 다음과 같은 의문이 제기될 수 있다. 통일된 민족국가의 형성이 바람직한가? 바람직하다면 어떤 의미에서 바람직하며 또 그렇게 시급하게 달성해야 하는 것인가? 남한 국민들은 희생을 각오하고라도 통일을 지지해야 하는가? 결국 세계적 차원에서 냉전 질서의 와해가 민족주의의 공간을 확대시키기는 하였지만, 한반도에서는 그것의 구체적인 내용에 대한 합의의 부재로 통일=민족국가의 수립은 성취되지 않고 있는 것이다. 여기서 새로운 민족국가의 모델이 추구되어야 할 필요성이 제기된다.

현재의 세계 질서는 한국의 민족 문제가 해결될 수 있는 상황적인 조건과 내용을 규정하게 되고, 민족국가의 형식은 한국의 역사적 조건에 규정당한다. 한국의 민족국가는 한국 역사 발전의 요구의 의해 촉진될 수 있지만, 그 구체적인 내용은 19세기 유럽의 민족국가나 1945년 후 신생 독립국에서 나타난 것과 같은 것이 될 수 없다는 것이다. 한반도에서 통일된 민족국가가 수립된다면 그것은 이미 배타적 주권과 단일한 시장권을 가진 국가가 아닐 것이다. 이미 한국은 국제경제 질서에 깊이 편입되어 있고, 한국 내의 사회 관계도 이제는 이러한 세계경제 질서로부터 자유로울 수 없게 되었기 때문이다. 지방화 · 분권화의 추세는 시민 생활에 대한 중앙권력의 독점을 제한할 것이며, 민주주의는 국가 차원에서 논의되기보다 지방 차원에서 주로 거론될 것이다. 그리고 서로 다른 체제에서 오랜 기간 동안 살아온 남북한 국민들은 '민족' 이라는 추상적인 개념 속에서 쉽게 하나의 공동체를 이루는 과정에서 상당한 진통을 겪지 않을 수 없을 것이다.

— 김동춘, 〈근대, 국제화, 한국의 민족주의〉 중에서

:: 도움말

근래에 들어 '세계화' 혹은 '국제인' 이라는 말을 자주 듣게 된다. 다른 한편으로 민족적 과제 또는 민족주의라는 말도 비중 있게 등장한다. 그 말들에는 우리의 식민지 경험과 분단이라는 역사적 사실과 초국적화라는 세계의 흐름이 복잡하게 얽혀 있다.

민족이라는 관념은 근대적 산물로서 역사와 시대에 따라 다른 옷을 입고 있다. 첫째는 근대 초기 자본주의의 형성 과정에서 생겨난 민족이고, 둘째는 제국주의의 반사물로 구성된 민족 관념이며, 셋째는 자본의 초국적화에 따른 국제주의의 이면으로서의 민족주의이다. 그런데 우리에게 있어서 민족이라는 개념은 둘째와 셋째의 개념이 섞여 있다고 보아야 할 것이다. 두 번째의 민족적 과제는 역사적인 과제로서 아직 해결되지 않았기 때문이다.

위의 글은 이러한 민족주의의 역사적 개념을 기초로 하여 한국 민족주의의 성격을 살펴보고 있다. 아울러 식민지 권력에 대한 강력한 반항으로서의 민족 관념과 자본의 초국적화에 따른 국제주의라는 비동시적인 것이 동시적으로 존재하는, 한반도의 복잡하고 애매한 상황을 성찰한다.

:: 토론과제

① 우리는 한 국가의 국민이 될 수밖에 없다. 그리고 앞으로 정치인이나 경제인, 혹은 법조인이나 언론인이나 학자가 될 것이다. 각각 미래의 자신의 모습을 예상하고, 아랫글에서 정의한 '세계시민'에 대해 각자의 처지에서 생각해 보자(하나의 상황을 구체적으로 설정하고 그에 대응하는 태도나 주장을 글로 써 볼 수 있다).

통상적으로 공적이라고 하는 것은 국가적 차원의 것이다. 그런데도 칸트는 그것을 사적인 것이라고 하며, 역으로 거기에서 벗어나 개인으로서 생각하는 것을 공적이라고 말하였다. 칸트는 그러한 개인을 세계시민(코스모폴리탄)이라고 불렀다. 코스모폴리탄이라고 하면 국제인 같은 말을 연상하게 된다. 나는 예전부터 일본에서 국제인으로 불리는 타입의 사람을 싫어했다. 그러나 코스모폴리탄이란 어떤 실체가 있는 것은 아니다. 사람들은 어딘가의 국가나 문화에 속해 있고 그것을 부정할 수는 없다. 그러나 그것을 '괄호에 넣을' 수는 있다. 즉 스스로 세계시민을 생각할 수 있다. 그러한 의지를 부여주는 것이 코스모폴리탄이고, 그런 한에서 세계시민이 존재하는 것이다.

— 가라타니 고진, 《윤리21》 중에서

:: 쓰기과제

① 〈읽기 자료 2〉의 언급처럼 세계적 차원에서 냉전 질서의 와해가 민족주의의 공간을 확대시켰다면, 우리는 통일된 민족국가를 세계화의 질서라는 새로운 환경에서 생각해야 할 것이다. 우리가 민족국가의 수립에 직면한다면 현실적인 차원에서 우리가 할 수 있는 일을 생각하고 이를 글로 써 보도록 하자(〈읽기자료 2의 토론과제 ①〉처럼 예상할 수 있는 자기 직업을 선택하고 상황을 설정하여 구체적으로 글을 써 보자).

:: 읽기자료 3

영어 공용론이란 영어와 한국어를 공식(公式)적인 언어로 공용(共用)하자는 주장으로 이해된다. 복거일은 공용론을 처음으로 제안하면서 민족주의, 사대주의, 애국심 등의 가치를 이렇게 저렇게 사용하여 논변을 폈다. 이에 대해 반대론자는 공용론이 주체적이지 못하고 사대주의적이라고 비판하였고, 공용론자는 민족의 이익을 위해 그렇게 주장하는 것이므로 자신은 개방적 민족주의자이고 이를 반대하는 자는 폐쇄적 민족주의자라고 답한다.

공용론이건 반대론이건 둘 다 일종의 색깔론에 빠져있는 것처럼 보인다. 서로가 공동체의 이익을 계산하여 각자의 주장을 한다는 점은 간과하고, 결과를 외부적 관점으로부터 기술하여 핵심적 동기로 덧씌우는 비판을 하고 있기 때문이다. 이러한 방식의 논의는 도움이 되지 못할 것이다. 오히려 공동체의 이익을 계산하는 집중적인 논의가 도움이 될 것이다.

공용론자는 그 이익의 계산 방식을 계산적 관점에서 제시하고 있지만 반대론자는 총체적 시각의 계산을 제안하고 있다. 이런 점에서 두 입장은 관점의 차이를 보일만 하다. 그러나 반대론자는 공동체의 이익을 위해 건강한 전제들로부터 논의를 전개하는 데 비해 공용론자는 공동체의 이익을 추구한다고 하면서 잘못된 전제를 걸고 잘못된 계산을 하고 있다. 이 글에서는 공용론자의 잘못된 전제에 따른 계산 방식을 비판하고 대안적 계산 방법을 모색하고자 한다.

영어 공용론자의 많은 논변들 중에서 설득력이 보다 강한 논변들이 있다. 효용성 계산법을 제시하는 메트카프 논변과 언어 선택의 공동체적 자의성에 주목하는 히브루 복원 논변이다. 이 두 논변은 서로 관련된 점을 가지고 있으면서도 독립적으로 제시될 수 있다는 점에서 별개의 논변들이다. 두 논변은 특정한 언어관을 전제하고 있다. 그러한 언어관이 전제되지 않고서는 그러한 논변을 구성할 수 없기 때문이다. 따라서 그 언어관에 대해 음미해 보고자 한다. 이러한 논변에 주목하는 것은 이 논변들은 논리적으로 개념적이어서 자체의 설득력을 유지할 수 있기 때문이다.

복거일은 영어 공용론을 주장하기 위해 메트카프 논변을 제안한다.(복거일, 〈국제어 시대의 민족어〉) 메트카프의 법칙(Metcalfe' s Law)은 "사용자에 대한 효용으로 정의되는 망의 가치는 대체로 사용자 수의 제곱에 비례해서 늘어난다"는 것이다. 복거일은 이 법칙을 잘 설명하고 있다. 사용자가 한 사람일 때, 정보 전달 수단은 별 가치가 없다고 한다. 한 사람단이 가진 전화기는 쓸모가 없지만 사용자가 둘이 되고 그 수가 늘어날수록 전화기의 가치는 늘어나는 것이다. 메트카프의 법칙은 정보 전달 수단의 가치는 그것을 사용하는 사람의 수보다 훨씬 빠르게 늘어난다는 점을 일반화하고 있는 것이다. 복거일은 이 법칙을 영어에 적용한다. 영어는 국제어로서, 사용 인구가 급격하게 늘어나고 있고 이 추세는 지속될 것이라는 전망을 한다. 그렇다면 영어의 가치는 증가하는 상용자의 수의 제곱에 비례해서 늘어날 것이고 이러한 계산은 영어 공용화를 정당화한다는 것이다.

복거일의 메트카프 논변은 일견 타당해 보인다. 메트카프 법칙과 영어 사용자의 사실이라는 두 개의 전제로부터 영어 공용화의 당위성을 주장할 정당성은 쉽게 얻어지는 것으로 보인다. 그러나 정말 그러한가? 복거일이 메트카프 논변에서 전제하는 언어관은 무엇인가? 그의 언어관은 수용할 만한가? 나는 그의 언어관에 문제가 있다고 생각한다. 만일 복거일이 전제하는 것처럼 언어라는 것이 마이크로소프트 프로그램이나 넷스케이프 프로그램처럼 단순한 정보전달의 매체라면 복거일의 논의는 형식적으로 정당할 것이다. 마이크로소프트를 사용할 것인가 넷스케이프를 설치할 것인가는 메트카프의 법칙을 고려하여 결정할 사안이다. 그러나 언어는 단순한 정보 전달의 수단만은 아니라는 데 문제가 있다.

어떤 어린이가 다음과 같은 논변을 제안하였다고 가정하여 보자 : 부모란 나의 세계 연결망 체계에서 가장 핵심적인 역할을 한다 : 메트카프의 법칙은 수용된다 : 나의 부모보다 앞집의 부부가 세계 연결망 체계에서 더 우수하고 효과적이다 : 고로 나는 앞집의 부부를 공용부모로 선정하여야 한다.

물론 메트카프 법칙은 설득력이 있다. 그러나 메트카프 법칙을 적용할 때 고려할 사항은 적용되는 대상이 메트카프 법칙의 적용에 의해 손상 받을 것인가의 여부이다. 그 법칙을 적용할 때 얻을 이득과 손실을 저울질해야 하는 것이다. 언어나 부모는 단순히 연결망의 요소나 체계로 볼 수는 없다. 그렇게 함으로써 어떤 결과가 나타날 것인가를 고려하여야 한다. 어린이의 메트카프 논변도 부모를 단순한 세계 연결망의 핵심으로 볼 수 있는 한에서는 형식적으로 타당할 수 있다. 그러나 부모가 그러한 연결망의 기능적 역할만으로 규정될 수 있는가 하는 것이 문제인 것이다.

복거일은 히브루 논변을 제시한다(복거일의 앞의 책). 유대인들의 언어는 히브리어이다 : 유대인들은 시대에 따라 아람어, 그리스어, 이디시어, 라디노어를 사용하였지만 1948년에 히브리어를 복원하였다 : 유대인들은 언어를 여러 번 가볍고 쉽게 버리고 채택하였다 : 언어는 정치적 또는 지성적 이유로 버리거나 채택될 수 있다 : 영어는 한국인 공동체가 결정만 하면 쉽게 채택될 수 있다 : 그러므로 영어 공용화는 정당하다.

복거일의 히브루 논변은 처음에 읽었을 때 매우 강력하게 들릴 수 있다. 그러나 숙독을 하면, 제시된 그대로는 불완전하다. 제시된 전제들에서 결론에 이르는 데 비약이 있기 때문이다. 영어 공용화 선택 가능성이 영어 공용화 선택 정당성을 허용하는 것은 아니다. 비약을 극복하기 위한 전제는 "영어 공용화 선택을 못할 이유가 없다"라는 것이다. 만일 우리가 복거일처럼 '선택 못할 이유는 못 보고 선택할 이유만을 본다' 면 그리고 '언어라는 것이 가볍고 쉽게 여러 번 버리고 채택할 수 있는 것' 이라고 생각한다면, 그의 히브루 논변은 설득력이 있을 것이다.

그러나 히브루 논변과 비슷한 구조를 유지하는 다음과 같은 논의를 고려할 수 있을 것이다 : 리자의 첫 남편은 에이브이다 : 그러나 리자는 인생을 살면서 봅, 찰스, 데이빗, 유진을 차례로 바꾸어 그의 남편으로 맞아 들였지만 결국 에이브를 다시 맞아 들였다 : 리자는 남편을 여러 번 가볍고 쉽게 버리고 선택하였다 : 남편은 인격적 또는 사회적 이유로 버리거나 선택할 수 있다 : 리자가 결정만 하면 퍼크를 쉽게 남편으로 선택할 수 있다 : 퍼크를 남편으로 선택 못할 이유가 없다 : 고로 리자는 퍼크를 남편으로 선택하는 것이 정당하다.

히브루 논변이 정당하다면 리자 논변도 정당하여야 할 것이다. 그러나 리자 논변에는 문제가 있다. "남편으로 선택 못할 이유가 없다"라는 것은 부정적 조건이고 따라서 결혼의 충분조건이 아니다. 이 조건은 리자나 다른 여성의 관점에서 볼 때 여러 남성들에게 동시에 적용될 수 있는 그러한 조건이기 때문이다. 결혼은 한 사람과만 갖는 관계이고 리자의 조건은 특정인을 선정하는 조건이 아니다.

리자 논변이 부당하다면 히브루 논변도 부당한 것이다. 다른 전제들과 "영어 공용화 선택을 못할 이유가 없다"라는 전제로부터 영어 공용화 정당성의 결론으로 나가고자 하는 시도는 정당하지 않은 것이다. 복거일은 그의 논변의 정당성을 "언어는 가볍고 쉽게 버리거나 채택할 수 있다"라는 의문스러운 전제에 의존하고 있다. 유태인들이 가볍고 쉽게 언어 선택을 한 것으로 보아 "영어 공용화 선택을 못할 이유가 없다"라는 명제에서 선택의 정당성을 찾은 것이다. 그리고 복거일은 '선택을 못할 이유' 라고 할 때의 '이유' 는 언어를 단순히 의사소통의 전달 매체라고 보기 때문에 비롯된 것이라고 생각한다. 복거일은 그의 '이유' 안에 "영어는 한국 사회가 수용할 수 있는 세계 해석을 포함한다"와 같은 내용은 포함시키지 않은 것 같다. 복거일은 언어에 도구적 기능 이외의 역할은 부여하지 않은 것이다.

복거일의 두 논변은 특정한 언어관을 전제한다. 언어는 도구적이라는 관점이다. 언어를 메트카프 법칙에 종속시킨 것이나 언어공동체가 가볍고 쉽게 바꿀 수 있다는 시각은 그러한 관점을 전제하는 것이다. 복거일은 그의 도구적 언어관을 특별하게 언급하고 있지 않지만 그의 동료 고종석은 이를 옹호하고 있다. 복거일이 이 주제를 언급하지 않은 것도 이상하지만 고종석이 도구적 언어관을 각주에서만 간단하게 제시한 점도 아쉬운 대목이다(고종석, 〈감염된 언어〉).

고종석은 "언어가 인식작용을 일정하게 반영하는 것은 사실이다."라고 말하고 "언어와 정신은 상호 규정적이다."라고 인정한다. 그의 본론적 논의들과 일관되지 않은 이러한 표현들은 다른 까닭일 수도 있지만 그의 관점을 너무 짧은 지면만을 사용해 압축했기 때문일 것이다. 고종석의 도구주의 논변은 다음과 같이 5개의 명제로 정리할 수 있을 것이다 : 세계관의 언어 종속성을 주장하는 근거들은 빈약하다 : 정신은 독립변수이고 언어는 그 정신의 종속변수이다 : 정신(지각범주와 인식작용)은 언어의 표면 문법과는 달리 보편성을 갖는다 : 언어도 심층구조에서 동일한 문법을 가지고 있다 : 그렇다면 언어는 도구 이상의 것이 아니다.

고종석의 도구주의 논변은 여러 가지 주제나 관점에서 음미할 수 있겠지만 여기에서는 한 가지 점만 지적하고자 한다. 모든 언어들이 심층구조에서 동일한 문법을 갖는다면 세계관의 언어 종속성은 부인된다고 고종석은 생각한다. 고종석은 세계관의 언어종속성과 언어 다원주의를 동치의 관계에 두고, 개념 언어 통합론에 의하여 자연 언어 도구주의를 지지하고자 하는 전략을 세운 것으로 보인다. 고종석의 전략은 온전한 것일까? 칸트도 촘스키도 개념 언어 통합성을 주장하였지만 이들이 세계관의 언어종속성을 부인했다고 하여야 할 것인가? 고종석은 자신의 전략을 다시 생각하여야 할 것이다.

언어가 도구 이상의 것이 아니라는 영어 공용론자의 언어 도구주의는 보다 적극적으로 비판될 수 있어야 할 것이다. 언어는 도구가 아니라는 주장만으로는 충분한 비판이 되지 못하고 언어가 무엇인가를 보이는 것이 적극적 비판일 것이다. 이러한 적극적 비판의 시도로서 "언어는 공동체 문화의 문법이다"라는 가설을 제안하고자 한다. 언어는 생각이나 삶의 표현이라고 생각하기 때문이다. 언어란 삶의 방식에 의하여 짜여진 삶의 결 자체이다. 언어를 떠나서 사람 또는 인간 공동체의 삶은 구성되기 어렵고 그것을 제대로 이해할 수도 없을 것이다. 이러한 가설을 지지하기 위해서 우선 세 가지를 주장하고자 한다.

① 중국을 단체로 여행한 적이 있었다. 안내자들은 조선족 대학생들이었고 모두가 한국어를 사용하고 있었다. 그러나 특정한 두 남녀는 예외적이었다. 두 남녀는 다른 사람과는 한국어를 말하다가도 자기 두 사람 간에는 반드시 중국어로 대화하였다. 기회가 왔을 때 그 까닭을 물었다. 두 사람이 전에는 한국어를 사용하였지만 애인이 된 다음에는 중국어로 말한다는 것이다. 한국어의 존칭 사용방식이 제한적이고 어색하다는 것이었다.

정장 양복은 착용자의 활동을 제한할 수 있고 어색하게 느껴질 수 있다. 그러나 정장은 단순히 체온 보온용의 도구가 아니다. 만나는 사람과 장소에 따라 그 날의 활동의 성격에 따라 정장은 삶의 내용이 되는 것이고 오히려 장소와 상황에 맞을 때 더 편리하고 자연스러운 것이 된다. 한국어의 존칭도 마찬가지일 것이다. 문맥의 문법에 맞추는 것은 세련된 감각과 예리한 통찰을 필요로 하는 학습을 통해서 배울 수 있는 것이다.

정장이 사회 경험의 어떤 틀을 마련하듯이, 언어는 실재 경험의 틀이다. 사람들은 언어를 통하여 세계에 대한 경험의 틀을 갖는 것이다. 언어가 없이는 세계 경험의 내용이 이루어지기 어려운 것이다. 어린이는 누구나 그가 태어난 사회가 진화시켜 온 언어를 배운다. 한국 어린이는 한국어에 들어 있는 존칭 어법을 배워 한국사회에 특수한 인간관계와 나이나 계층에 대한 경험을 한다. 그러나 미국 어린이는 영어에 들어 있는 어법을 배워 미국사회의 특징적인 인간관계의 평등적 경험을 한다. 존칭어법이 잘못 사용될 때는 억압적이지만 올바로 사용될 때는 배려적이고 고양적인 인간관계를 유지할 뿐 아니라 그러한 어법을 사용할 때 그러한 구조를 경험하게 된다.

정장이나 존칭어법이 편하고 편리하기 위해서는 이들이 우리의 삶의 방식 안에 들어와 서로 적응이 되어야 하는 것처럼, 시적 경험에서의 언어도 그러하다고 생각한다. 동일한 시인이 발표한 시의 경우에도 한국인의 삶의 방식 안에 들어와 있는 언어인가 아닌가에 따라 한국인의 시적 경험은 달라지는 것이다. 미당의 다음과 같은 두 개의 시를 대조할 수 있다.

> 해와 하늘 빛이/ 문둥이는 서러워// 보리밭에 달 뜨면/ 애기 하나 먹고//
> 꽃처럼 붉은 우름을 밤새 우렀다.
>
> — 〈문둥이〉

> ……倨慢히 휘둘러본 닭아 네눈에/ 創生 初年의 林檎이 瀟洒한가//
> 임우 다다른 이 絶頂에서/ 사랑이 어떻게 兩立하느냐……
>
> — 〈웅계(下)〉

위의 두 시가 모두 《花蛇集》에 실린 것을 보아 쓰인 시기가 크게 다를 것 같지 않다. 그런데도 두 시가 이렇게 달리 경험되는 것은 사용된 언어가 우리의 삶의 결에 어떻게 구성적으로 들어와 있는가에 의존하기 때문이다. 언어는 단순히 의사소통의 수단이 아닌 것이다. 언어는 삶을 구성하는 직조인 것이다.

② 언어는 세계 해석의 창이다. 빛은 아인슈타인의 상대성이론으로 설명하고 역사는 헤겔의 변증법으로 이해할 수 있다. 그러나 그것으로 충분한가? 정의는 롤즈의 분배론으로 만족할 수 없

고 영화는 볼하임의 시각론으로 부족할 것이다. 이런 이론들은 모두 세계의 어떤 부분을 특정 문제에 관해 중점적으로 설명하는 시도들이다. 그러나 언어는 세계를 일반적이고 총체적인 삶의 문맥에서 해석하는 틀이다. 예를 들어, 한국어는 한국인 모두가 공유하는 해석의 틀이고 한국인의 삶의 모든 요소들을 하나의 총체로 어우르는 구조인 것이다.

한국 어린이와 미국 어린이는 각자의 사회에서 가장 많이 사용되는 가치 어휘에 노출되어 있다. 한국 어린이는 '좋다, 맞다, 착하다, 바르다, 훌륭하다, 잘한다, 예쁘다, 됐다' 등의 단어들을 배우고, 미국 어린이는 'beautiful, good, true, right' 등의 단어들을 배운다. 두 어린이는 일견 상호 번역될 수 있는 언어를 배우는 것처럼 보인다. 물론 두 언어는 표면적으로 상호 번역될 수 있다. 그러나 심층적으로 보았을 때, 위의 한국 단어들은 유학, 노장, 불교, 무속의 신앙이나 생활양식으로 빚어진 가치 평가적 단어인 반면 영어 단어들은 희랍신화, 유태교, 기독교, 이슬람의 신앙이나 우주관으로부터 결과한 개념들을 나타낸다. 동양적 세계관이 내재적이라면 서양적 생활양식은 초월적 세계의 가정적 가치가 들어 있는 것이다. 한국어의 '좋다'는 삶의 내면으로부터의 평가 단어라면 영어의 'good'은 궁극적으로 초월적 세계에 닿아 있는 기준으로부터의 평가어이다. 한국어의 '장생'이나 '윤회'는 오래된 뿌리를 가지고 있지만 '영생'은 최근에 서양어에서 번역된 단어이다.

한국어와 영어가 세계 해석을 달리하는 또 하나의 예를 들 수 있을 것이다. 영어의 'body'와 'mind'는 이원론의 구조에서 구성되고 이해되고 사용되어 온 역사를 갖는다. 'body'는 이 세상에 속하는 것이므로 가변적이지만, 'mind'는 실재 세계의 질서를 나타내는 이성의 작용이기 때문에 영원하다는 것이다. 서양의 이원론은 근본적으로 이러한 초월적 세계관에 뿌리를 두고 있다. 그러나 한국어의 '몸'과 '마음'은 영어의 두 단어의 번역어로 사용될 수 없다. 두 한국어 단어는 이원론이 아니라 심신불이(心身不二)라는 음양적 질서의 관계에 들어 있는 두 요소를 지칭하고 있기 때문이다.

몸과 마음은 독립적인 두 실체가 아니라 서로 연결되어 있는 두 요소이다. 마음 없이 몸이 있을 수 없고 몸 없이 마음이 있을 수 없다. 신체성이란 '생각하는 몸' 이외의 다른 것이 아니다. 그러므로 낯빛이나 몸짓은 한국 사회에서 독립적이고 자율적인 구조의 신체 언어를 구성한다. 그러나 '생각하는 몸'이라는 한국어는 영어로 그 뜻이나 생각을 번역할 도리가 없다 어떤 시도도 자기 모순적인 함정에 빠진다. 이원론의 서양 언어의 전통 때문이다. 최근 들어 서양 언어들에 대해서도 메를로 퐁티와 그 외 몇몇 사람이 이원론의 굴레에서 벗어나고자 하는 노력들을 한 바 있다. 그러나 아직도 서양의 신체언어란 서양 언어의 표상이나 번역으로서 이해되는 수준이라고 생각한다.

③ 인간 문화는 상이한 여러 전통으로 말미암아 풍부해진다. 문화는 전통적으로 윤리나 부 또는 고급스런 인공품에 의해 규정되어 왔지만, 이제는 삶의 양식이라는 일반적 성질에 의하여 이

해되는 경향이 있다. 어떤 삶의 양식도 인간과 세계와의 특수한 관계에 대한 고유한 이해를 드러내고 이것은 소중한 인간 경험이라는 관점이 공유되고 있다. 그러나 문화로서의 삶의 양식이란 개인이 속한 공동체가 세계를 경험하고 해석하고 자신을 표현하는 활동들의 체계 이외의 다른 것이 아니다. 삶의 양식은 두 가지 다른 방식으로 언어적이다. 생활 양식은 언어에 의미를 부여할 뿐만 아니라 삶의 양식은 또한 언어에 의해 구성되는 측면이 있다. 그러므로 '문화는 언어의 문법이다' 라는 가설은 설득력을 가질 수 있다.

그러나 만약 인간 문화가 하나의 국제어로 구성된다면 문화는 어떻게 될 것인가? 그 문화는 단일한 생활 양식을 갖게 될 것이다. 이것은 인간 통합으로 규정될 수도 있지만 또한 획일적 생활 양식으로도 해석된다. 세계의 맥도널드화(MacDonald化)는 바람직한가? 모든 게임들을 하나로 통합한다면 효과적일 것인가, 풍부해질 것인가? 모든 언어를 하나로 통합한다면 효과적일 것인가, 풍부해질 것인가? 문화 기여의 논리는 다름의 창의성에서 촉발된다는 명제를 기초 학문의 구조로써 제안해 볼 수 있다.

기초 학문이란 인간 조건에 대한 근본적인 물음의 활동이다. 인간이란 일차적으로 자연적이지만 또한 사회적이다. 인간은 관계적 존재이지만 또한 독립성을 갖는 한에서 개인적이고 항상 다른 가능성을 꿈꾸는 인문적 특징을 갖는다. 기초 학문은 다른 세 분야에서의 물음을 묻지만 그러나 그 물음들이 근원적이기 때문에 결국 서로 만나게 되고 궁극적으로 인간 이해에 기여하게 된다. 그러나 기초 학문의 물음의 근원성은 기초 학문의 현재 상황의 역설의 원인일 것이다. 기초 학문의 물음의 근원성은 한편으로 기초 학문의 중요성을 가리키면서도 다른 한편으로 현실적 유용성과는 거리를 두고 있는 것이다. 개발도상의 국가나 사회는 거의 모두 기초 학문의 이러한 역설적 상황에 처하여 있다. 개발을 한다는 것은 선진 문화를 복사한다는 것이고 앞선 사회의 따름이〔從者〕가 되기 때문일 것이다. 그러나 복사문화나 따름이〔從者〕 활동은 세계 문화에 기여할 수 없다.

이러한 기초 학문 논변이 시사하는 바는 중요하다. 세계 문화는 당대의 여러 공동체 문화가 다를수록 풍부해지고 복사적일수록 빈곤해진다는 것이다. 결국 세계 문화의 논리는 과학의 논리와 궁극적으로 같다는 것이다. 과학이 가설 비판을 통하여 확장되고 성장되듯이 인간 문화도 다름의 가능성의 제안을 통하여 풍부해지는 것이다. 과학이 비판 정신의 독립성과 창의성에 의하여 발전된 것처럼 인간 문화도 창의적이고 독립적인 다양한 공동체들의 기여에 의하여 발전되어 온 것이다. 과학이 언제나 가설의 반박 가능성에 열려 있듯이 인간 문화도 다름의 가능성에 열려 있고 이 다름을 환영해야 하는 것이다. 독단적 과학자는 과학의 개방성에 불편하듯이, 획일적 문화론자는 문화의 다름에서 감격을 얻지 못하는 것이다.

지구촌은 시간 공간적으로 점점 좁아지고 있지만 개념 공간적으로는 점점 확장되고 있다. 이러한 경향성은 자연스럽고 필연적이다. 현대 사회의 규정 조건이 연결성과 다원성이라고 한다면 그 경향성은 그 조건을 반영하고 있는 것이다. 아무도 이러한 경향성에 반대하여 획일성이나 배타성을 요구하기 어려울 것이다. 공동체는 연결되어 있지만 다원적이어야 하고, 다원적이지만 연결되어 있어야 하는 것이다.

일본 제국주의는 한국어 말살 정책으로 일본식 성명 강요(소위 창씨개명)까지 시도하였다. 이름을 바꾼다는 것은 새로운 언어 질서로의 진입을 의미했다. 개명이 자율적일 때에는 아무런 문제가 없다. 그러나 개명이 외부로부터 강요되었을 때 그 폭력성은 절정에 이른다. 개명 강요의 폭력은 자백을 받기 위한 고문 따위의 폭력에 비할 바가 아니다. 고문은 인격성이 전제된 자백을 향한 폭력에 불과하다. 그러나 외부적 개명은 "너의 독립적 인격성은 수용할 수 없다, 너는 나의 질서에 종속적 존재이어야 한다"라는 인격거부의 폭력이다. 제국주의자는 자신의 언어 질서가 보편적이어야 한다고 우길 것이다. 일본 제국주의가 그 언어 정책으로 세계를 제패했었더라면 세계 문화는 어떻게 되어 있을 것인가? 언어가 단순한 연결망의 도구라면 일본어 단일주의를 어떻게 비난할 수 있을 것인가?

— 정대현, 〈영어 공용론자의 언어관과 문화〉 전문

:: 도움말

우리나라에서 영어 교육의 뜨거운 열풍이 분 것은 어제 오늘의 일이 아니다. 국제사회에서 영어가 더욱 급격하게 부상하였고, 여기에 세계 연결망이라는 실질적인 요구가 맞물려 영어의 중요성은 부쩍 커졌다. 그런 와중에 등장한 것이 영어공용론이다.

영어공용론은 영어와 한국어를 공식어로 공용하자는 주장으로 이해된다. 영어는 한국사회의 일상생활에 이미 깊숙이 침투해 있다. 많은 대학들이 영어수업을 채택하고 있으며, 회사의 거의 모든 진급시험에 영어가 포함되어 있다. 서울 주변도시에 영어마을이 생겨나고 어린 학생들의 방학 중 영어연수는 거의 필수가 되었다. 그러나 영어공용론은 또다른 차원의 문제이고 심각한 문제이기도 하다. 그래서 0 와 관련한 찬성론과 반대론은 팽팽하게 맞서 있다. 〈영어 공용론자의 언어관과 문화〉는 "언어는 공동체 문화의 문법이다"라는 언어관을 바탕으로 영어공용론자의 도구적 언어관을 비판적으로 검토하는 글이다.

:: 토론과제

1 〈읽기자료3〉에서 언급된 영어 공용론자의 글을 찾아 읽어 보자. 그 밖에 영어 공용론과 반대론에 해당하는 다른 견해와 논리도 조사해 보자. 이를 바탕으로 각자의 입장에 대해 토론해 보자.

2 하나의 국제어(영어)를 채택하고 있는 나라(홍콩, 필리핀 등)의 언어실태와 문화적 상황을 조사하여 장점과 단점들을 발표하고 토론해 보자.

3 아래의 예문은 어려서부터 일본어로 학습한 1920년대 식민지 지식인이 맞닥트렸던 표현의 고통을 보여준다. 일본어로 소설을 구상할 때는 쉬웠던 것이 정작 조선어(1920년대 한국어)로 글을 쓰자니 적당한 말이 없어 어려웠던 것이다. 일어로 한 생각과 한국어의 표현이 잘 번역되지 않아서 생긴 데 따른 고통이랄 수 있다. 만약 영어 공용화가 실현되고 오랜 세월이 지난다면, 우리도 생각과 표현의 언어가 어긋나거나 미끄러지는 현상을 경험할 수 있을 것이다. 두 언어 사이의 빈틈은 쉽게 메워지지 않을 것이다. 〈읽기자료 3〉에도 몇 가지 예들이 소개되어 있으나 이와 유사한 사례들을 가급적 풍부하게 조사하여 구체적으로 이야기해 보자(이중어 사용자의 경험을 조사하거나, 각자의 처지에서 번역하기 곤란한 말이나 상황을 상상해볼 수 있을 것이다).

과거에도 머릿속으로는 소설을 구상도 해 보았고 대목대목 상세하게 꾸미어도 본 일이 있기는 하지만 정식으로 붓을 잡고 원고지 앞에 앉아본 前歷이 없느니만치 마음이 떨렸다. 더우기 과거에 혼자에 머릿속으로 구상하던 소설들은 모두 일본말로 상상하던 것이라, 조선말로 글을 쓰려고 막상 책상에 대하니 앞이 딱 막힌다. 〔…〕 소설을 쓰는 데 가장 먼저 봉착하여 — 따라서 가장 먼저 고심하는 것이 用語였다. 구상은 일본말로 하니 문제 안 되지만, 쓰기를 조선글로 쓰자니, 소설에 가장 많이 쓰이는 'ナツカシク' '―ヲ感ジタ' '―ニ違ヒナカツタ' '―ヲ覺エタ' 같은 말을 '정답게' '을 느꼈다' '틀림(혹은 다름) 없었다' '느끼(혹 깨달)었다' 등으로 — 한 귀의 말에, 거기 맞는 조선말을 얻기 위하여서 많은 시간을 소비하고 하였다. 그리고는 막상 써 놓고 보면 그럴 듯하기도 하고 안 될 것 같기도 해서 다시 읽어 보고 따져 보고 다른 말로 바꾸어 보고 무척 애를 썼다. 지금은 말들이 '會話體' 에까지 쓰이어 완전히 조선어로 되었지만 처음 써볼 때는 너무도 直譯 같아서 매우 주저하였던 것이다.

— 김동인, 〈文壇 30年의 자최〉, 《신천지》, 3권 4호, 1948

:: 쓰기과제

① 영어공용론에 관한 찬성론과 반대론 중 하나를 선택하고 각자의 입장에 근거하여 논리적으로 비판하는 글을 써 보자(〈토론 과제 ①〉의 활용).

② 영어 공용화가 되고 오랜 세월이 지나 한국어가 사라진다면 벌어질 수 있는 상황이나 일들을 상상하여 써 보자.

③ 전공 및 교양 수업을 영어로 듣는 학생은 영어 수업의 장점과 단점, 편리함과 불편함, 문제점 등을 잘 분류하여 논리적으로 설명해 보자. 또는 전공 강의의 한국어 수업과 영어 수업을 비교하는 글을 써 보자.

[더 읽을거리]

- 김두한. 《헌법의 풍경》. 교양인, 2004.
- 베네딕트 앤더슨. 《상상의 공동체》. 윤형숙 역. 나남출판, 2002.
- 에르네스트 르낭. 《민족이란 무엇인가》. 신행선 역. 책세상, 2002.
- 강금실. 〈장정일을 위한 변론기〉. 장정일 외. 《장정일》. 행복한 책읽기, 2001.
- 가라타니 고진. 《윤리21》. 사회평론, 2001.
- 김동춘. 《근대의 그늘》. 당대, 2000.
- 고종석. 《감염된 언어》, 개마고원. 1999.
- 복거일. 《국제어 시대의 민족어》. 문학과지성사, 1998.
- 박이문. 《문명의 위기와 문화의 전환》. 민음사, 1996.
- 백낙청. 《민족이란 무엇인가》. 창작과비평사, 1981.

3장 공동체 속의 개인

21세기의 민주주의는 무엇이며 우리는 어떤 공동체(Community)에 속해서 살아가고 있는가? 그 공동체 안에서 나의 정치적 지향과 남의 정치적 지향은 양립할 수 있는가? 또한 이 시대를 살아가는 우리는 어떤 경제적 마인드를 가지고 타자와의 관계를 맺어야 하는가? 그러한 관계에서 나 자신은 정치, 경제 등의 문제에 대하여 어떻게 사고하고 표현해야 하는가? 그에 대한 해답이나 문제 해결 과정은 생각보다 그리 간단하지 않다. 왜냐하면 지금 이 시대는 과거 그 어느 때보다 인간의 자기 중심적 자아 실현이 공동체 속의 다른 인간, 즉 타자와 조응해야 할 때인 동시에 공동체 안의 남과 나와의 관계는 그 외연이 넓어지고 복잡해졌기 때문이다.

우리가 소유하고 있는 아파트 값이 오른다고 우리는 마냥 기뻐할 수 없다. 집 없는 내 이웃이, 내 동료가 자기 집을 마련하는 데 힘겨울 것이기 때문이다. 내가 지지하는 정치인이 자신의 정치적 실현을 이루었다고 이 사회가 한번에 더 좋은 사회가 되기도 쉽지 않다. 그 정치적 견해에 반대하거나 다른 대안을 가지고 있는 사람들을 설득하고 그들과 함께 미래로 나아가야 하기 때문이며, 때로는 내가 지지하는 정당과 정치인의 견해가 오늘날의 시대 감각에 비추어 타당하지 않을 수도 있기 때문이다. 우리 입맛에 우리 농산물이 좋은 건 사실이지만, 무조건 우리 농산물만을 고집할 수도 없다. 국제간의 무역 협정을 불가피하게 따라야 하는 세계 속의 우리이기 때문이다. 그 질서를 거스르면 우리가 기술 집약적으로 만든 많은 상품을 외국에서 외면해 버릴 수 있고, 그것이 곧 우리 국내 경제를 힘겹게 만드는 한 요인이 되기도 한다.

공동체 속의 개인은 누구인가? 그 개인은 나일 수도 남일 수도 있다. 그럼 그 타자, 남은 누구인가? 내가 아닌 존재라고 사유하기엔 그 남과 나의 거리가 아주 멀지만은 않다. 타자와의 거리가 공간적으로 멀다 할지라도 이 시대는 그 제약을 극복했다. 20세기 근대 문명이 그 제약을 뛰어 넘게 했으며, 21세기 사이버 혁명이 역시 그 한계를 넘도록 했다. 따라서 현실적으로도 나와 먼 다른 개인으로서의 타자는 거의 존재하지 않게 되었다. 더군다나 그 타자가 나와 똑같은 인간이자, 존재이고 어떤 방식으로든 나와 하나 이상의 같은 공동체에 속해 있기 때문에 그 관계 맺기를 거부하거나 부정할 수 없는 시대가 되고 만 셈이다. 타자와 관계 맺기는 그래서 필연적이다.

그 타자는 우리 안에 있을 수 있고, 우리 이웃, 우리 사회, 우리나라에도 존재한다. 심지어 지금은 우리나라 밖 도처에서 타자들이 우리와 적극적, 혹은 소극적으로 관계를 맺고자 접촉하고 있다. 그리고 인간으로서의 타자뿐만이 아니라 그 인간이 사고하고 의식하는 인식의 차이 체계로서의 타자가 존재하기도 한다. 그렇기 때문에 또한 타자와의 관계는 물질적이기도 하지만, 정신적이기도 하다.

과연 우리에게 공동체 삶 속에서 개인은 무엇인가? 또한 타자와 어떻게 관계를 맺고 그들과 함께 미래로 나갈 수 있을까? 다음의 읽기 자료를 통해서 서로 다른 생각, 다른 사람의 의도를 파악해 보자.

:: 읽기자료 1

우리나라는 땅값이 터무니없이 비싸서 신생 기업들이 공장 부지를 구하기 힘들고, 또 땅값의 상승에 따라 집값도 올라 서민들이 주거 문제를 해결할 방도를 찾지 못하고 있으며, 더 나아가 자신의 노동의 대가로 사는 대부분의 노동자들은 토지 소유자들의 엄청난 불로소득을 보며 커다란 위화감을 느끼고 있다.

이에 정부는 토지 공개념 도입을 서두르고 있다. 그러나 현재의 상황은 토지 공개념이 구체적으로 무엇을 의미하는지 모호할 뿐 아니라 잘못하다가는 '공(公)개념' 이 '공(空)개념' 으로 되어버릴 가능성마저 있을 만큼 기득권들의 심한 반발을 야기하고 있는 실정이다. 특히 토지 공개념 도입과 관련하여 대두되는 문제는 토지 공개념이 자유시장 경제 제도의 구축을 위해 필수불가결한 것인가이다.

인간은 자연에서 생존에 필요한 물질을 획득한다. 그러나 자연 자체가 인류 전체의 생존에 필요한 만큼 충분히 주어져 있더라도 이를 어떻게 나누어 가질 것인가는 인간 사회가 해결해야 할 중요한 문제다. 바로 이와 같은 문제를 해결하기 위해 도입된 개념이 노동이다. 즉 인간은 자연에 자신의 노동을 부가하여 자연의 산물을 소유하는 것이다. 노동을 기반으로 하는 사적 소유권은 근대 시민사회를 구성하는 원칙 가운데 가장 핵심적인 것이다. 근대 시민사회 형성 과정에서 가장 중요한 소유의 대상은 토지였다. 당시의 기본적인 생활 기반이 농업임을 고려할 때 토지의 중요성은 쉽게 인지할 수 있다.

그러나 근대 시민사회가 산업혁명을 겪으면서 생산력이 고도로 발전하고 토지 공급의 유한성이 절실히 인식됨과 동시에 자유시장 경제 이념이 확산됨에 따라 토지에 관한 생각도 차츰 변화하기 시작했다.

자유시장 경제 원리는 19세기 말에 왈라스(L. Walras)가 창안한 '일반균형이론' 이라는 정교한 분석틀을 갖고 있다. 일반균형이론에 따르면 자유 경쟁이 지배하는 시장경제에서는 생산에 참여한 모든 생산요소는 자신이 생산에 기여한 만큼의 대가(한계생산성)를 받으며 이와 같은 경제 상태가 형평의 관점에서도 가장 공정하다는 것이다.

현대 산업사회에서도 개인의 노동에 근거한 사적 소유권이라는 시민사회의 기본 정신이 계속 유효함은 물론이다. 그러나 왈라스의 체계에서는 토지가 더 이상 생산요소로 등장하지 않는다. 즉, 자유시장 경제 제도에서 소유권은 근본적으로 노동과 자본을 중심으로 성립되는 것이다. 왈라스의 표현을 직접 빌리자면 "인류는 토지를 영구히 소유하지만, 현세대는 다만 토지의 사용자일 따름이다".

그에 따르면 희소한 토지는 당세대에서만 임대료를 지불하여 사용하되, 사용 후에는 모두 국가에 반납해야 한다. 이런 의미에서 토지 공개념은 자유시장 경제 제도와 배타적이기보다는 오히려 왈라스가 설정한 자유시장 경제 제도의 전제 조건이라고 생각된다. 토지소유가 자기 노동에 기초한 대가의 획득이라기보다는 불로소득의 원천인 우리나라의 현실에서는 더더욱 그러하다.

— 정운찬, 〈토지 공개념과 자유시장 경제제도〉 중에서

:: 도움말

이 글은 한국적 토지 소유가 불로소득이 원천이 된다는 현실의 문제점을 지적하고 토지 공개념이 자유시장 경제 제도와 배타적 모순 관계에 있는 것이 아니라 그 전제 조건에 해당한다는 주장을 전개하고 있다. 토지를 가지고 있는 입장에서는 동의할 수 없는 사적 재산의 침해일 수 있을 것이나, 다른 한편 경제 발전, 서민 주택 문제 해결 등을 위해서는 불가피한 제도일 수 있다.

인류사에서 땅이란 문제는 '토지'라는 단순히 경제적 생산 요소로만 기능하지는 않았다. 경우에 따라서는 한 국가의 판도의 일부였기에 그것 때문에 다른 국가와의 군사적 충돌을 통해 획득해야 할 국가적 자산이기도 했다. 표면적으로 볼 때 경제적인 입장에서 실용적 가치가 없는 땅에 대해서 국가의 외교적, 군사적 우위를 점하고자 할 때는 영토 분쟁에서 자유로운 나라가 없었다. 복잡한 이면의 역사가 있었겠으나, 아르헨티나와 영국의 포클랜드 전쟁이 그러했고, 사할린이 일본과 소련 사이에서 불거진 땅이었다. 알래스카는 분쟁의 땅은 아니었으나, 구 소련이 미국에 헐값으로 그 땅을 넘긴 후 그 경제적 가치가 발견되어 미국에겐 그 땅이

소중한 국토의 일부가 되었다. 우리와 일본은 독도라는 섬 하나를 가지고 여전히 감정적 대립의 선상에서 자국의 자존심을 지키고자 갈등하고 있다. 지금 아랍과 이스라엘의 끊임 없는 대립도 종교적인 갈등이기도 하지만, 역시 특정한 땅의 문제였다는 점에서 땅은 역설적으로 갈등을 배태하는 요소였다.

한국사에서도 땅의 문제는 세계사 차원의 그것에 못지않다. 그것 때문에 국가간의 전쟁으로 치달았던 때가 있었고, 땅은 가진 자와 못 가진 자의 계급 구조를 공고화하는 중요한 수단이자 기제이었다. 생산의 주체가 땅을 소유하는 것이 아니라 정치적 승리자가 땅을 얻고, 소유자는 정치적 승리를 통해 확보한 지대로서의 땅을 통해 이윤을 광범위하게 얻어내는 데 골몰하였다. 가지지 못한 자 역시 땅을 가져야 세상을, 그리고 풍요로움을 얻을 수 있다는 욕망에서 자유롭지 못했다. 심지어 과거 아이들의 놀이의 일종인 '땅 따먹기'는 일종의 자기 영역을 확보하고 그 속에서 권력을 누리는 어른들 행위의 축소판 게임와 같은 느낌으로 다가온다.

그러나 현실의 정치, 경제 구조 안에서 그 땅을 완전히 공적 개념으로만 돌릴 수도 없으며, 돌려서도 안 되겠지만, 그 토지가 우리 정치, 경제에 미치는 영향을 실로 대단한 것이다. 그래서 우리는 한 평, 한 마지기라도 내 것으로 그것을 소유하고 있을 때, 자신의 존재 가치를 높이는 것으로 이해해 왔고, 지금도 그 의식으로부터 자유롭지 못하다.

그렇다면 이 토지의 문제, 땅의 문제도 공동체 속의 개인인 나와 남이라는 관계 속에서 한 단계 성숙된 해결의 방식으로 유도될 수는 없는 것일까? 그런 의미에서 위의 글은 21세기를 살아가는 우리에게 고민의 화두를 던진다. 땅은 사적 소유의 대상인가 아니면 공적 개념인가? 이러한 문제에 대하여 우리는 스스로 자기모순에 빠져 있지는 않은지 곰곰이 사유해 보자.

:: 토론과제

① 내가 소유하고 있는 땅이 10만 평이 있다고 하자. 그 일부를 공익적 목적을 위해 전용하고자 시세보다 싸게 국가나 공적 기관이 매입하려고 한다. 그리고 대신 그 토지와 관련된 일련의 세금을 면제해 주겠다고 국가나 공적 기관이 밝혔다. 본인은 이러한 정책에 어떻게 대응할 것인가? 한국적 자유 시장경제라는 경제 제도 하에서 '사적 소유'의 일부를 '공적 개념'으로 전환하려는 통제가 현시점에서 유효하고 타당한 것인지에 대하여 함께 토론해 보자.

∷ 쓰기과제

① "인류는 토지를 영구히 소유하지만, 현세대는 다만 토지의 사용자일 따름이다"라는 표현을 통해 '토지 공개념' 이 지니는 타당성을 본문의 내용을 바탕으로 생각해 보고 한 편의 글을 써 보자.

② 두 형제가 있었다. 형은 국가 공무원이고, 동생은 농부이다. 그리고 둘은 농업에 기반을 두고 있는 같은 지역에 산다. 국가에서는 이 지역을 개발 지구로 선정했다. 형은 공무원의 입장에서 국가 정책에 따라야 한다고 주장한다. 반면에 동생은 국가에서 억만금의 보상금을 주더라도 지금은 이 터전에서 내 땅을 내가 소유하고 지켜가겠다고 주장한다. 각각 이 두 주장의 반대 입장에서 '토지' 라는 생산 요소를 고려하여 형이나 동생을 설득하는 한 편의 글을 써 보자.

∷ 읽기자료 2

'외국인' 이란 상대적 개념이다. 미국인에게 한국인은 외국인이며, 한국인에게 미국인은 외국인이다. '절대적' 인 외국인이란 있을 수 없다. 외국인이란 그 나라의 '국민' 을 전제로 타자화된 개념일 뿐이다. 이처럼 외국인이란 그 나라의 '국민이 아닌 사람' 으로서 상대화된 존재라면, 결국 '외국인이란 무엇인가?' 라는 물음은 '국민이란 무엇인가?' 라는 물음의 또 다른 표현에 지나지 않는다. 다른 식으로 말하자면, '국민' 의 존재 방식이 그 나라에서 살아가는 외국인의 존재 방식을 규정한다고 볼 수 있는 것이다

이런 측면에서 본다면, 한 '국민' 이 단일 민족으로 구성되어 있다는 사실은 이 땅에 와 있는 외국인의 삶과 인간 관계를 규정하는 가장 의미 있는 변수라 할 수 있을 것이다. 한국이 단일 민족 사회라는 것은 상식에 속한다. 우리의 의식 근저에는 단일 민족=단일 문화=단일 국가로 등치된 도식이 강고하게 자리 잡고 있다. 이처럼 자연적 존재(혈통)인 민족이 인위적인 정치 공동체인 국가와 병렬되는 구도에서, 한국민의 정체성은 당연히 한민족의 정체성과 동일시된다. 같은 혈통, 같은 문화를 공유하고 있다는 단일성의 의식에서 비롯되는 강렬한 민족 의식이 한국민의 정체성을 형성하면서 외국인의 존재에 대응하고 있는 것이다.[1]

한국인의 단일 민족 의식의 본질은 한 마디로 '우리' 라는 동류 의식을 바탕으로 한다. 한국인들의 유별난 '우리' 에 대한 애착, 최준식의 표현에 따르면 "유난히 우리를 밝히는 우리"[2]는 이미

많은 사람들에 의해 한국 문화의 특성으로서 지적된 바 있다. '나의 마누라' 가 아니라 '우리 마누라' 라 불리며, 아는 사람에게는 인정스럽고 친절하지만 모르는 남에게는 냉담하다. 최재석은 이러한 한국인의 성향은 그 뿌리를 유교 윤리의 혈연 중심적 가족주의에 두고 있다고 파악한다.[3]

말하자면 한국인의 '우리' 의식의 기초는 가족주의라는 이름의 혈연적 집단주의라는 것이다. 이러한 집단주의는 기본적으로 정의(情誼)의 집단주의이며, 이성보다는 감성이 지배한다. '뗄래야 뗄 수 없는' 같은 핏줄을 나눈 사이에서 형성된 집단주의이기 때문이다. 이러한 성향은 혈통의 순수주의에 의하여 한층 더 강화된다. 예컨대 양자(養子)는 동족에서만 구해야 한다는 이성불양(異姓不養)의 원칙은 그러한 혈통 순수주의의 한 예다. 우리 가족 제도의 모델을 제공해 주었던 중국에서조차 다른 혈통에서 양자를 데려오는 것이 금기는 아니었다. 오늘날 "우리 아이들은 우리가 키우자"는 각성이 일고 있음에도 여전히 고아 수출국의 오명을 벗어나지 못하고 있는 것도 이러한 혈통 순수주의가 여전히 건재하고 있음을 말해 준다.[4]

순수주의는 이처럼 이물(異物)의 존재를 배제하면서 내부의 동질성을 강화한다. 순수주의는 깨끗하고 순수한 '우리 것' 에 대한 도덕적 정당성을 부여하며, 애착과 집착을 갖도록 만든다. 그러므로 그것은 구성원들의 시선을 집단 내부에 고정시키며 자기 중심적으로 만드는 경향이 있다. 외부에 대해서는 아예 관심을 갖지 않거나, 도덕적 열등성을 부여하여 무시해 버린다. 반면에 '우리' 가 아닌 '남' 은 불확실하고 위험한 미지의 것이 된다. '남' 은 '우리' 를 불안하게 만드는 존재이며, 따라서 회피해야 할 대상이 된다. 그리고 그 결과는, 홉스테드(Hofstede)의 개념에

---

1) 이 글에서는 현실에 존재하는 한국인들의 단일 민족 의식이 외국인과의 대응에 있어 어떠한 영향을 미치느냐 하는 데 초점을 두기 때문에, 한민족 의식의 형성 과정이나 국가 체제와의 관계는 다루지 않는다. 한민족 공동체와 민족 의식이 근대의 산물이라는 것, 그리고 국가 체제에 의해 끊임없이 왜곡되어 왔음은 임지현의 《민족주의는 반역이다》(소나무, 1999)와 고부웅의 〈초민족시대의 민족정체성〉, 《현대사상》 제8호(1999년 2월)에 잘 드러나 있다. 민족주의자들이 이 근대적 현상의 고대적 기원에 집착하는 것 자체가 재미있는 현상이지만, 이 점이 바로 민족주의가 민족주의인 연유를 설명해 준다.

2) 최준식, 《한국인에게 문화는 있는가》(사계절, 1997).

3) 최재석, 《한국인의 사회적 성격》(개문사, 1976), 131쪽.

4) 보건복지부에 따르면 1998년도 발생한 요보호 아동(사회의 보호가 필요한 아동) 9천292명 중 국내 입양아는 1천426명(15.3%)에 지나지 않았다. 일반 입양아보다 더 '순수하지 못한' 장애아는 철저히 외면된다. 지난해 국내 입양아 1천426명 중 장애아는 단 6명(0.4%)에 불과하였다. 반면에 해외 입양아 2천249명 중 장애아는 37.6%인 846명이다(〈'고아수출국' 오명 언제까지〉, 《동아일보》, 1999년 10월 20일).

비추면 "불확실성의 회피" 정도가 높은 한국 사회로,[5] 최준식의 표현을 다시 빌린다면 "다른 것을 못 참는 한국인"으로 된다.[6] 인종 차별주의나 외국인 혐오증은 이처럼 불확실성의 회피 정도가 높은 사회에서 나타나는 필연적인 귀결이다.

이처럼 내적으로는 강한 정서적 동질성을, 외부에 대하여는 배타성을 속성으로 하는 혈연적 집단주의는 핏줄의 실제적 혹은 의제적(擬制的) 원근에 따라 친족이나 마을, 지연 공동체, 학연 공동체 등 외부 사회에까지 확대되어 나가면서 그 외연의 종점에서 민족과 조우한다. 여기에서 단일 민족으로서의 '우리'인 한국인과 '남'인 외국인이 대비되는 인식 구조가 필연적으로 생겨난다. 집의 확대형으로서의 '민족'에 대한 배타적 집착이 나타난다. 단일 민족으로서 혈통의 단일성과 문화 전통의 동질성이 끊임없이 강조되는 한편, 외부의 다른 민족 집단에 대한 경계와 대항 의식이 고취된다. 우리를 둘러싼 이민족들은 '이웃'이 아니라 '밖'의 개념으로 인식되어 잠재적인 침략자나 경쟁자로 부각된다. 외국인은 더불어 함께 살아야할 이웃이 아니라 경계의 대상이 된다.

혈통주의, 순수주의, 정의(情誼)적 집단주의로 요약될 수 있는 우리 민족의 주요 속성들은 모두 내부 지향적인 것으로서 우리의 의식 구조를 자기 중심의 폐쇄적인 것으로 만든다. 그러나 미국의 프로 야구팀 LA 다저스에서 활약하는 박찬호는 '민간 외교 사절'로 치켜세우는 반면 국내 스포츠계의 외국 선수들은 모두 '용병'으로 비하하는 '우리' 중심의 정의적 민족주의가 온존하는 한, 다른 민족, 다른 인종과 참된 의미에서 공존하기는 어렵다. 닫힌 민족 의식은 항상 외부의 이물(異物)을 경쟁적인 것으로 인식한다. 그리고 우리와 힘을 비교해서 서열과 차별을 만들어 나간다. 인종의 차별도 이런 맥락에서 생성된다.

— 유명기, 〈한국인, '제3국인', 외국인 노동자〉 중에서

5) 홉스테드, 《세계의 문화와 조직》, 차재호 · 나은영 옮김(학지사, 1995), 189쪽.

6) 최준식, 같은 책, 216~222쪽.

:: 도움말

위의 글은 우리 사회가 단일 민족으로 구성되어 있고, 그것이 이 땅에서 소수로 인식되고 있는 외국인, 특히 아시아계 외국인에 대한, 그리고 그들과의 인간 관계를 규정하는 가장 의미 있는 변수로 보고 있다. 또한 타자 혹은 이물(異物)의 존재를 배척하거나 차별하는 의식 태도를 정의적 민족주의로 보고 그것은 다른 인종과의 참된 공존을 어렵게 만드는 것임을 지적하고 있다.

하나의 집단, 예컨대 가족, 사회, 국가라는 공동체는 그 구성원들의 의식과 무관하게 스스로를 타자로부터 경계 짓는다. 그러나 경계의 설정에 대한 현실성을 일부 감안하다고 하더라도 경우에 따라서 우리의 일부는 그 경계를 넘고자 하는 다른 소수에 대하여 배타적이거나 인종에 집착하는 모습을 띠고 있음을 부인하기 어렵다.

그것은 21세기의 현실 속에서 오리엔탈리즘이라는[7)] 기형적 인식 태도에 빠지는 오류로 귀착되거나, 배타적 인종주의의 가면을 뒤집어 쓴 모습으로 돌변하기 쉽다. 전자의 경우, 우리가 이미 서구화, 근대화되었기 때문에 전근대적인 타자와 함께 놀 수 없다는 의식이 내재된 태도이고, 그렇기 때문에 후자의 경우는 그 사회에 능동적 혹은 수동적으로 편입된 소수에 대한 차별로 나타나며, 우리가 당한 과거의 역사를 까맣게 잊은 채, 정치적, 사회적, 경제적 약자를 이 사회에서 수용하지 않으려는 배타적 모습으로 드러난다. 따라서 이러한 공동체에서는 정치적, 사회적, 경제적으로 우위에 있는 다른 공동체 구성원의 유입은 긍정적 옥시덴탈리즘의[8)] 차원에서 용인하지만, 그렇지 못한 공동체 구성원들에게는 이 공동체에서 살아가기 위해 가혹하리만큼 그들의 희생, 복종, 억압 당함을 당연한 것으로 받아들여야 한다는 의식을 내재적으로 합리화하는 경향을 드러낸다.

그런데 이런 의식이야말로 소수의 타자에 대하여 그들의 목소리를 살아 있게 하지 않겠다는 태도로서, 특정한 공동체 속에 편입된 개인에 대한 차별을 두고자 하는 전근대적 발상일지도 모른다. 어떤 이는 이러한 경향을 우리 안의 파시즘으로 규정하거나, 또다른 어떤 이는 우리에게 하얀 가면을 벗어 던져야 한다는 메시지로 경종을 울린다. 그러나 다른 한편으로 이미 한 공동체의 주류로 편입된 개인들을 중심으로 자신들의 손해를 감수하면서까지 소수를 껴안을 수 있을지에 대한 회의를 품는 시각도 엄연히 존재한다.

그렇다면 과연 이 시대를 살아가는 우리는 이 시대의 많은 약자와 소수로서의 개인을 특정한 공동체 안에

---

1) 동양을 타자화하여 비하하는 서구 중심주의적 인식 태도를 말한다.

2) 확인되지 않는 고정 관념을 바탕으로 서양을 정형화하거나 범주화하는 이분법적 인식 태도를 말한다. 서양을 '악'의 상징으로 규정하는 부정적 옥시덴탈리즘과 다른 한편으로는 그 서양을 '선'의 상징으로 절대시하는 긍정적 옥시덴탈리즘으로 나뉠 수 있다.

서 배려하고 더불어 살도록 힘쓰고 있는가? 그러나 그러한 배려와 노력이 결국 기존에 형성된 공동체 구성원들의 희생을 강요하지는 않는가? 또한 이러한 배려와 노력이 저급한 평등주의로 귀착하는 것은 아닌가? 아니면 이상적일지 모르나, 미래로 한발짝 앞서가는 우리 시대의 공동체와 개인의 조화로운 만남인가? 그러한 현상이 개인의 문제인가 아니면 특정 공동체 시스템의 결함인가? 진지한 성찰이 필요한 지구촌 시대다. 타자의 목소리가 존중 받고 살아 있는 사회를 위한 노력은 요원한 것인가?

:: 토론과제

① 우리 시대의 소수, 마이너러티는 어떤 유형들이 있는가? 그 소수를 위한 변명과 그 소수에 대한 비판을 아울러 제기하며 공동체 속의 개인의 문제를 토론해 보자.

② 해외동포들 가운데는 해방 후 국가 수립 이전에 해외로 불가피하게 강제 이주를 당하고 정착해 살았던 해외동포 1세들 및 현재 살고 있는 그 후손인 2, 3세는 국가라는 공동체 안에서 보호를 받지 못하고 소외되고 있다. 이들 역시 우리 안의 소수들이다. 그들은 어떠한 사람들인지 조사해 보고, 그들의 문제를 해결할 수 있는 대안은 무엇인지 토론해 보자.

:: 쓰기과제

① 필자의 글에서 "박찬호는 민간 외교 사절", 그러나 국내 외국인 선수는 "용병"으로 구분짓는 표현을 통해서 우리가 가지고 있는 언어적 편견의 다른 예를 열거하면서 자신의 견해를 한 편의 글로 써 보자.

② 불명예스럽게도 우리나라는 자국의 아이들을 해외로 입양시키는 1등 국가 중의 하나로 알려져 있다. 혈연주의를 강조하면서도 그 혈연주의가 자신의 가족에만 국한되면서, 해외 입양이 우리 안의 타자를 소외시키는 사회 문제로 대두되고 있다. 이러한 해외 입양이 줄어들지 않고 계속되는 것은 우리의 어떤 사회 의식과 연관된다고 보는지 한 편의 글을 써 보자.

:: 읽기자료 3

사실, 경제학은 다소 상이한 두 가지 기원을 가지고 있다고 말할 수 있다. 이 기원은 모두 정치학과 연관되어 있었지만, 그 방식은 서로 약간 달랐다. 하나는 '윤리학' 에, 다른 하나는 '공학' 이라 불릴 만한 것에 관련되어 있었던 것이다. 먼저, 윤리학에 연관된 전통은 적어도 아리스토텔레스까지 거슬러 올라간다. 《니코마스 윤리학(Nicomachean Ethics)》의 맨 첫부분에서, 아리스토텔레스는 경제학이 부에 관심을 가진다고 언급하는 동시에 경제학의 주제를 인간의 목적에 연결시킨다. 그는 정치학을 '으뜸학문' 으로 보고 있다. 정치학은 반드시 경제학을 포함한 다른 과학들을 활용해야 한다. "더욱이 정치학은 우리가 해야 하는 것과 억제해야 하는 것에 관련된 법을 제정하기 때문에, 정치학의 목적은 다른 학문의 목적을 반드시 포함해야 하며 따라서 그 자체가 인간을 위한 선이 되어야만 한다." 경제학 연구는 부의 추구에 직접적으로 연관되어 있지만, 더욱 심층적으로는 다른 학문 연구, 좀더 기본적인 목표를 평가하고 고양시키는 데 대한 연구들에 연결되어 있다. "화폐를 벌어들이려는 생활은 충동심에 따르는 생활이며, 부는 분명 우리가 추구하는 선이 아니다. 왜냐하면 부는 단지 유용할 뿐이며, 다른 어떤 것을 위한 것이기 때문이다." 경제학은 궁극적으로 윤리학의 연구와 정치학의 연구에 연관되어 있으며, 바로 이러한 관점은 아리스토텔레스의 《정치학(Politics)》에서 더 발전된다.

이 모든 점에서 윤리학과 정치철학 연구로부터 경제학 연구를 분리시킬 여지란 없다. 특히, 여기에서 주목할 만한 점은 이러한 접근 방식 속에는 특별히 경제학의 기초가 될 두 가지 주요 쟁점이 있다는 사실이다. 먼저, '어떻게 살아야 하는가?' 라는 명백히 윤리적인 질문에 관련되어 있는 인간 동기의 문제가 있다. 이 연관성을 강조한다고 해서 사람들이 언제나 자신을 도덕적으로 방어하려는 방식으로 행동한다고 말할 수 있다는 것은 아니다. 단지 윤리적 숙고가 실제적인 인간 행위에서 전혀 중요하지 않을 수는 없다는 사실을 인정하는 것이다. 나는 이를 '동기에 대한 윤리적 관점' 이라고 부르고자 한다.

두 번째 쟁점은 사회적 성취에 대한 판단과 관련되어 있다. 아리스토텔레스는 이것을 '인간을 위한 선' 을 성취하는 목적에 관련시키면서도 그 실행에서 특별하게 나타나는 집계적인 어떤 특성에 대해 주목한다. "한 사람만을 위한 목적을 달성하는 것이 비록 훌륭하다고는 하지만, 한 민족이나 도시국가들을 위한 목적을 달성하는 것은 더 거룩하고 존귀하다." (《니코마스 윤리학》 I, 2, Ross, 1980 : 2) 이러한 '사회적 성취에 대한 윤리적 관점' 은 '효율성' 을 만족시키는 것과 같은 자의적인 요소 때문에 가치 판단을 중도에서 멈출 수 없다. 가치 평가는 더 완전하게 윤리적이어야 하며, '선' 에 대하여 좀더 넓은 시야를 갖고 있어야 한다. 이는 현대 경제학, 특히 현대 후생경제학＊과 관련해서는 더욱더 중요한 점이다.

경제학의 두 기원 중 윤리학에, 그리고 정치에 대한 윤리적 관점에 관련되어 있는 첫 번째 기원은 이러한 방식으로 경제학이 담당해야 할 모종의 근본적인 임무들을 가리키고 있는 것이다. 나는 이제 현대 경제학이 이러한 임무들을 얼마나 잘 수행할 수 있는지에 대한 질문을 다루어야만 한다. 하지만 그 이전에, 경제학의 다른 하나의 기원, 바로 '공학' 적 접근에 관련되어 있는 기원을 돌아보고자 한다. 이 접근 방식은 무엇이 궁극적인 목적이나 인간의 선을 증대시킬 수 있는가 또는 '어떻게 살아야 하는가' 와 같은 질문보다는 기본적으로 계산 논리적 문제들에 관련되어 있다는 특징을 지닌다. 목적들은 거의 사전적으로 주어져 있는 것으로 취급되며, 실행의 목표는 목적을 달성하는 데 사용될 적절한 수단을 발견하는 것이다. 인간 행위는 단순하고도 쉽게 규정될 수 있는 동기에 기초해 있는 것이라고 전형적으로 이해된다.

도시 건설, 토지 분류, 세입 징수, 재정 관리, 세금 조정 등으로부터 시작해서 외교 수완, 약소국 책략, 식민 조약, 적성국 내 분파 매수, 첩자 사용, 공무원 횡령 통제 등에 이르기까지 매우 광범위한 실용적 문제들을 논하는 과정에서, 주된 관심은 공학적 문제들에 확실히 집중되었다. 인간의 행위 동기는 대부분 아주 단순한 용어로, 현대 경제학의 특징인 자애심의 결핍을 무엇보다도 잘 드러내는 용어로 묘사되고 있다. 약간이라도 심오한 의미를 지닌 윤리적 고찰은 인간 행위의 분석에서 그다지 중요한 역할을 하지 못한다. 소크라테스적인 질문이나 아리스토텔레스적인 질문들은 그 어느 것도 아리스토텔레스와 동시대인이 쓴, 바로 이 초기 경제학 고문서에서는 전혀 나타나지 않는다.

경제학의 본질적인 성격이 일단 인정된다면, 경제학의 윤리학적 기원과 공학적 기원 모두가 나름대로 설득력을 가지고 있다는 사실은 놀랄 만한 일이 아니다. 나로서는 행위 동기와 사회적 성취에 대한 윤리학적 관점이 제기하는 심오한 질문들이 반드시 현대 경제학에서 중요한 위치를 차지해야 한다고 주장하고 싶다. 그러나 동시에 공학적 접근이 경제학에 줄 것이 똑같이 많다는 점을 부정할 수는 없다. 사실 위대한 경제학자들의 저작에서는 두 특성들이 비율면에서는 차이가 나지만, 모두 분명히 드러나고 있다.

당연히 어떤 의미에서도 두 종류는 순수한 상태로 존재하지 않는다. 문제는 경제학에 대한 두 접근법 간의 균형이다. 실제로 아리스토텔레스에서 스미스에 이르기까지 윤리적 접근을 택한 많은 주요 저자들은 윤리적 성찰에 중심 방향을 맞춘 상황에서 공학적 쟁점에 대해 똑같이 깊은 관심을 보이고 있었다.

윤리적 접근의 중요성은 오히려 현대 경제학이 진화해 오면서 현저히 약화되었다고 말할 수 있다. 소위 '실증경제학' 의 방법론은 경제학에서 규범적 분석을 회피할 뿐만 아니라, 다양하고 복잡한 윤리적 성찰을 무시하는 결과를 가져왔다. 윤리적 성찰은 실제적인 인간 행위에 영향을 미치고 있지만, 인간 행위를 연구하는 경제학자들의 관점에서는 근본적으로 규범 판단의 문제이기보다는 사실의 문제이다. 만일 현대 경제학의 출판물 속에서 강조점의 균형 상태를 검토해 본다면, 깊이 있는 규범 분석이 회피되고 있으며 동시에 윤리적 성찰이 실제 인간 행위의 특징을 결정하는 데 미치는 영향이 무시되고 있다는 점을 발견하기란 어렵지 않다.

— 아마티아 센 ＊＊, 《윤리학과 경제학》 중에서

＊ 후생경제학〔厚生經濟學, welfare economics〕: 경제 정책의 목표가 사회 전체의 경제적 후생의 극대화에 있다는 전제 아래 경제적 후생의 개념이나 극대화의 조건을 연구하는 경제학 분야이다. 경제 현실의 움직임을 올바르게 설명하고자 하는 경제학의 방법론을 실증경제학(實證經濟學, positive economics)이라 하는데, 실증경제학적 지식을 토대로 하여 경제 현실의 성과를 평가하고 그 개선책을 탐구하는 경제학의 분야를 후성경제학 또는 규범경제학(normative economics)이라고 한다. 후생경제학의 기초는 영국의 경제학자 피구(Arthur Cecil Pigou)에 의해 세워졌다. 피구의 후생경제학은 경제적 후생의 수준을 높이기 위해 국민소득의 증대, 균형, 안정을 가져다 줄 구제 방법을 구명해야 한다고 말하고 있다. 그는 화폐로 측정할 수 있는 후생(국민 분배분)을 경제적 후생이라고 하고 물질적 행복과 정신적 행복은 서로 일치되는 평행 관계에 있다고 하였다. 또한 개인과 사회, 자본가 계급과 노동자 계급 사이의 대립 관계를 인정하고 경제 진보보다 안정을, 생산력 증대보다 분배의 공정을 경제 정책의 목표로 삼고자 하였다.

＊＊ 1933년 인도 벵갈에서 출생하여 옥스퍼드, 하버드 대학의 교수직을 거쳐 현재 캠브리지 대학에 재직하고 있다. 1970년대 초반부터 후생경제학, 경제 윤리, 소득 분배론 분야에서 국제적인 명성을 누렸으며, 1998년 노벨 경제학상을 수상했다. 《집단적 선호와 사회 복지》(1971), 《경제적 불평등》(1972), 《선호, 후생, 평가》(1982), 《불평등의 재검토》(1992) 등이 있다.

:: 도움말

위의 글은 책 제목에서도 짐작할 수 있듯이 윤리학과 경제학의 만남을 시도하고 있는 내용이다. 그래서 애초에 경제학은 인간의 행위와 판단을 구체적으로 결정하는 윤리적 성찰에 명시적으로 더 많은 주위를 기울인다면 더 생산적으로 될 수 있다고 보았다. 따라서 후생경제학이 윤리학에 관심을 갖고, 역으로 윤리학 연구가 경제학과 더 긴밀하게 접촉함으로써 얼마나 이익을 얻을 수 있는지에 대하여 강조하고 있다.

역자의 말을 빌리면 다음과 같다. "경제학과 윤리학이 서로를 타자로 인식한 순간부터 그 불편한 관계는 시작되었다. 그리고 두 이론 체계는 학문적 발전을 이유로 결별의 과정을 밟아왔고, 이제 양자의 관계는 단순한 불신의 상태를 넘어 상호 부정의 단계에 이르렀다. 근대의 산물인 이런 거리두기는 두 학문 분과 모두에게 이론적 엄밀성을 가져다 주었다. 그러나 동시에 언제나 논리적 체계화를 벗어나는 현실 세계 역시 그들로부터 멀어지고 말았다. 이런 학문 현실은 반성을 요구한다. 센은 반성의 실마리를 경제학의 기원과 성과에 대한 검토에서 찾는다. 따라서 사람들의 행위가 사람들이 사회적 존재로서 자기 정체성을 확인하는 과정이라면, 윤리학과 경제학은 행위가 지닌 이런 의미를 정당하게 다루어 주기 위해 다시 긴밀한 접촉을 가져야만 한다."

역자의 이런 시각에서 볼 때, 경제학의 윤리적 측면을 우리는 그 동안 얼마나 고민하고 있었는가 되짚어 보지 않을 수 없다. 경제학에서 윤리학을 거론한다는 것은 경제 행위의 윤리적 측면, 경제 주체의 윤리적 의식, 경제 활동의 규범성 등이 강조되는 부분으로 공동체 속에서 자신의 이윤을 추구해 가면서 남을 고려해야 한다는 점을 내포할 수도 있기 때문이다. 무조건 자신의 이윤만을 챙기면 된다는 생각 속에서 그 행위의 윤리적 측면이 간과되었다면, 이 시점에서 우리는 우리의 삶을 되돌아보아야 한다.

자본주의의 부정이 아니라, 그것의 성숙한 발전을 위해서 우리가 고민해야 할 것은 무엇인가? 우리는 지나치게 경제학이라는 학문적 틀 속에만 매몰된 채 우리의 현실 세계에 대한 진지한 성찰이 부족하지는 않았는가?

:: 토론과제

1. 경제학의 두 가지 기원 중에서 윤리적 기원의 중요성이 현대 경제학이 진화해 오면서 현저히 약화되었다고 필자는 언급하고 있다. 우리 시대 경제학에서 윤리적 접근을 위한 태도는 공동체 속의 개인 혹은 타자와의 관계에서 어떤 것이 있을 수 있는지 토론해 보자.

:: 쓰기과제

1. "개같이 벌어서 정승같이 쓴다"는 전래의 속담을 위의 글 일부와 관련지어 그 속담을 반박하는 글을 한 편 써 보자.

∷ 읽기자료 4

나는 민주주의가 기반을 두는 이념적 가치나 도덕적 기초가 존재하지 않거나 약한 곳에서 민주주의가 강하게 발전할 수 있을 것인가에 의문을 갖는다. 현대 민주주의는 민중권력 내지는 민중의 자치를 구현하는 정부를 의미하는 민주주의 개념(민주주의의 어원으로서 demos+kratia는 people' s power 내지는 people' s government를 의미)이 유래한 그리스 도시국가의 직접민주주의뿐만 아니라, 고대 로마공화국과 르네상스 시기 이탈리아 도시국가에서의 공화주의(republicanism), 그리고 근대 초기 17, 18세기 서구 자유주의의 전통을 통해 발전해 왔다. 바꾸어 말하면 오늘날의 민주주의는, 공화주의나 자유주의와 같이 분명한 규정성을 갖는 일련의 원리와 제도적 선택으로 이루어진 이념과 서로 상충하고 긴장하고 또 상호 수용하면서 발전되어 왔다. 따라서 오늘날 민주주의라고 이해하는 원리, 원칙, 가치는 서로 다른 이념적 원류로 분해 가능하다. 예컨대 생명 보존에 대한 권리, 사적 자유, 품위, 자기 표현, 행복 추구, 재산권 등과 같은 요소는 현대 민주주의가 보장하고자 하는 핵심적인 내용이지만, 본래는 자유주의적 가치의 유산이었다. 마찬가지로 공익의 존중, 참여의 권리, 책임성 등은 공화주의에 원류를 두고 있다. 그러한 의미에서 우리는 고대 그리스 도시국가들의 직접민주주의와 함께 공화주의와 자유주의를 민주주의의 세 가지 전통이라고 말할 수 있을 것이다.

민주주의를 구성하는 중심적인 이념과 원류를 이해하고 이를 수용하는 문제는 민주주의 이론을 발전시키는 데 있어서나 민주주의 제도를 설계함에 있어서, 그리고 적극적 시민으로서 민주적 과정에 참여하고 민주주의를 실천하는 시민적 덕을 함양함에 있어서 매우 중요한 것이 아닐 수 없다. 이 말은 민주주의를 수용하기 이전에 자유주의나 공화주의와 같은 전통을 갖고 있었던 서구 사회와 달리, 그런 전통이 없는 비서구 사회는 민주주의를 제대로 운영할 수 없다는 것을 의미하는 것은 아니다. 그럼에도 불구하고 민주주의라는 제도와 원리 자체가 서구적인 것인 한, 민주주의를 발전시킨 원류적 이념이 약한 것이 민주주의의 발전을 저해하는 요인으로 작용한다는 것은 부인할 수 없다. 나는 우리 사회에서 자유주의와 공화주의적 전통 내지는 기반이 매우 약하다고 보며, 그렇기 때문에 민주주의는 그 자체로 모든 것을 다 포괄하는 이념이자 원리가 되었다고 생각한다. 오도넬의 표현을 따르자면 그것은 "단원론적 민주주의(monistic democracy)" 인 것이다.

냉전의 시작, 분단국가의 건설과 함께 일상적 언어가 되다시피 한 '자유민주주의' 라는 말이 나타내고 있듯이, 말 자체만으로 볼 때에는 한국에서도 자유주의와 민주주의는 확고한 연계를 갖는 것처럼 보인다. 그러나 우리 사회에 도입된 자유주의는 반공을 위한 이념적 슬로건 이상의 구실을 하지 못했다. 분단국가와 그 정부들이 1950년대 이래 급속히 권위주의화되면서 냉전반공주의를 그 정당화의 기제로 활용하게 되자, 냉전반공주의는 민주주의의 가치 및 원리와 충돌하면서 긴장 관계를 형성하게 되었다. 인간의 내면까지 사상 검열의 대상으로 삼는 국가보안법이 냉전반공주의의 한 표징이라고 할 때, 그것은 인간의 내면적 양심의 자유를 핵심으로 하는 자유주의의 원리와 양립하기 어렵다. 이 점에서 냉전반공주의와 자유주의의 관계만큼 내용적으로 모순되고 충돌하면서도 형식적으로는 양립 가능하게 연계되어 있는 경우도 없을 것이다.

다른 한편 민주주의를 지지한 세력들 역시 냉전반공주의와 결착된 자유주의에 대한 부정적 인식 때문에, 낭만적 민주주의나 사회주의와 같은 집단주의적 열정을 담는 이념을 추구했다. 그것은 냉전반공주의의 거울 이미지(mirror image)같은 것이라 할 수 있다. 요컨대 한국에서 자유주의는 보수세력에 의해 왜곡되고 민주 세력에 의해 버려진 것이 되고 말았다. 그러므로 한국에서 자유주의는 특별한 역사적 계기와 그로부터 탄생한 철학적 · 도덕적 의미를 지니지 못한 채 기껏해야 민주주의를 수식하는 말, 즉 자유민주주의라는 말에서 '자유'는 내용적으로 불필요한 수식어에 지나지 않거나, 민주주의의 의미를 보수적으로 제한하는 것이 되고 말았다.

이러한 정황에도 불구하고, 우리 사회에서 자유주의는 민주화 이후에도 여전히 지배적 담론으로 자리잡고 있다. 구체제 하에서 국가중심적 · 중상주의적 성장 전략이 추구되고 재벌 중심의 경제 발전이 이루어진 시기에 있어서나, 민주화 이후 신자유주의적 세계화가 지배적 독트린으로 자리잡은 현재에 있어서, 지배적 담론으로서 자유주의는 시장에서 재벌의 기득 이익을 강조하고 경제와 시장에 대한 국가의 개입을 부정하는 반(反)정치적 자유주의를 핵심으로 한다. 오늘날 시민사회에서 하나의 담론으로 표출되는 자유주의는 경제와 시장에 대한 국가 개입의 부정, 공익성을 추구하는 시민운동에 대한 부정, 정부의 제반 민주적 개혁에 대한 부정을 중심으로 주로 시장 경쟁과 사익 추구의 정당화를 강조하는 일면적이고도 협애한, 나아가 속류적인 내용이 그 중심을 이루고 있다. 자유주의 이념의 이러한 수용은 자유주의가 우리 사회의 기득 이익의 담론으로 전용되고 있다는 비판을 면하기 어렵게 한다. 시장 자유를 절대시하고, 국가의 시장 개입은 부당하다고 믿으며, 조세에 의한 재분배 방법을 부정하는 것을 자유주의라고 생각한다면 그것은 오해이다. 그러한 독트린은 자유주의라기보다는 차라리 자유주의의 한 극단적 형태인 시장자유주의 내지는 국가의 시장 불개입주의를 의미하는 시장지상주의(libertarianism)거나 신자유주의라고 할 수 있기 때문이다.

자유주의의 원리에서 각 개인은 권리와 평등, 이성의 원칙과 함께 다른 시민과 국가의 원치 않는 개입으로부터 자유로울 권리를 갖는 것으로 상정된다. 일찍이 고전적 자유주의는 이러한 권리 중심 인간을 정치의 중심에 놓는 독트린을 말하는 것이었다. 그러나 개인 자유 및 권리의 최우선성과 최소국가의 원리를 양대 축으로 하는, 이사야 벌린(I. Berlin)이 말하는 '소극적 자유(negative definition of liberty)'의 개념은 자유의 소극적 측면에 대한 일면적 강조로 인하여 자유주의를 너무 좁게 이해하는 방향으로 이끈다는 비판을 면하기 어렵다.

공화주의는 민주주의가 일련의 절차적 · 제도적 장치만으로는 제대로 작동하고 발전하기 어렵다는 문제 의식에서 그 의미가 발생한다. 민주주의의 발전은 한 사회의 시민의 성격, 시민의 질적 내용, 민주주의와 사회공동체에 대한 시민의 태도와 깊이 관련된다. 그 이론적 원류를 아리스토텔레스, 마키아벨리, 루소와 같은 철학자들로부터 찾을 수 있는 공화주의(학자에 따라 시민적 휴머니즘, 시민적 공화주의로 다양하게 불리기도 한다)는 공공선에 대한 헌신, 공적 결정에 대한 적극적인 참여와 모든 시민이 공동체로부터 배제되지 않고 권리와 혜택을 누리는 시민권의 원리, 시민적 덕에 대한 강조를 핵심 내용으로 한다. 즉, 그것은 적극적 시민으로서 정치에 대한 참여와 선출된 공직자의 시민에 대한 사회적 · 도덕적 책임성의 윤리를 함축한다. 따라서 논리 전개의 방향은 자유주의와 역순으로 작용한다. 사적 자유와 권리로부터 국가의 기능을 도출하고 공적 질서를 구축하는 것이 자유주의라고 한다면, 공화주의는 공익을 우선시하면서 사익이 공적 영역을 침해하면 정치가 부패하고 공공선이 훼손된다고 믿기 때문이다. 또한 자유주의가 경쟁의 논리를 강조한다면, 공화주의는 참여의 윤리를 강조한다. 경쟁과 참여는 민주주의를 끌어가는 두 개의 축이라 할 수 있다. 많은 고전적 자유주의자들은, 시민적 덕을 갖지 않는 시민들의 사회에서도 견제와 균형의 원리와 같은 제도적 장치만 마련된다면 민주주의는 효과적으로 작동될 수 있다고 믿었다. 예컨대 칸트는 좋은 정부는 "악마의 종족들의 문제도 해결할 수 있다"라고 말했다. 물론 모든 시민이 높은 덕의 기준을 과시할 필요는 없을지 몰라도, 악마들의 사회에서 자유민주주의는 제대로 작동하지 못할 것이다. 민주주의를 할 수 있는 충분한 덕을 갖는 시민을 전제로 하지 않고는 민주주의가 실천되기 어렵다고 할 때, 거기에는 민주주의를 위해 한 사회의 수준이 고양되기를 요구하는 "중요한 문턱(critical threshold)" 이 존재한다고 할 수 있다.

우리 사회의 공화주의는 두 원천에서 찾을 수 있다. 하나는 "대한민국은 민주공화국" 이라는 헌법 1조에 있는 내용이다. 그러나 헌법이 경시된 결과 헌법 1조의 내용도 우리에게는 이렇다 할 의미를 갖지 않은 채, 공화주의라는 말은 관심을 끌지 못했거나 그저 민주주의 국가의 다른 말 정도로 받아들여졌다. 그러므로 '민주공화국이다' 라는 정의는 그것이 갖는 내용의 진의와 모호함을 둘러싼 논쟁은 그만두고라도 지금까지 논의의 대상조차 되지 못했다. 우리의 헌법은 해방 이후 제도 건설자로서 미국의 압도적 영향 하에서 작성되었지만, 공화주의와 미국 헌법의 관계에 대해서는 이해되지 않은 것으로 보인다. 18세기 말 미국의 헌법 작성자들은 공화주의 또는 공화국이라는 말이 적극적이고도 공공 정신에 충만한 시민권 또는 시민 의식을 성공적으로 불러일으킬 수 있다고 확신했다. 따라서 그들은 공화주의라는 표현을 통해 고대 아테네와 로마 또는 르네상스 시기 플로렌스 도시공화국의 이미지를 불러일으키고자 했다. 서구에서 공화주의라는 말은 한국인의 심성 속에 깊이 자리잡은 공동체 전체에 대한 애정, 향토애, 민족애와 크게 다를 바 없는 내용이다.

그러나 다른 한편으로 공화주의는 민주주의라는 틀 속에서 분명한 제도적 함의와 실천적 의미를 갖는다. 민주화 이후에도 국가 영역에서 권력 남용과 권위주의적 잔존 요소가 여전히 강력하고, 보이지 않는 비공식적·사적 조직의 힘이 비대화되어 있는 상황에서 정치 지도자와 시민 사이의 수직적 책임성이든 국가 부문들간의 수평적 책임성이든 공직자의 책임 윤리를 강조하는 공화주의적 가치와 규범은 중요하다. 또한 공화주의의 원리는 사회의 특수 이익들이 사회에서 큰 역할과 영향력을 갖는 만큼 책임성과 공공성을 가져야 할 것을 요구한다. 국가는 그것이 민주적인 정부인 한 강력한 기득적 사익들이 공익을 침해하는 것을 막아야 할 의무가 있다. 다시 말해 사익은 공익을 대표하는 국가의 제약 하에 놓이지 않으면 안 된다.

한국에서 공화주의의 또 다른 원천은 1960년대 이래 민주주의를 위한 운동의 전통 속에서 발견된다. 민주주의 운동 세력의 이념적 정향을 하나의 통일적인 어떤 것으로 말하기는 어렵지만, 분명한 것은 민주화 운동의 이념적 정향이 자유주의는 아니라는 점이다. 이들의 다수는 자유주의를 냉전반공주의의 이념적 외피로, 또는 재산권의 원리나 시장 경쟁, 사익 추구를 정당화하는 이념으로, 특히 최근에 이르러 신자유주의와 크게 다르지 않은 시장근본주의로 생각하는 경향을 가질 가능성이 크다. 그런 것이 아니라 해도 이들이 자유주의에 대해 갖는 태도는 모호하다. 자유주의와는 달리, 나는 한국 민주화운동의 전통 속에서 많은 공화주의적 요소를 발견하게 된다. 프랑스혁명 시기 사용되었던 '순수민주주의(dmocratie pure)' 라는 공화주의적 언어에서 볼 수 있듯이, 이들은 민중이 아래로부터 참여하는 직접민주주의의 이상을 희구했다. 한국에서 운동이 추구했던 평등하고 사회 정의가 실현된 공동체의 건설은 루소적 '일반 의지' 에 상응하는 공화주의적 이념과 상통하는 것이 아닐 수 없다. 그뿐만 아니라 운동 과정에서 강하게 작용했던 로맨티시즘, 집단주의적 충동, 도덕주의 정서, 열정 또한 공화주의와 상응하는 것이 많았다.

그러나 민주주의 운동 세력의 이념적 정향과 태도는 보편적 공화주의의 요소보다 급진적이고 도덕적이며, 폐쇄적이고 향리적인 면을 더 강하게 드러냈다. 역사와 사회, 세계의 변화를 바라보는 퍼스펙티브는 개방적이기보다 닫혀 있다는 인상을 많이 준다. 민주주의, 남북한 통일 문제, 대미 인식, 세계화, 노동 문제 등 주요 문제에 있어서 이들을 압도하는 사고의 틀은 현저하게 도식적이고 현실적·보편적 측면을 결여하고 있는 것으로 보인다. 적어도 그것은 강력한 권위주의 하에서의 운동이 가질 수밖에 없었던 유산이라고 할 수 있다. 권위주의에 대항했던 투쟁은 개인의 자율성과 내면적 자유를 중시하는 자유주의적 가치나, 시민적 휴머니즘을 핵심으로 하는 공화주의적 가치를 발전시킬 여지를 주지 못했다. 다른 무엇보다도 사회주의의 영향이 컸고, 그것도 자유주의의 기반을 갖지 않음으로써 과도한 이념성이 운동권의 지적 분위기를 지배하게 된 것이다.

이 과정에서 배태된 인간 유형은 총체적 변혁을 추구하면서 이상 사회를 구축하고자 삶의 모든 것을 투척하는, 자기 희생적 변혁에 복무하는 인간이라 하겠다. 다렌도르프(R. Dahrendorf)의 개념을 빌리면 그러한 인간유형은 "총체적 인간(total citizen)"인 것이다. 그것은 민주화 이후의 사회를 이상화하는 동시에 과도한 도덕적 의무를 개인에게 부과한다. 이들이 실제의 민주주의를 대면했을 때 총체적 인간에 대한 강조가 강했던 것만큼, 민주주의에 실망할 수밖에 없었고, 그 결과 전면적 자기부정이든 혹은 자기반성이든 지난날의 자신과 급격히 단절할 수밖에 없었다. 총체적 인간은 민주주의 하에서 자율적인 자기 정체성을 형성하기가 쉽지 않다. 개인과 마찬가지로 집단으로서의 운동도 이와 유사할 것임은 물론이다. 내 생각으로는 자유주의와 공화주의, 특히 자유주의적 가치는 민주화 운동 과정에서뿐만 아니라 그 이후에 더 중요하다. 민주화 이후의 오늘날에는 총체적 인간보다 '부분적인 인간', 즉 민주적 정치 과정에 적극적이되 자신의 자율적 가치와 내면 세계를 가지면서 자신의 분야에서 실천하는 민주적 시민이 되는 것이 바람직하다. 왜냐하면 운동이든, 민주적 정치 과정이든 그것이 전부 아니면 전무의 선택이 강요되는 상황에서 총체적 인간으로서의 참여자는 정체성을 오래 지속할 수 없기 때문이다. 민주화 이후 운동의 급속한 해체는 이러한 현상의 한 측면이다. 오늘날 총체적 인간이 창출해 낸 결과는 민주주의에 대한 실망과 정치적 무관심, 투표 불참으로 나타나고 있다. 보비오(N. Bobbio)가 말하듯이 "민주주의의 과도함만큼 민주주의를 사망에 이르게 하는 것은 없다"라고 생각한다.

민주화 이후의 한국 민주주의는 사회의 어떤 이념적 · 도덕적 기반에 뿌리를 내리고 있는가? 단지 민주주의 그 자체에만 의존하고 있을 뿐이다. 아무런 버팀목 없는 기둥이 외부 충격에 넘어지기 쉽듯이 우리 사회에서 민주주의는 취약하다. 지금 우리는 권위주의와 접맥되었던(embedded) 냉전반공주의, 온정주의와 가부장주의, 관료적 권위주의, 기술관료주의, 시장근본주의 등 민주주의의 기반을 잠식하는 여러 형태의 사회적 힘, 조류들과 대면하고 있다. 그럼에도 불구하고 지난날 민주화를 가져왔던 강력한 운동의 힘은 대체로 해체되거나 약화된 상태이다.

나는 민주주의를 지지하는 세력의 민주정치에 대한 가치와 규범, 이해와 논의가 보다 경험적이고 현실적인 기초를 갖게 되기를 기대하며, 서구의 자유주의와 공화주의적 이념과 가치가 이러한 변화를 가져오는 데 기여할 수 있으리라고 믿는다. 우리 사회의 민주주의를 발전시킴에 있어 우리는 자유주의와 공화주의의 사상적 자원으로부터 도움받는 것을 거부하지 말아야 할 것이다.

— 최장집, 《민주화 이후의 민주주의》 중에서

:: 도움말

이 글은 민주주의의 세 가지 전통을 통해 한국 민주주의의 이념적 기반이 어떻게 그것으로부터 이식되었으며, 그 과정에서 왜곡되거나 잘못 수용되어 변질된 우리의 민주주의 역사를 반성적으로 되짚어 보고 그것을 바탕으로 우리의 민주주의가 앞으로 나아가야 할 방향을 제시한 것이다.

우리 사회는 서구 민주주의가 도입된 이래 큰 축이라 할 수 있는 자유주의와 공화주의적 전통 내지는 기반이 매우 약하다고 필자는 보고 있다. 한국에서 자유주의는 소위 '자유민주주의'라는 말 속에서 반공을 위한 이념적 슬로건 이상의 구실을 하지 못하게 되었다. 그로 인하여 냉전적 반공주의가 득세하고 결국은 그 반공주의가 인간의 내면적 양심의 자유를 핵심으로 하는 전통적 자유주의의 원리와 양립할 수 없게 되었다. 그리고 자유주의는 시장에서 재벌의 기득 이익을 강조하고 경제와 시장에 대한 국가의 개입을 부정하는 반정치적 자유주의를 핵심으로 하고 있으며, 그것은 극단적 형태의 시장 자유주의로 고착화된 것으로 필자는 보고 있다.

진정한 자유주의가 경쟁의 논리를 강조한다면, 공화주의는 참여의 윤리를 강조한다고 본 필자는 공화주의의 이론적 원류를 아리스토텔레스, 마키아벨리, 루소 등에서 찾았으며, 공공선에 대한 헌신, 공적 결정에 대한 적극적인 참여와 모든 시민이 공동체로부터 배제되지 않고 권리와 혜택을 누리는 시민권의 원리 등을 공화주의의 핵심 내용으로 보았다. 그리고 공화주의의 원리는 사회의 특수 이익들이 사회에서 큰 역할과 영향력을 갖는 만큼 책임성과 공공성을 가져야 할 것으로 파악하였다. 그런데 이 공화주의도 한국 사회에서는 민주주의 운동의 전통 속에서 급진적이고, 도덕적이고 폐쇄적인 면을 강하게 드러냈다고 지적하고 강력한 권위주의 하에서의 운동이 가질 수 밖에 없는 한계를 지적하였다.

따라서 서구의 전통적 자유주의와 공화주의의 사상적 자원을 바탕으로 우리 사회의 진정한 민주주의의 발전이 있을 수 있다고 보고, 우리 사회가 그것을 받아들여야 한다고 결론짓고 있다.

지난 해방 이후 남북이 분단된 뒤, 우리는 분명히 순탄한 민주주의의 과정을 경험하지 못했다. 친일파 문제가 그러하고, 그 친일파들은 부패 세력 및 독재자의 옷으로 바꿔 입은 또 다른 권력자들이었고, 그들은 진정한 자유주의의 원리와 공화주의의 실천적 의미를 진정으로 체득하지 못한 면이 많았다. 그 과정에서 그에 저항하는 많은 운동들이 전개되었고 그 운동은 또한 새로운 시대를 맞이하면서 시대의 변화에 조응하지 못하면서 낡고 경직된 실천으로 비판을 받기도 했다. 그래서 필자는 민주화 운동 이후의 민주주의에 대한 고민이 필요함을 역설하고 있으며, 보비오(N. Bobbio)가 말하듯이 "민주주의의 과도함만큼 민주주의를 사망에 이르게 하는 것은 없다"는 명제를 우리에게 다시 곱씹어 보라는 충고를 아끼지 않고 있다.

그러면서 바로 이 시점에서, 이 시대에서 우리가 고민하고 조정하고 실현해야 할 진정한 민주주의 가치는 어떻게 전개되어야 하는가? 공동체 속에서 각 계층의 '나'가 다른 '나'와 어떤 관계를 맺으며 한국 민주주의 발전에 기여해야 하는가? 우리는 사회과학도로서 가져야 할 민주주의적 태도와 가치관에 대하여 심도 있는 고민을 해 보아야 할 것이다.

:: 토론과제

① 그리스의 직접민주주의가 21세기에 다시 가능하리라는 조심스러운 예측이 있다. 그것은 바로 인터넷의 발달에 기인하는 것인데, 과연 그러한 직접민주주의가 앞으로 가능하다면 그 양상은 어떻게 전개될 수 있을지 함께 토론해 보자.

② 1970~80년대 한국 민주화 운동은 우리의 민주주의 발전을 한 단계 성숙하게 만든 동력이었다. 그렇다면 이들이 가지고 있었던 운동의 논리 중 낡은 것과 계승되어야 할 것을 구분하여 생각해 보면서, 21세기 한국 민주주의의 앞날에 대하여 토론해 보자.

:: 쓰기과제

① 민주주의의 세 가지 전통을 본문에서 찾아보고, 그것들 중에서 자신의 가치 기준에서 가장 강조되어야 하는 전통은 무엇이 되어야 한다고 생각하는지 한 편의 글로 써 보자.

② "대한민국은 민주공화국이다"라는 헌법 제1조의 내용과 '공화주의'의 관계에 대하여 본문을 바탕으로 관련지어 보고, 자유주의와 공화주의의 양립 가능성에 대하여 아래의 예를 바탕으로 한 편의 글을 써 보자.

---

1. 길에 휴지통이 없다면, 나는 자유주의자이기 때문에 길에 담배 꽁초를 버린다.
2. 자유민주주의 국가에서 개인의 재산권은 침해 받을 수 없기 때문에 내가 아파트를 10채를 가지고 이윤을 챙기는 것은 정당하다.
3. 공적인 국가의 이익을 위하여 '양심적 병역 거부'와 같은 개인의 이익이나 권리를 제한하는 것은 당연하다.

4. 당신이 어떤 사상을 갖더라도 그건 당신의 자유이기 때문에 내가 간섭할 수 없다.
5. 법은 개인의 자유를 억압하는 기제이고, 공화주의는 개인의 자유를 간섭하는 이데올로기다.
6. 자유주의는 나의 자유뿐만이 아니라 타자의 자유도 인정하는 것이기 때문에 일종의 공화주의다.
7. 마약과 매춘을 허용하고 있는 네덜란드는 공화주의보다는 자유주의를 더 중요한 사회적 가치로 삼는 국가라고 볼 수 있다.

더 읽을거리

- 임상원 · 유종원 · 홍성구. 《자유와 언론》. 나남출판, 2004.
- 박노자. 《하얀 가면의 제국》. 한겨레 신문사, 2003.
- 데이비드 살스버그. 《천재들의 주사위》. 최정규 역. 뿌리와 이파리, 2003.
- 한홍구. 《대한민국史》. 한겨레신문사, 2003.
- 최장집. 《민주화 이후의 민주주의》. 후마니타스, 2002.
- 임지현 외. 《우리 안의 파시즘》. 삼인, 2000.
- 임지현. 《민족주의는 반역이다》. 소나무, 1999.
- 조 순. 《창조와 파괴》. 법문사, 1999.
- 아미티아 센. 《윤리학과 경제학》. 박순성 · 강신욱 역. 한울아카데미, 1999.
- 정운찬. 《한국 경제 죽어야 산다》. 백산서당, 1997.
- 최준식. 《한국인에게 문화는 있는가》. 사계절, 1997.
- 홉스테드. 《세계의 문화와 조직》. 차재호 · 나은영 옮김. 학지사, 1995.

4장 세계와 소통하기

우리는 지금 세계화 시대를 살아가고 있다. 시장경제의 생산 · 금융 · 기술이 국경을 넘어 이동하고 조직화되고 있으며, 정치 · 사회 · 문화의 영역에서도 국경의 의미가 퇴색하고 있고, 초국적화 · 탈국가화가 빠르게 진행되고 있다.

'정보통신은 곧 경쟁력이다'라는 캐치프레이즈 아래 빨라진 기업들의 움직임, 국경을 자유롭게 넘나드는 금융자본, 지구촌 곳곳에 파고드는 다국적 기업 등이 21세기 시장경제의 실상이다. 오늘날 지구촌의 가장 궁벽한 오지조차 세계화의 물결에서 완전히 벗어난 곳은 없다. 맥도날드와 코카콜라는 지구 어느 곳에서나 볼 수 있는 상품이 되었다. 긍정적으로 받아들이건 부정적으로 비판하건 간에 세계화는 부인할 수 없는 현상으로 보인다.

21세기의 개인은 국지적인 공간이나 국가에 소속되어 있으면서 동시에 국지적인 공간이나 국가를 넘어 세계와 소통하고 있다. 미디어를 통해 세계의 이모저모를 안방에서 볼 수 있으며, 인터넷을 통해 세계의 네티즌들과 소통할 수 있으며, 세계의 다양한 물품들을 소비한다. 우리의 삶 속에서 소통이란 단지 국가 단위에서만 일어나는 것은 아니며 세계라는 공동체를 전제로 이루어진다.

오늘날 세계화 추세는 이처럼 경제는 물론 문화까지 인간 활동의 모든 영역에 확산되면서 지대한 영향력을 미치고 있다. 세계화는 지식의 전지구적 생산, 문화 생산물의 전지구적 수용과 향유, 미디어 네트워크의 전 지구적 연결 등 문화와 지식 활동에도 영향을 끼친다. 이제 우리는 '세계 속의 개인'으로 살아가게 될 것이다. '세계화'는 우리 일상 속에 더욱 깊이 침투해 들어올 것이다. 세계화 시대의 정치와 문화와 미디어의 변화를 면밀하게 주시하면서 세계와 어떻게 소통할 것인지에 대한 사유를 넓혀 보자.

:: 읽기자료 1

세계화는 이제 우리에게 학문적 논의의 대상에서 현실로 다가왔다. 1997년 말에 우리에게 불어 닥친 외환금융위기는 금융의 세계화가 수십 년간 쌓아온 경제의 토대를 하루아침에 무너뜨릴 수 있는 무서운 힘을 갖고 있다는 것을 생생하게 보여주었다.

1990년대에 들어서서 본격적으로 논의되었던 세계화는 그 개념에 대한 논의에서 시작하여 세계화의 정치 · 사회 · 문화적 결과와 세계화에 대한 대안의 논의로 심화 · 확대되고 있다. 태국과 인도네시아의 금융위기가 우리의 금융체계를 와해시키고 소득과 고용수준을 짧은 시간에 하락시키고 있는 사실로부터 세계화가 이제 우리 삶의 모습을 결정하는 요소로 자리매김하고 있다는 것을 확인하고 있다. 현재 우리는 세계화의 충격 속에서 민주주의를 심화시키고 지속적인 경제 성장의 궤도로 진입해야 하는 이중적 과제를 안고 있다. IMF가 구제 금융을 제공하는 대가로 요구한 시장지향적인 신자유주의 경제개혁을 실시하면서 동시에 민주주의를 공고화해야 하는 것이다.

21세기가 시작된 지금, 세계시간은 어디에 와 있는가? 정치적 세계시간은 민주화이다. 1975년까지만 하더라도 지구상에서 민주주의를 실현하고 있었던 나라는 불과 30개국에 지나지 않았다. 그러나 그 후 전 세계적인 규모로 확산되어온 민주화의 물결로 1997년 현재 민주주의 국가는 117개국으로 늘어나게 되었고, 이는 전 세계 국가 중 61%가 민주주의 국가라는 것을 의미한다. 이제 민주주의가 지구촌을 이끌어가는 보편적 지배원리로 확고하게 자리 잡아가고 있다. 경제적 세계시간은 신자유주의적인 시장주의다. 지구촌 경제, 지구촌 정보체계의 등장은 신자유주의적인 시장주의를 범세계적으로 확산시키고 있다. 마침내 시장주의는 고전적 부르주아 자본주의도 극복할 수 없었던 국경의 장벽을 넘어설 수 있게 되었다.

지금 세계는 제1차 세계대전 직후의 민주화의 물결에 버금가는 민주화의 황금기를 맞이하고 있다. 제1차 세계대전이라는 미증유의 총력전을 수행하기 위해서 각국의 지배엘리트들은 전체 국민의 가능한 모든 인적 · 물적 자원을 총동원하지 않을 수 없었다. 각국의 지배엘리트들은 하층계급의 동원을 위해 전쟁 이후 민주적 시민권을 부여하겠다는 타협을 하지 않을 수 없었다. 지배계급과 피지배계급 사이의 전략적 타협의 결과로 제1차 세계대전 이후 정치적 민주주의의 핵심인 보통평등선거권이 보편화되었고, 민주주의가 마침내 확고한 지배 원리로 자리 잡게 되었다. 그러나 서구의 민주주의는 파시즘, 나치즘, 스탈린이즘과 같은 전체주의로의 역류를 경험하게 되었다. 제2차 세계대전이 미국을 중심으로 하는 자유민주주의 국가들의 연합 세력의 승리로 끝나게 됨에 따라 민주주의가 범세계적으로 확산될 수 있는 호기를 맞이하였으나 권위주의적 산업화의 기치를 들고 권력을 무력으로 찬탈한 제3세계의 군부에 의해 허약한 신생 민주주의가 전복되는 불행을 겪어야 했다.

그러나 세계는 헌팅턴이 이야기한 바와 같이 '제3의 민주화 물결(Democracy's Third Wave)'로 반민주주의 세력은 세계적으로 약화되고 있으며 민주주의에 대항할 수 있는 심각한 이데올로기적 경쟁자는 더 이상 존재하지 않게 되었다. 마침내 민주주의자들은 자신감을 회복하게 되었으며 자유민주주의는 "유일하게 남은 완전하고 진정한 근대 사회"로 받아들여지고 있다. 자본주의에 대한 대안적 사회의 건설을 꿈꾸던 '현존' 사회주의의 몰락은 체제 경쟁에서의 패배로 일어난 것이지만, 제3세계의 군부 권위주의의 퇴장은 태생적 결함에 의한 것이다. 군부 권위주의는 안정적으로 유지될 수 없는 정치 체제이다. 권위주의 체제는 권력 장악의 불법적인 성격으로 인해 태생적인 정통성의 결함(birth defect in legitimacy)을 안고 있으며, 이러한 태생적인 정통성의 결함을 메우기 위해 자연히 실적에 의한 정통성(legitimacy by performance)을 추구할 수밖에 없다. 그런데 실적에 의한 정통성은 권위주의 체제로 하여금 자신의 무덤을 파는 역할을 수행하게 한다. 권위주의 체제는 스스로 부과한 역사적 임무인 산업화를 수행하는 데 성공하든가 실패하든가 상관없이 퇴장의 압력을 받게 되어 있었던 것이다. 한국, 스페인, 대만과 같은 나라에서는 권위주의 체제가 스스로 부과한 역사적 임무인 산업화를 성공적으로 완수하였기 때문에 '무용지물'이 되고 산업화 이후의 새로운 역사적 필요를 수행하는 데 적합한 민주주의에 자리를 물려주어야만 했던 것이다. 반면에 남미의 관료적 권위주의 정권들은 스스로 부과한 산업화의 '심화'라는 임무를 수행하는 데 실패했기 때문에 역사의 장에서 퇴장해야만 했던 것이다. 따라서 경제적 실패는 물론 경제적 성공도 권위주의 체제의 수명을 연장시켜 줄 수 없었으며, 권위주의 체제는 성공과 실패에 상관없이 궁극적으로 운명이 예정되어 있는 과도기적 한시 체제일 수밖에 없었던 것이다.

현재 전 세계는 자본, 생산, 경영, 시장, 노동, 정보, 기술이 국경을 넘어서 조직되고 있는 지구촌 경제시대를 맞이하고 있다. 국민국가가 경제의 조직에서 여전히 중요한 행위자임에는 틀림없으나 경제 행위자들의 경제적 계산의 단위, 경제 전략 수립의 준거 틀은 더 이상 일국 경제에 국한되지 않게 되었다. 기업가, 노동자, 농민들이 국경을 넘어서 전 세계적으로 경쟁을 하고 있는 것이다. 정보 통신 혁명과 생산기술의 혁명은 민족국가를 단위로 진행되어 왔던 세계 자본주의 경제를 질적으로 변화시키고 있다. 현재 자본시장, 생산시장, 노동시장에서 국경의 개념이 사라지고 있다.

정보통신혁명은 글로벌 금융 시장의 출현을 가져와 통화에 대한 국가의 주권을 약화시키고 있다. 뉴욕, 런던, 도쿄의 국제 금융 시장의 규모는 미국과 일본 같은 초거대국가도 통제할 수 없는 수준으로 확대되고 있다. 1989년의 경우 일일 세계 금융 시장의 거래규모는 6,500억 달러로 이는 일일 세계 무역 거래의 40배이며, 미국, 일본, 영국의 중앙은행의 한 달간 외환보유고 합계의 두 배에 달한다. 글로벌 금융 혁명은 통화, 증권, 선물, 채권 시장에서 '지리의 종말(end of geography)'을 가져왔다. 금융 상품은 24시간 연결되는 단일한 글로벌 금융 시장에서 컴퓨터 키에 의해서 거래되고 있다. '검은 월요일' 이라 불리는 1987년 10월의 월스트리트의 대란은 즉각 도쿄와 런던의 주식시장으로 파급되어 전 세계의 금융시장을 대혼란에 빠뜨렸다. 돈이 조국을 모르는 시대가 도래 한 것이다.

정보통신혁명과 생산기술혁명은 또한 생산의 국제화를 촉진하고 있다. 이 두 혁명은 인적, 물적 자원의 시간적, 공간적 제약을 해제하여 기업들로 하여금 국경을 넘어서 이윤이 나는 곳이면 어디서나 생산 활동을 가능케 하였다. 그 결과 기업에 대한 국가의 통제는 갈수록 약화되고 생산에 있어 국경의 개념은 점점 흐려져 가고 있다. 한국의 상품이 반드시 한국의 기업이 한국 자본과 한국 기술, 한국 노동을 사용하여 만든 상품만이 아닌 시대를 맞이하고 있는 것이다. 한국의 기업이 스위스 은행에서 자본을 조달하여, 독일의 기술로, 일본의 기계를 도입하여 중국에 공장을 세워 중국 노동자들을 고용하여 생산하는 것이 세계화 시대의 생산방식이 되고 있다. 이제 생산과 기술의 국적이 중요한 것이 아니라 국제화된 생산과 기술을 결합하여 상품을 만들어 낼 수 있는 글로벌 네트워크를 형성할 수 있는 능력이 중요해지고 있다. 이제 다국적기업은 생산, 투자, 판매를 지구적 차원에서 재배치하는 전략을 마련하느라고 부심하고 있다. 노동시장은 국경의 개념이 가장 뚜렷한 영역이었다. '발 없는 자본' 과는 달리 노동의 국제적 이동은 국경이라는 물리적 장벽을 극복해야만 가능했기 때문이다. 그러나 EU, NAFTA와 같은 지역 경제 통합 운동이 본격화되면서 노동자들을 국경 내에 묶어놓을 수단이 사라져가고 있다.

생산의 영역에서만 세계화가 진행되고 있는 것은 아니다. 지구촌 정보 체계의 등장은 문화의 국경을 허물고 있다. 할리우드에서 제작된 영화가 통신위성을 통해 전 세계의 TV시청자들에게 동시에 직접 전달되고 있다. 걸프전의 생중계는 사담 후세인이라는 '악한' 을 처치하기 위한 다국적 보안관의 조직을 가능하게 하였으며, 필리핀의 마르코스 정권을 몰아낸 '민중의 힘' 은 CNN의 생중계가 없었다면 가능하지 않았을 것이다. 동구의 현존 사회주의를 붕괴시킨 것은 '전송혁명(tele-revolution)' 이었다. 동구 현존 사회주의의 자급자족적 체제는 서구로부터 유입되는 소비문화의 정보를 차단했을 때만 가능하였으나 전송혁명은 이 장벽을 무너뜨린 것이다. 갈수록 민족문화의 순수성을 지키기가 점점 어려운 상황을 맞이하게 된 것이다. 지구촌 정보 체계의 등장은 소비주의 이데올로기 문화, 소비주의 세계관을 지구적으로 확산시키고 있다. 초국적 미디어 기업과 광고 기업들은 전 세계인들이 공유할 수 있는 소비 욕구를 창조하고 수요를 동질화하는 데 성공하고 있다. 이제 지구인들은 선택, 모방, 세뇌를 통해서 슈워제네거, 코카콜라, 펩시, 빅 맥, 디즈니월드, 베네통과 같은 세계화된 상품을 소비하고 소비유형의 공유에 기초한 거시 문화를 창조하고 있다.

— 임혁백, 《세계화 시대의 민주주의》 중에서

:: 도움말

임혁백의 글은 세계화 시대에 민주주의는 어떠한 양상을 보이고 있으며, 어떤 방향으로 나아가야 하는가에 대한 고찰을 담고 있다. 그는 21세기 양대 흐름을 세계화와 민주화로 규정하고, 이 두 조류가 어떻게 조화롭게 발전해 나갈 수 있을지를 조명했다. 세계화는 지역적으로 불균등하게, 계급 · 계층적으로 불평등하게 진행되고 있으나 영토 국가의 권력 위축으로 문제점을 시정할 수단은 취약하다고 진단한다. 이런 부정적 영향을 극복하기 위한 방법으로 시민사회의 결사체 활동, 정치 참여 노력을 제시했다.

'민주주의와 시장경제가 어떻게 양립할 수 있는가' 라는 현대 정치학의 최대의 난제를 풀기 위한 질문 앞에서, 그를 긴장시키는 것은 세계시간이 가리키는 불확실성이다. 글로벌 거버넌스의 중층적 구조 속에서 일어나는 크고 작은 정치적 행위자의 분열과 융합에 제대로 적응하지 못하면 민주주의도 시장경제도 본래의 의미를 상실하기 때문이다. 그는 불확실성을 경감시키는 가장 신뢰할 만한 기제로 '네트워크화 된 시민사회'의 개입, 또는 시민 참여가 보장된 '심의민주주의'에 기대를 건다.

:: 토론과제

1. "초국적 미디어 기업과 광고 기업들은 전 세계인들이 공유할 수 있는 소비 욕구를 창조하고 수요를 동질화하는 데 성공하고 있다. 이제 지구인들은 세계화된 상품을 소비하고 소비 유형의 공유에 기초한 거시문화를 창조하고 있다"라는 인용문의 구절을 염두에 두고, 우리나라에 들어온 세계화된 상품들의 목록과 다른 나라에 들어간 세계화된 우리나라의 상품들의 목록을 조사하여 발표해 보자.

2. 문화 분야에서의 세계화를 둘러싼 대립과 갈등의 양상은 경제 분야에서의 양상과 사뭇 다르게 전개된다. 경제 분야에서는 자유무역논리가 대세이지만, 문화 분야에서는 적어도 표면적으로는 각국의 문화적 정체성과 다양성이 보호되어야 한다는 논리가 힘을 얻고 있다. 지구가 하나 되어가는 세계화 시대에 자국의 문화적 정체성이나 다양성은 보호되어야 하는지, 만일 보호되어야 한다면 구체적으로 어떤 정책을 통해서 가능할지에 대하여 토론해 보자.

:: 쓰기과제

① "세계화가 민주화에 긍정적으로 작용할 것인지, 아니면 부정적으로 작용할 것인지"에 대해 한 가지 입장을 취한 후, 자신의 논지를 주장하는 글을 써 보자. 단, 아래의 예문을 참조하여 써 보자.

세계화가 신자유주의자들이 주장하는 것처럼 반드시 민주화에 대한 장밋빛 미래를 약속하지는 않는다. 신자유주의자들이 주장하는 것처럼 국가의 약화, 시장의 강화가 자동적으로 민주주의를 외연적으로 확산시키고 내포적으로 심화시킬 것 같지는 않다. 제3세계에서 민영화, 탈규제화, 안정화 조치를 통해 시장의 원리를 강화시켰을 때, 경쟁 시장은 활력 있고 효율적인 경제를 가져다줄지는 모르나 이러한 시장경제로 전환하기 위해 '눈물의 계곡' 을 건너는 데 드는 비용은 경제적 약자에 부과될 가능성이 크다. 시장경제로의 전환에 드는 비용이 경제적 약자에 부과될 때, 이는 필연적으로 경제적 불평등을 증대시키고, 물질적 복지를 위협받게 된 시장 경쟁에서 낙오한 자들의 저항 운동을 격화시킬 것이며 그 결과 신생 민주주의를 위협할 것이다. 어떤 민주주의도 극심한 경제적, 사회적 불평등과 공존할 수는 없는 것이다. 선진 자본주의 국가에서도 사정은 그리 양호하지 않다. 세계화로 기업 주권이 인민 주권을 사실상 대체하면서 20세기적 성과인 자본과 노동 간의 역사적 타협 체제를 무너뜨리고 있다. 시장의 변덕, 시장의 횡포로부터 노동자들을 보호해 온 복지 제도가 해체되고 있으며 노동자들은 사회적 시민권, 산업시민권을 박탈당한 채 정치적 시민권만을 가진 초라한 모습을 보여주고 있다. 이것은 분명 서구 민주주의의 후퇴이지 진전이라고 볼 수 없다. 그렇다면 세계화의 도전 하에서 민주주의를 보존하고 발전시키기 위해서 우리가 해야 할 일은 무엇인가?

우리에게 요구되는 것은 민주주의 그리고 민주화 개념의 확장이다. 현재 진행되고 있는 민주화의 세계적 물결은 기실 슘페터적인 민주주의의 세계적인 확산에 지나지 않는다. 슘페터는 민주주의를 "정치가들이 인민들의 표를 얻기 위한 경쟁적 투쟁의 수단에 의하여 권력을 획득하게 되는 정치적 결정에 도달하기 위한 제도적 장치" 로 개념화하였다. 슘페터는 인민들이 공유하고 있지도 않고 공유하고 있더라도 이에 도달할 수 있는 수단에 대한 합의가 이루어질 수 없는 '공동선' 을 가정하고, 민주주의를 이에 도달하기 위한 제도적 장치로 개념 규정하는 것은 비현실적이라 비판하고 자신의 민주주의에 대한 절차적 최소의 정의가 현실적으로 작동하고 있는 민주주의를 그리는 데 가장 적합하다고 주장하였다.

슘페터의 민주주의 정의는 신자유주의적 세계화론자들의 환영을 받았다. 슘페터의 민주주의 정의 하에서는 인민 주권은 인민들이 투표장에서 표를 던지는 것으로 끝나고 만다. 인민들이 자신들의 표로써 정부를 구성하고 나면 주권은 정치가에게 이양된다. 물론 주기적 선거가 정치가들로 하여금 인민에 대한 책임을 지도록 강요하지만 정부에 대한 민주적 통제를 확립하기에는 미흡하다. "영국인들은 국회의원을 선출할 때에만 자유롭다. 의원이 선출되자마자 인민은 노예가 된다."는 루소의 선거민주주의에 대한 비판을 상기할 필요가 있다. 민주주의의 세계화에 대한 신자유주의자들의 장밋빛 전망은 민주주의를 선거로 환원했을 때만 가능한 것이다. 왜냐하면 슘페터적인 민주주의 하에서는 선거민주주의가 사회경제적인 불의, 박탈, 불평등과 공존할 수 있기 때문이다. 그러나 이것은 진정한 민주주의가 아니다. 슘페터적인 민주주의 정의는 제3세계에서 민주주의를 건설하려는 사람들이나 그들의 노력을 지원해 주려는 선진국 사람들 모두를 잘못 인도할 수 있다. 말하자면 단순한 선거 과정의 도입만으로 민주주의가 실현되고 있다는 잘못된 기대를 키울 수 있는 것이다. 따라서 민주주의를 선거 과정으로만 인식하는 슘페터적인 민주주의 개념은 확장되고 개선되어야 한다. 주기적으로 반복되는 선거가 정부로 하여금 인민 대다수의 요구에 반응하도록 강제하는 핵심적 요소임에는 틀림없다. 그러나 그것만으로는 자동적으로 폭력으로부터의 자유, 물질적 안전, 평등, 사회적 정의를 목표로 하는 진정한 민주주의가 실현될 수 없다. 민주주의의 개념은 시장적 경쟁의 필연적인 결과로 나타나는 경제, 사회, 문화적인 불평등을 해소, 보상해 줄 수 있는 능력을 지닌 제도적 장치로 확대되어야 한다. 민주주의가 시장경쟁에서 낙오한 자들을 위해서 무언가 해줄 수 있는 능력이 있다는 것을 보여줄 수 있을 때만 민주주의는 모든 사람들이 지키고 발전시켜야 할 가치가 있는 정치적 제도로 받아들여질 수 있는 것이다.

— 임혁백, 《세계화 시대의 민주주의》, 57~60쪽.

:: 읽기자료 2

탈냉전 시대에 사상 최초로 세계 정치는 다극화, 다문명화 되었다. 인류 역사의 대부분 기간 동안 문명과 문명의 접촉은 간헐적으로 이루어졌거나 아예 존재하지 않았다. 그러다가 서기 1500년을 전후하여 근대가 시작되면서 세계 정치는 두 가지 차원에서 전개되었다. 400년 남짓 동안 서구의 '국민 국가(nation state)' — 영국 · 프랑스 · 스페인 · 오스트리아 · 프로이센 · 독일 · 미국 등 — 는 서구 문명 안에서 국제 체제를 형성하여 서로 어울리고 겨루며 전쟁을 벌였다. 동시에

서구 국민국가들은 다른 모든 문명으로 진출하여 그것들을 정복하고 식민화하고 결정적 영향력을 행사하였다. 냉전 기간 동안 세계 정치는 양극화되었고 세계는 세 부분으로 갈라졌다. 미국이 주도하는 풍족하고 민주적인 사회들은 소련과 연결되어 있거나 소련이 이끄는 다소 여유롭지 못한 공산주의 진영과 이념적으로, 정치적으로, 경제적으로 때로는 군사적으로 광범위한 경쟁을 벌였다. 분쟁의 상당수는 이 두 진영의 바깥에 있으며 빈곤하고 정치적으로 불안정하고 최근에 독립하여 비동맹 노선을 추구하던 제3세계에서 일어났다.

1980년대 말 공산 세계가 무너지면서 냉전 체제는 역사의 뒤안길로 사라졌다. 탈냉전 세계에서 사람과 사람을 가르는 가장 중요한 기준은 이념이나 정치, 경제가 아니다. 바로 문화이다. 민족과 국민은 우리가 누구인가 하는, 인간이 직면할 수 있는 가장 근본적인 물음에 답하기 위해 부심하고 있다. 그리고 인류가 지금까지 그런 질문 앞에서 내놓았던 전통적인 방식으로 답변을 제시하고 있다. 그것은 자기들에게 가장 의미 있는 대상에 관심을 기울이는 것이었다. 사람들은 조상, 종교, 언어, 역사, 가치관, 관습, 제도를 가지고 스스로를 규정한다. 그들은 부족, 민족 집단, 신앙 공동체, 국민, 가장 포괄적인 차원에서는 문명이라고 하는 문화적 집단에 자신을 귀속시킨다. 사람들은 자신의 이익을 추구하거나 자신의 정체성을 확인할 때에도 정치를 이용한다. 우리는 자신이 무엇이 아닌지를 알 때만, 아니 자신의 적수가 누구인지를 알 때만 내가 누구인지를 알게 된다.

국민 국가는 세계 정치에서 중추적 역할을 맡고 있다. 국민 국가의 활동은 예나 지금이나 권력과 부의 추구로 규정하지만, 한편으로는 문화적 선호, 동질성, 이질성 따위로 규정하기도 한다. 가장 중요한 국가군은 더 이상 냉전 시대의 세 블록이 아니라 세계의 일곱 내지 여덟 개에 이르는 주요 문명이다. 비서구 사회, 특히 동아시아는 경제력을 키우면서, 군사력과 정치적 영향력을 확대할 수 있는 토대를 쌓아가고 있다. 힘과 자신감이 축적되면서 비서구 사회들은 점차로 자신의 문화적 가치를 주장하고 서구에 의해 '강요된' 가치를 거부하고 있다. 키신저(Henry Kissinger)는 "21세기의 국제 체제는 최소한 여섯 개의 열강—미국, 유럽, 중국, 일본, 러시아, 인도—과 다수의 중진국 및 소국으로 이루어지게 될 것이다"라고 지적한 바 있다. 키신저가 언급한 6대 열강은 다섯 개의 아주 상이한 문명에 속해 있다. 이 밖에도 전략적 위치, 방대한 인구, 석유 자원을 등에 업고 세계 정치에 영향력을 미치고 있는 주요 이슬람 국가들이 있다. 이 새로운 세계에서 지역 정치는 민족성의 정치학이며 세계 정치는 문명의 정치학이다. 강대국의 경쟁은 문명의 충돌로 바뀐다.

세계 정치는 문화와 문명의 괘선을 따라 재편되고 있다. 여기서 가장 전파력이 크며 가장 중요하고 위험한 갈등은 사회적 계급, 빈부, 경제적으로 정의되는 집단 사이에 나타나지 않고 상이한 문화적 배경에 속하는 사람들 사이에서 나타날 것이다. 종족 전쟁이나 민족 분쟁은 한 문명 안에서도 여전히 발생할 것이다. 그러나 상이한 문명에 속하는 국가나 집단 사이의 폭력은 이들 문명에 소속된 여타 국가나 집단이 자기네 '친족국가(kincountry)'를 돕기 위해 결집하면서 확전으로 치달을 수 있는 잠재력을 늘 지니고 있다. 소말리아에서 벌어지는 씨족간의 유혈 충돌은 광범위한 분쟁으로 치달을 소지가 없다. 르완다에서 벌어지는 부족 사이의 유혈 충돌은 기껏해야 우간다, 자이르, 부룬디에 영향을 미칠 뿐이다. 그러나 보스니아, 코카서스, 중앙아시아, 캐슈미르에서 벌어지는 문명 사이의 유혈 충돌은 더 큰 전쟁으로 전개될 수 있다. 유고슬라비아 내전에서 러시아는 세르비아를 외교적으로 지원하고 사우디아라비아, 터키, 이란, 리비아는 보스니아를 지원하였다. 그것은 이념이나 정치적 역학 관계, 경제적 이득이 아니라 어디까지나 문화적 동질성에서 우러나온 조치였다. 하벨(Vaclav Havel)이 통찰하였듯이 문화적 갈등이 지금보다 더 악화되고 위험스러운 상황에 놓인 적은 일찍이 없었다. 들로르(Jacques Delors)도 미래의 갈등은 경제나 이념이 아니라 문화적 요인에 의해 촉발될 것이라며 비슷한 견해를 표명하였다. 가장 위험한 문화적 분쟁은 문명과 문명이 만나는 단층선에서 발생한다.

탈냉전 세계에서 문화는 분열과 통합의 양면으로 위력을 발휘한다. 문화적으로 통합되어 있지만 이념적으로 갈라져 있던 민족이 다시 뭉치고 있다. 이념이나 역사적 상황으로는 통합되어 있지만 이질적 문명으로 구성되어 있던 사회는 소련, 유고슬라비아, 보스니아처럼 다시 갈라지거나 우크라이나, 나이지리아, 수단, 인도, 스리랑카처럼 극심한 긴장을 겪고 있다. 문화적으로 비슷한 나라들은 경제적, 정치적으로도 협력한다. 유럽 연합처럼 문화적 동질성을 가진 국가들에 토대를 둔 국제기구가 문화의 장벽을 뛰어넘어야 하는 국제기구보다 훨씬 원활하게 굴러간다. 45년 동안 철의 장막은 유럽의 한복판을 가로지르는 경계선이었다. 그 선은 이제 동쪽으로 몇 백 마일 옮겨졌다. 그것은 서구 크리스트교 세계와 이슬람 세계, 정교(正敎) 세계를 구분하는 경계선이 되었다.

문명마다 철학적 전제, 밑바탕에 깔린 가치관, 사회관계, 관습, 삶을 바라보는 총체적 전망은 크게 다르다. 세계 전역에서 불고 있는 종교의 부흥 바람은 이런 문화적 차이를 더욱 조장하고 있다. 문화는 달라질 수 있고 문화가 정치와 경제에 미치는 영향의 성격도 시대마다 다를 수 있다. 그러나 문명들 사이에서 나타나는 정치 경제적 발전의 중요한 차이는 상이한 문화에 명백히 뿌리를 두고 있다. 동아시아의 경제적 성공은 동아시아 문화에서 원인을 찾을 수 있으며, 동아시아 사회가 안정된 민주 정치 체제를 이룩하는 데 직면하는 어려움 역시 그 문화에 뿌리를 두고 있다. 이슬람 세계의 대부분 지역에서 볼 수 있는 민주주의의 좌절 현상은 대체로 이슬람 문화의 울타리 안에서 그 원인을 설명할 수 있다. 동유럽과 옛 소련처럼 과거 공산주의 체제를 겪었던 사회의 발전은 그들이 가지고 있는 문명적 정체성의 맥락에서 이해될 수 있다. 서구 크리스트교의 전통 아래 있는 나라들은 경제 발전과 민주 체제의 확립을 향해 나아가고 있는 반면, 정교 권에 속한

나라들의 정치 경제적 발전은 불투명하며 이슬람권 국가들의 정치 경제적 장래는 어둡다.

서구는 지금도 그렇지만 앞으로도 당분간은 가장 강력한 문명의 위치를 고수할 것이다. 그러나 다른 문명들과 비교했을 때 서구 문명의 상대적 힘은 줄어들고 있다. 서구가 자신의 가치관을 주장하고 자신의 이익을 수호하기 위해 나설 때 비서구 사회들은 선택의 기로에 놓인다. 어떤 나라들은 서구를 모방하여 서구에 합류하거나 '편승(bandwagon)' 하려고 한다. 유교와 이슬람 국가들은 자신의 경제력과 군사력을 확대하여 서구에 맞서고 서구를 '견제(balance)' 하려고 한다. 탈냉전 세계 정치의 중심축은 따라서 힘과 문화의 차원에서 전개되는 서구 문명과 비서구 문명의 상호 작용이라는 양상으로 나타날 것이다.

요약하면, 탈냉전 세계는 일곱 내지 여덟 개의 주요 문명으로 이루어지는 세계다. 문화적 동질성과 이질성은 국가들의 이익, 대결, 협력 양상을 규정한다. 세계에서 힘 있는 국가들은 놀라울 만큼 판이한 문명들에서 유래하였다. 확전으로 치달을 가능성이 가장 높은 국지적 분쟁은 판이한 문명에 속한 집단이나 국가 간의 충돌이다. 정치 경제적 발전의 지배적 양상은 문명과 문명마다 다르다. 국제 문제에서 중요한 사안에는 문명의 차이도 들어간다. 장기간 주도권을 행사해 온 서구 문명으로부터 비서구 문명으로 힘의 무게 중심이 옮겨가고 있다. 세계 정치는 다극화, 다문명화 되었다.

— 새뮤얼 헌팅턴, 《문명의 충돌》 중에서

:: 도움말

미국 국제정치학자 새뮤얼 헌팅턴은 21세기 세계 정치를 문명과 문명의 대립과 충돌 가능성으로 예측하여 대단한 반향을 불러일으켰다. 헌팅턴은 동서 냉전의 종식 이후 세계는 역사의 종말에 이른 것이 아니라 새로운 형태의 전 지구적 갈등 구조를 예고하고 있다고 단언했다. 헌팅턴은 세계의 문명을 종교를 구심점으로 서구 기독교 문명, 동방 정교 문명, 이슬람 문명, 유교 문명, 힌두 문명으로 나누고 다시 일본 문명, 아프리카 문명, 라틴아메리카 문명 등을 설정했다.

그의 문명 충돌론은 이러한 문명 간의 대립이 서구 기독교 문명이 주도하는 현 세계 질서에 위협이라고 보고 있다. 앞으로는 종교를 근간으로 한 문명권 사이의 유혈 대립이 심화되며, 그 대립 전선은 서구 문명과 유교 문명 및 이슬람 문명 사이에 그어진다고 분석하고 있다. 이런 전제 아래서 그는 앞으로 몇 십 년 동안은 아시아의 경제 성장과 이슬람의 인구 증가가 서구가 주도해 온 국제 질서에 커다란 위협 요인으로 작용할 것이라고 보고 있다.

:: 토론과제

① 《문명의 충돌》에서 '단층선 전쟁'에 대해 유고슬라비아를 예로 들어 이야기해보자.

② 헌팅턴의 '문명충돌론'은 '문명'을 중심으로 세계의 주요한 문명을 중화, 일본, 힌두, 이슬람, 정교, 서구, 라틴아메리카, 아프리카 등 7~8개 문명권으로 나누고 있다. 이런 헌팅턴의 견해를 받아들인 입장에서, 당신이 외교관이 되어 특정한 문명권의 나라에 나간다는 전제 하에, 그 나라의 문명에 관해 조사한 후 외교적 전략을 수립하여 보라.

:: 쓰기과제

① 헌팅턴의 '문명충돌론'은 과감하고도 도발적이었던 만큼 대단한 반응을 불러왔으며 동시에 일련의 비판에 노출되어 왔다. 특히 그 가운데에 독일의 하랄트 뮐러가 1998년에 쓴 《문명의 공존》은 헌팅턴의 주장을 정면에서 반박하는 논의를 펼치고 있다. 아래의 예문은 서울대학교 김경동 교수의 하랄트 뮐러의 서면 대담 가운데 일부를 발췌한 것이다. 여러 문명 간을 '충돌'로 보는 헌팅턴의 견해와 '공존'으로 보는 뮐러의 견해를 요약하여 보고, 자신의 입장을 정하여 다른 입장을 비판하는 한 편의 글을 써 보자.

김경동 : 우선 문명의 충돌을 부각시키기보다는 공존의 가능성을 보여준다는 사실 하나만으로도 인류에게 얼마나 큰 도움이 될까 생각해 보면, 이와 같은 책과 글이 더 많이 나와서 더 많은 사람들이 읽을 수 있어야 한다고 생각합니다. 먼저 제목에 관한 질문을 드리겠습니다. 기왕에 긍정적인 방향을 설정하셨다면 문명의 공존이라는 객관적인 서술에 그치지 않고 아예 '문명의 조화'나 '문명의 변증법적 종합'이라든가 하는 더 적극적인 구상을 지향

하면 어떨까 하는 아쉬움이 있습니다.

하랄트 뮐러 : 제가 왜 '문명의 조화' 나 '문명의 변증법적 종합' 대신 '문명의 공존' 이라는 제목을 택했을까요? 아마도 저의 조심성 때문일 겁니다. 공존이란 조화나 변증법적 종합의 전제입니다. '공존' 을 원한다면 나와는 다른 상대방, 나에게 낯선 상대방의 존재와 고유한 가치를 인정하며 헤게모니 요구를 내세우지 않아야 합니다. 이 조건이 충족되지 못하면 공존이란 불가능합니다. '문명의 조화' 가 가능한 것일까요? 저는 회의적입니다. (…) 제 생각으로는 지구화로 말미암은 이 긴밀한 접촉의 결과로 상이한 문명들 사이에는 공통된 기반, 기본적인 인권이 핵심을 이루는 공통 영역이 생겨날 것이고 또 이는 앞으로도 더욱 더 확산될 것이 분명합니다. 그리고 이 틀 안에서 각 문명들은 독자성을 보존할 것입니다. '다양성 가운데 통일성' , 나는 이것이 문명들 간의 가장 개연성 높은 상호 관계라고 생각합니다.

김경동 : 문명 충돌을 종교의 근본주의에다 초점을 맞춘 헌팅턴의 분석이 얼마나 협소한 것인가는 이미 잘 지적해주셨습니다. 그런데 앞으로 세계의 갖가지 갈등이 단순한 국가영역의 구시대적 갈등보다는 시장과 문화의 영역에서 심각할 소지가 있다는 점은 제대로 부각하지 않은 것 같습니다. (…)

하랄트 뮐러 : 《문명의 공존》에서 저는 세계를 종교적 관점에서 지역별로 나눈 헌팅턴의 분리를 어느 정도 받아들였습니다. 그것은 이 조건 아래에서도 헌팅턴의 분석과 예언이 설득력이 없으며 완전히 다른 평가에 도달함을 밝히려 했던 제 의도 때문입니다. 이 방식은 다만 논쟁을 위한 전략이었을 뿐 다른 의미는 전혀 없습니다. 모든 것을 종교 공동체 소속에 따라 나누는 헌팅턴의 문명 및 문화 개념이 비생산적이며 유치하고 또 너무 편협하다는 점은 의심의 여지가 없습니다.

— 하랄트 뮐러 · 김경동, 〈서면대담〉 중에서

⁚ 읽기자료 3

기술의 혁신은 경이로움과 불가능한 것을 현실로 만들려는 인간의 간절한 염원에서 이루어지는 것이리라. 가령 지금은 매우 일상화되어 버린 전자 우편을 처음 받았을 때의 그 신기함과 놀라움이란 말로 이루 형언하기 힘들었을 것이다. 귀중한 소식이 우체부의 손을 거치지 않고 즉각적으로 내 안방에 도착하고 나도 즉시 광속으로 답장을 보낼 수 있게 되다니. 이것은 꿈속에서나 그리던 것이 실현되는 그야말로 경이로운 것이었다. 한번 클릭하면 시간과 공간이 순간적으로 납작하게 압축되면서 뉴욕, 파리, 런던 등 세계 각지를 빛의 속도로 누비게 된다. 그리고 루브르 박물관을 방문하는 것은 물론이거니와 온갖 종류의 음악을 무료로 들을 수 있는 기회가 주어졌다. 이것은 신(新)유목민 시대와 신(新)문명의 도래를 알리는 전주곡이었다.

인간은 동물과 달리 부단히 자신만의 세계를 창조해 왔다. 대부분의 동물들은 생존을 위해 자신의 둥지와 울타리에 묶여 있는 반면, 인간은 지리적 영역을 새로운 세계와 새로운 차원으로 재창조하였다. 어느 것 하나 인간이 새롭게 발명하지 않은 것이 드물 정도이다. 가령 우리가 일용하는 쌀과 밀 등 곡식도 그 자체는 자연과 신의 선물이지만, 인간은 불과 도구를 이용하여 자연 속에 자라나는 벼를 먹을 수 있는 음식으로 만들었다. 특히 인간은 통신과 운송 수단의 발달을 근간으로 해서 새로운 세계를 창조하는 데 전력을 다하였다. 동물들은 자신의 영역을 생존의 터로만 인식하였지만, 인간은 통신과 운송 수단을 통해 물리적인 공간에 새로운 문명의 차원을 부여하였다. 통신과 운송 수단의 발달로 인해 지구는 점점 협소해졌다. 이제 한 걸음 더 나아가 디지털 테크놀로지는 인간에게 '신의 손과 발'을 부여하였고, 인간은 신처럼 세계 어느 곳에든지 동시에(ubiquitous) 존재하게 되었다.

우리는 이제 세계를 바라보는 창이자 개인용 운송 수단인 PC를 '타고' 마치 고속도로와 같은 인터넷 통신망을 따라 이곳저곳을 항해하면서 난생 처음 보는 친구들을 만나 대화방에서 토론도 하고, 온라인 게임도 즐기고, 쇼핑도 할 수 있게 되었다. 일상의 거리에서 이루어지는 일들이 그대로 온라인상에서 재현되고 있다.

피에르 레비에 따르면, 디지털 테크놀로지의 발달과 문화의 디지털화 현상은 오랫동안 진행되어온 인류의 인간화 과정(hominization)의 최근 단계이다. 인간의 조상은 수십만 년 전 연대를 확인할 수 없는 아프리카의 어느 고장에서 갑자기 두 발을 딛고 일어섰고, 네 발이 아닌 두 발로 걷게 된 인간은 '사촌' 들과 완전히 결별하여 새로운 인간 문명을 구축하기 시작하였다. 인간에의 진화 과정에서 결정적인 단계는 네안데르탈인이 아닌 호모 사피언스일 것이다. 인간은 불과 언어와 도구를 사용함으로써 다른 동물의 종들과 결별하고 호모 사피언스가 될 수 있었다. 언어와 도구를 사용하는 호모 사피언스가 탄생한 이래 인간화의 과정은 본격화되었고 인류가 잠재적으로 갖고 있던 능력이 마치 예정되었던 것처럼 구체적으로 드러나고 펼쳐지기 시작하였다. 동물에게는 자연의 환경만이 있다면, 인간은 자연을 이용하여 자신을 실현할 수 있는 인공 세계를 스스로 만들어가는 것이다. 인공 세계를 만들어가는 주요 작업은 형태(form)를 발명하고 생산하는 일이다.

인간 세계의 확장은 형태의 발명에서 비롯한다. 인간은 다른 동물에 비해 형태를 가장 많이 지각하고 만드는 존재이다. 카오스에서 비롯된 우주의 역사는 바로 형태의 역사이기도 하다. 특히 인간은 매우 다양하고 엄청난 양의 형태를 만들었으며 디지털 테크놀로지를 통해 형태의 생산은 가속화될 것이다.

피에르 레비는 이러한 인류의 도정을 가상성(virtuality)의 구현이라고 하였다. 말하자면 인간화 과정은 잠재적 · 가상적(virtual)으로 존재했던 것들이 구체적으로 하나씩 현실화되는 과정이며 디지털 사이버 문명은 인간화의 최근 단계로 해석된다.

인간화 과정을 가상성의 현재화(actualization) 과정으로 본다면, 디지털 테크놀로지와 사이버 문화에서 핵심적인 개념은 가상성의 구현과 보편화 현상일 것이다. 여기서 말하는 가상성은 실제로 존재하지 않는 비현실적인 것을 지칭하는 것이 아니다. 그것은 마치 하나의 씨앗이 미래에 성장할 나무나 익을 열매의 프로그램(모종의 소프트웨어)을 이미 가지고 있듯이, 하나의 역동적인 힘으로 존재하나 구체적으로 실현되지 않은 현실을 의미한다. 따라서 모든 인류가 잠재적으로 갖고 있는 가상성이 구현되는 것은 일종의 현재화 과정으로 볼 수 있다.

가상성은 총체적으로 살아 있음을 뜻한다. 인간이 시선을 주는 대로 세계는 여기저기서 커지게 마련이다. 디지털 테크놀로지 이전부터, 아니 인류 탄생 이후 인간 세계는 가상성을 지니고 있었던 것은 아닐까?

인류학자 테야르 드 샤르댕에 따르면, 우주와 인류의 역사는 발생 진화론(genesis)적 성격을 지니므로, 디지털 테크놀로지와 사이버 문명은 오랫동안 인간화 과정의 일부분이고 인간의 정신과 지적 능력이 한 곳으로 모여 마음껏 펼쳐지는 차원에서 해석될 수 있다. 디지털 테크놀로지는 인간이 잠재적으로 지니고 있는 역량을 한곳으로 결집시켜 서로 무한히 나누어 갖는 지적, 문화적 공동체 구성을 가능케 한다.

문명사적 관점에서, 가상성의 구현은 지역성을 넘어서는 보편화 과정과 궤를 같이한다. 이러한 보편화 과정을 결정적으로 촉진시킨 것은 문자의 발명이다. 문자는 파편화되어 흩어지는 인간의 집단 기억을 고정시켰고, 문자로 고정된 기록은 특정한 지역이나 시대를 뛰어넘었으며, 구전 문화의 유산은 글자로 고정됨으로써 폐쇄적인 시공간의 한계를 넘어 초월성을 띠게 되었다. 이런 맥락에서 볼 때, 15세기 구텐베르크의 인쇄술 발명은 문명의 탈지역화와 전 지구화를 촉진하는 데 결정적으로 공헌하였다.

사이버스페이스란, 컴퓨터들이 전 지구적으로 상호 연결됨으로써 열려진 공간이다. 이것은 종래 라디오나 TV, 신문 등의 소통 공간과는 근본적으로 다르며, 어찌 보면 이 모든 미디어를 합성해 놓은 듯하다. 가령 디지털 커뮤니케이션은 TV와 신문, 라디오의 공공적 커뮤니티 차원과 일대일 소통 방식의 전환의 상호 작용과 교환의 성격을 모두 갖고 있다. 그러므로 디지털 테크놀로지에 의해 구성되는 사이버 문화는 일단 '관계의 문화' 라고 볼 수 있다.

사이버 문화는 사이버 소통 공간 속에서의 실천, 기술, 가치, 행동 등을 구성 요소로 삼는다. 사이버 공간은 단지 소통뿐만 아니라 디지털 정보 수단을 매개로 하는 사회적 · 인지적 활동의 총체를 포함하고 있다. 그러므로 사이버 문화는 단지 컴퓨터 마니아들만의 문화가 아니라는 점에 주목할 필요가 있다. 사이버 공간이 새로운 커뮤니케이션 환경을 마련함으로써 사이버 문화는 이미 중심적인 문화로 자리 잡기 시작하였다. 인쇄술이 수세기 동안, 정보 전달, 기억, 사유의 주요한 수단이었고, 1950년대 이후 TV가 중심 역할을 담당해왔다면, 이제는 디지털 테크놀로지가 인간의 기억, 상상력, 지각, 사유 능력을 함양하는 데 결정적인 역할을 하고 있다.

가령 시뮬레이션은 사이버 공간에서의 지식 생산과 정보 전달의 중요한 기능을 담당한다는 가설을 세워볼 수 있겠다. 시뮬레이션은 단지 게임 활동에서만 필요한 것이 아니다. 모든 과학 기술 산업 영역에서 사용되고 있다. 흔한 예로, 시뮬레이션은 자동차 충격 실험, 비행 조종 훈련, 게임은 말할 것도 없고, 첨단 기술 모델링을 사용하는 모든 분야에 적용된다. 자동차, 비행기, 핵기술, 건축 디자인, 우주의 탄생과 신비, 게놈 프로젝트, 인공 지능 소프트웨어, 회계 계산용 통계 프로그램 비지켈크(Visicalc) 등에서도 시뮬레이션을 빼고는 생각할 수 없다.

우리는 시뮬레이션을 통해 매개변수(parameter)가 바뀌면 상황과 현상이 어떻게 달라지는가, 어떤 다양한 시나리오가 가능한가를 탐색해볼 수 있다. 사이버 공간에서는 주체와 객체가 분리되지 않고 직접 동시적으로 만난다. 이곳에서 이루어지는 사유는 귀납이나 연역적 사유 방식이 아닌 독특한 형태의 사유 방식, 피에르 레비에 따르면 '사유의 경험(experience of thinking)' 이다. 시뮬레이션은 순수 이론이나 경험이 아닌 상상적 유희와 관계된 그 무엇이다. 현실과 관련지어 주목할 것은, 시뮬레이션은 현실을 드러내는 데 목적이 있는 것이 아니라는 점이다. 시뮬레이션은 모종의 탐험으로, 일련의 시뮬레이션들과의 관계 속에서만 상대적인 의미를 지니는 것이다. 시뮬레이션은 마치 우리가 실제적인 상황에 처한 것처럼 느끼게 만들면서 인간의 상상력을 자극하는 데 사용된다.

정리한다면, 사이버 문화는 쌍방향 대화형 소통 방식, 데이터베이스, 시뮬레이션, 하이퍼텍스트, 프랙탈적 요소, 다수 대 다수, 가상성 등의 특성을 갖고 있다. 이제 컴퓨터 시뮬레이션은 탁월한 인지적 기능을 수행하면서, 인간 사유에 있어서 필수 불가결한 기제가 되고 있다. 이제 인간의 지적 능력은 개인적 차원을 넘어 집단적인 차원에서 꽃핀다. 인간과 테크놀로지의 결합은 새로운 패러다임을 만들어내고 있다.

시뮬레이션과 함께 가상공간에서 중요한 것은 하이퍼텍스트 개념이다. 디지털 테크놀로지를 매개로 하는 하이퍼텍스트는 단순한 의사소통을 뛰어넘어 의미 작용을 하는 인터넷 텍스트이다. 인류학적 관점에서 전 지식의 하이퍼텍스트는 인류 전체를 커다랗게 하나로 묶으려는 의지의 발현이라고 볼 수 있으며, 미디어 테크놀로지의 혁신은 그 단계마다 의지의 발현이라고 볼 수 있으며, 미디어 테크놀로지의 혁신은 그 단계마다 인류를 하나로 만들어 가는 전 지구화에 기여하였다.

하이퍼텍스트란 개념은 1945년 바네버 부시가 처음으로 사용하였으며, 아울러 매멕스(Mamex)가 만들어졌다. 이어서 시어도어 넬슨이 알렉산드리아 문고(文庫)를 염두에 두면서 재너두(Xanadu)라는 군사용 정보 통신 컴퓨터를 고안하였다. 그러나 오늘날 우리가 사용하는 개인용 PC와 유사한 컴퓨터는 1970년대 중반 캘리포니아 스탠포드 대학 주변 지역에서, 1975년 빌 게이츠와 폴 앨런의 '베이직' 처럼, 반문화적 성향을 지닌 젊은 사람들에 의해 개발되었음은 주지의 사실이다. 말하자면 컴퓨터와 인터넷이 결합된 사이버 문화는 기성 문화에 대항하는 저항 문화의 소산이라고 볼 수 있다. 때문에 하이퍼텍스트는 기존의 미디어와 다른 특성을 지니게 된다.

하이퍼텍스트의 특징은 이질성, 변형, 층위의 다양성, 외재성, 위상, 탈중심 등이다(페에르 레비, 《지능의 테크놀로지》). 특히 하이퍼텍스트의 중심 개념은 인간과 기계의 인터페이스이다. 인터페이스란 일상적 세계와 디지털화된 정보 세계 사이의 상호 작용을 가능케 하는 모든 물적 기제(機制)를 뜻한다. 인간은 손과 마우스, 그리고 특수한 디지털 기제를 사용하여 정보를 포착하고 그것을 디지털화하고 인터페이스를 통해 시각적인 존재에서 다감각적인 존재(소리, 촉감, 시각 등)로 탈바꿈한다.

하이퍼텍스트 공간에서 독자는 수동적인 태도를 벗어나, 읽을 바를 선택하고 선별한 바를 조직하고 관계 짓는(link) 적극적인 태도를 취할 수 있다. 자료를 필터링하고 거기에 새로운 형태를 부여하고 위계화 시키는 작업은 고스란히 독자의 몫으로 남게 된다. 물론 여기서 중요한 점은 인쇄매체 시대의 작업과 달리 자료의 선별과 새로운 구성은 맥락적인 성격을 지닌다. 즉 정보나 지식은 '지금 이 순간' 어떤 개인이나 어떤 집단이 필요로 하는 바에 부응해야 한다. 유체와 같은 사이버 공간에서 맥락과 연결되지 않는 지식이란 죽은 지식과 다름없기 때문이다. 결국 독자는 타인과 함께 쓰고 읽고 편집하는 행위를 동시에 행함으로써 독자적인 의미의 세계를 구축하게 된다.

월드 와이드 웹은 점차적으로 인류가 잉태한 모든 텍스트들을 하나의 텍스트로 통합한다. 전자 신경망 위에서 인류의 모든 가상들이 구체적으로 구현되면서 의미의 거대한 피륙이 눈앞에 펼쳐지고 있다. 그런 의미에서 사이버 문화는 인류를 하나로 통합하는 지적 공동체를 구성한다고 볼 수 있다.

특히 디지털 혁명은 기존의 지식의 생산 · 유통 · 소비 패러다임을 근본적으로 바꾸어 놓을 전망이다. 지금의 인터넷 진화 단계에서 볼 때, 아날로그 미디어들이 디지털의 겉옷만을 입고 있는 형국이나 앞으로는 쌍방향 멀티미디어 방식의 지식 생산과 유통이 일반화되면서 보다 복합적인 지식 생산과 정보 유통 기제로 변신하게 될 것이다. 즉 기존의 지식이나 정보를 0과 1의 디지털 숫자로 환원시키는 것만으로는 문명사적 전환이 일어나지 않기 때문이다. 예컨대 아날로그 신문을 인터넷 공간에 그대로 옮겨놓는다고 해서, 그것이 디지털적 사고의 전환을 의미하지는 않는다. 지금까지 지식 생산의 독점적 지위를 누려왔던 문자 중심의 지식 생산 체계는 문자, 소리, 이미지가 복합적으로 어우러지는 멀티미디어 지식 생산 구조로 이행할 것이고, 특히 하이퍼텍스트를 담고 있는 사이버 문화 공간은 단순한 문자 텍스트가 아니라 이미지나 음향이 결합된 새로운 지식 구성의 공간으로 부각될 것이다. 그리고 인터넷의 쌍방향적 성격으로 인해, 단순히 일방적으로 지식을 전수하던 전달 방식에서 수용자 중심으로 그 패러다임이 바뀌어갈 것이다. 위계적인 중심으로부터 발원하는 모든 정보나 지식이 수평적 · 탈중심적 · 비위계적 구조로 변환되는 것은 불가피한 현상이다.

대화형 쌍방향적 · 탈중심적 사유에서 나오는 모든 지식과 아이디어는 수요자의 요구에 따라 기본적으로 현실화될 수 있는 잠재력과 가상성을 지니게 된다. 수요자는 구매라는 수동적인 입장에만 머무르는 것이 아니라 사이버 공간을 구축하면서 창의적 생산 활동에 참여하는 역할을 동시에 갖게 된다. 이 경우 사이버 문화를 견인하는 힘은 자본주의 시장 경제의 논리에서 발원한다. 과거의 경우처럼, 지식과 경제가 분리된 영역이 아니라, 자본주의 경제 체제에서 아이디어와 지식은 하나로 통합되어 엄청난 경제적 시너지 효과를 낳을 것이다.

이 대목에서 주목할 것은 지식이나 아이디어가 경제의 영역과 완전히 독립되어 따로 존재하지 않는다는 점이다. 이제 지식과 경제는 서로 분리된 개념들이 아니라 긴밀하게 연결되어 시너지 효과를 창출하는 개념들이다. 따라서 전 세계 인구의 상당 부분이 인터넷을 이용하고 사이버 공간에 접근 가능할 21세기 초반에는 지식이 경제를 견인하고 경제가 지식 생산에 앞장설 전망이다. 이제 사이버 공간은 아날로그 언론의 단순한 정보 제공의 통로를 넘어서 지식을 창출하고 유통하는 거대한 학습장으로 탈바꿈하고 있다. 인류가 지금까지 비축한 지식들이 모두 사이버 공간으로 유입됨으로써 사이버 공간은 거대한 하이퍼텍스트로 재구성될 것이다.

정부의 정보화 드라이브 정책과 IT산업의 외형적인 성장에 비례하여 지식 콘텐츠 구축과 사이버 원격 교육의 내실화가 이루어지는 것은 아니다. 그러나 선진국 교육 현장 곳곳에서 디지털 기술을 이용한 원격 학습이 보급되는 등 엄청난 변화가 나타나고 있음을 주시할 필요가 있다. 전자상거래의 일반화에 따라, 거리가 소멸하고 작은 상점들이 사라지는 등 디지털 경제의 가장 큰 피해자가 중간 매개자들임은 주지의 사실이다. 교육의 디지털화에도 바로 이런 현상이 벌어질 것이다. 예컨대 양질의 지식 콘텐츠와 멀티미디어 기제를 동원하는 세계적으로 저명한 교수들이 사이버 대학을 통해 저렴한 수업료로 자신들의 강의를 네티즌 학습자들에 제공할 경우 지금까지 열악한 교육 서비스를 제공하던 대학들은 재정적으로 위기에 봉착할 가능성이 높다. 때문에 국가 경쟁력 확보 면에서 유리한 사이버 원격 교육은 생각보다 빠른 속도로 일반화될 수 있을 것이다.

앞서 보았듯이 디지털 테크놀로지가 추동하는 미래의 사회에는 창의적인 지식 획득의 문제가 정치 · 경제 · 사회 · 교육 · 문화 전반과 밀접하게 관련될 것이다. 특히 월드 와이드 웹은 인류의 지적 자산을 모두 흡수하여 하나의 거대한 하이퍼텍스트 도서관을 구성할 것이고, 이렇게 구축되는 전자 신경망 도서관은 인류가 존속하는 한 (무한 복제 가능성으로 인해) 불에 타 멸실될 우려가 없는 지식의 보고이자 경제 활동의 장이 될 것이다.

오랫동안 서로의 연결(interconnection)을 동경해온 인류는 인터넷을 통해 인종과 계급, 그리고 문화의 차이를 넘어서, 그리고 시공간의 압축을 통해 전 지구적으로 통합되고 있다. 월드 와이드 웹이 구성하는 하이퍼텍스트는 18세기 유럽 계몽주의자들의 이상인 코즈머폴리턴 시민정신의 구현이며 그들이 꿈꾸었던 백과사전적 지식 공동체의 디지털적 실현이다.

미래에는 지리적인 국경의 소멸로 근대 국가의 개념은 점점 더 희박해질 것이고 국가의 권력은 상징적으로만 존재할 가능성이 크다. 그러므로 국가나 정부에 대한 새로운 개념 정의가 요구되며, 국가는 미래 사회에 있어서 새로운 역할을 담당해야 할 것이다. 미래 사회의 핵심 과제로 떠오를 사이버 지식 공동체의 구성과 관련하여 '국가'가 해야 할 일을 거칠게나마 살펴본다면 다음과 같다.

첫째, 디지털 테크놀로지의 발달과 풍요로운 사이버 문화의 창출을 위해 보다 민주적이고 자유로운 분위기를 조성하는 일이다. 자유롭고 민주적인 분위기야말로 양질의 지식과 학문 생산에 필수적인 요건이기 때문이다. 폭압적이고 비민주적 사회 분위기는 창의적 상상력을 억제함으로써 미래 지향적인 사이버 문화 구축을 저해하는 요소로 작용할 것이다.

둘째, 창의적인 아이디어나 지식을 생산하는 사람들에게 충분히 물질적으로 보상하는 사회 풍토를 조성해야 할 것이다. 저작권 보호와 같은 조치는 디지털 발명자들의 창의적인 노고를 보호하는 데 중요한 장치이다.

셋째, 디지털 경제에 기초하는 미래 사회에는 각 개인이 자신의 전자 오두막(electronic cottage)에서 하나의 기업을 경영하는 시대가 도래 할 전망이므로, 국가는 각 개인이 자유롭게 창업할 수 있도록 최대한 제도적인 뒷받침을 해야 할 것이다. 따라서 디지털 경제에 부정적으로 작용할 지나친 세금 부과를 피하고 무거운 행정 규제를 과감하게 풀어야 할 것이다. 이는 외국의 우수한 두뇌와 기업을 유치하는 데 중요한 요소이기도 하다.

넷째, 무엇보다 중요한 것은 새로운 지식과 아이디어를 자극하는 데 필수 조건인 자유로운 정보 교환과 소통의 장이 보장되어야 할 것이다. 이것은 법질서를 존중하고 수준 높은 교육을 받은 사람들이 서로 믿고 협력할 수 있는 지적 · 문화적 인프라를 구축하는 데 기여할 것이다. 결국 국가 경쟁력을 가늠케 할 사이버 문화 공동체 구성의 성패는 양질의 지식을 얼마나 확보할 수 있는가에 달려 있다. 따라서 미래의 국가 경쟁력의 확보는 좋은 기종 컴퓨터의 보급이나 고속 통신망의 구축과 아울러 그 안에 담게 될 콘텐츠의 수준에 의해 결정된다고 볼 수 있다. 이와 같은 이유로 국가는 양질의 지식 문화 콘텐츠를 개발하는 데 투자를 아끼지 말아야 할 것이다. 컴퓨터 보급률이 자동적으로 수준 높은 디지털 지식 공동체 구성을 의미하지 않기 때문이다.

결론적으로 말해, 지식의 보편화를 획기적으로 진작시킨 구텐베르크 은하계(Gutenberg-Galaxy)의 끝자락에 서 있는 인류는 이제 디지털이란 전대미문의 새로운 기술 형식으로 거대한 지적 공동체 구축의 사명을 떠맡게 되었다. 테크놀로지란 문화적 · 상징적 · 존재론적 · 가치론적 성격을 지닌다. 지금까지의 관념과는 달리 지식과 문화 영역이 테크놀로지와 경제, 비즈니스 영역에 급속히 편입되고 있으므로, 지식 공동체의 구축이 바로 경쟁력과 직결된다는 점은 강조되어야 한다. 국가는 지식이 바로 경제력이요, 경제력이 지식 창출의 다이내믹스란 점을 직시하고, 단순하고 단편적인 정보가 아닌 창의적인 지적 능력과 지식의 함양을 위해 모든 방법을 강구해야 할 것이다. 그러나 디지털 시대의 개인과 사회, 그리고 국가의 경쟁력은 잔인한 무한 경쟁에 의해 획득되는 것이 아니라 타인을 배려할 줄 아는 사랑의 인간에 의해 진작된다는 점을 인식할 필요가 있다. 따라서 지식 공동체의 구축은 단순한 기술적 인프라뿐만 아니라 풍부한 학문적 · 문화적 인프라와 건강한 도덕적 가치들에 의해 만들어진다는 점은 아무리 강조해도 지나치지 않다.

— 김동윤, 〈디지털 테크놀로지와 새로운 사이버 공동체〉

:: 도움말

이 글은 피에르 레비의 《사이버 문화 — 뉴 테크놀로지와 문화협력 그리고 커뮤니케이션》을 번역한 후 책의 이해를 돕기 위해, 옮긴이가 쓴 서문이다. 피에르 레비의 책은 디지털 정보 통신 기술의 발달이 어떠한 문화적 의미를 지니는가를 살피기 위해 씌어졌다. 피에르 레비는 책에서, 인간이 뉴 테크놀로지의 발달을 바라보면서 갖는 태도와 정보 통신 분야의 가상 현실화 작업과 그로 인한 전반적인 문명의 변천 과정을 집중적으로 조명하고자 한다.

일반적으로 전자 통신망이라고 불리는 사이버스페이스란 컴퓨터를 통해 세계적으로 긴밀하게 연결됨으로써 형성되는 커뮤니케이션의 새로운 공간을 말한다. 이 용어는 디지털 커뮤니케이션의 물적 인프라를 지칭할 뿐만 아니라, 정보의 바다 그리고 그 공간에 자료를 공급하고 항해하는 인간들까지 포함하는 개념이다.

디지털 혁명이 국가를 넘어 세계를 하나로 묶게 되는 계기로 작용할 것은 분명해 보인다. 디지털 혁명이 야기한 전면적 변화가 우리의 사회를 어떻게 변화시킬지에 대한 성찰은 사회과학도로서 중요한 테마이다. 사이버 문화가 인류를 여러 문명과 국가들을 넘어 하나로 통합하는 지적 공동체로 긍정적인 자리매김을 할 수 있을지, 세계와의 소통이라는 점에서 그 중요성이 점점 강조되고 있다.

:: 토론과제

① 윗글에서 글쓴이는 "오랫동안 서로의 연결을 동경해온 인류는, 인터넷을 통해 인종과 계급, 그리고 문화의 차이를 넘어서, 그리고 시공간의 압축을 통해 전 지구적으로 통합되고 있다. 월드 와이드 웹이 구성하는 하이퍼텍스트는 18세기 유럽 계몽주의자들의 이상인 코즈머폴리탄 시민정신의 구현이며 그들이 꿈꾸었던 지식 공동체의 디지털적 실현이다"라는 결론을 내리고 있다.
이 결론은 디지털 문화가 세계화에 기여하는 문제를 낙관적이고 긍정적으로 보는 시각을 드러내고 있다. "과연 디지털 문화가 우리의 새로운 문화에 긍정적으로만 기여하는 것일까?" 토론해 보자.

:: 쓰기과제

① 피에르 레비는 사이버 공간의 방향을 결정하는 3가지 원칙으로 '상호 연결', '가상 공동체의 창조', '공동의 지적 자산(Collection Intelligence)'을 들고 있다. 특히 사이버 공간 속에서 나타나는 이 현상을 자율성과 타자성의 비전과 연결시키고 있다. 사이버 공간은 지구상에 존재했던 어떤 사회 공동체보다도 빠

르게 그들의 시민수를 늘려가고 있는 것은 사실이다. "과연 사이버 공간이 타자와의 개방에 긍정적인 기여를 하고 있는지"에 관하여 자신의 생각을 논리적으로 풀어 써 보자.

사이버 공간을 움직이며 점점 더 커져가는 사회 문화 운동이 특별한 어떤 내용을 중심으로 향하는 것이 아니고, 비매체적이고 상호작용적이며, 공동체적이고 횡적이며 뿌리줄기적인 의사소통 형태를 지향하고 있다. 일반화된 상호 연결, 가상 공동체들에 대한 욕구, 공동의 지적 자산의 고양 그 어떤 것도 고전적인 정치적 문화적인 프로그램을 구성하지 않는다. 그렇지만 세 가지 모두 자율과 타자로의 개방이라는 두 가지 기본적인 축에 의해 은밀하게 추동된다.

— 피에르 레비, 《사이버 문화 — 뉴 테크놀로지와 문화협력 그리고 커뮤니케이션》, 186쪽.

---

② 디지털 시대에 문자적 글쓰기의 몰락을 예견하는 시각이 존재한다. 아래의 글을 참고하여, 디지털 시대에 문자적 글쓰기가 존재할 수 있을지, 만약 존재할 수 있다면 어떠한 방식일지에 관하여 한 편의 글을 써 보자.

문자로 글을 쓰는 문예창작가는 그의 창작물을 독자에게 맞춰 놓는다. 그는 자신의 체험모델을 일단은 그 글을 읽을 사람들을 위해 구축하고 있다. 그리고 문예창작가들은 특히 무엇보다도 비평가들을 의식하고 글을 쓰고 있는 것이 현실이다. 그러나 새로운 문예창작가들은 비평가와 같은 수용자들에게로 향하지 않는다. 그가 구축하는 모델은 변화되고 발신되고 수용되어지길 원한다. 그는 자기 앞 세대의 문예창작가들로부터 수용한 어떤 순열게임에 참여하고 있고, 그것을 다시 미래의 문예창작가에게 계속 제공할 것이다.

따라서 전통적인 의미에서의 비평이라는 것은 미래에는 더 이상 언급될 수 없을 것이다. 만약 우리가 문자적 글쓰기의 종말에 대해 언급한다면, 우리가 두려워하고 있는 것은 '비평적인 읽기의 몰락' 이다. 미래에는 모든 메시지들 특히 지각과 체험 모델들이 무비판적으로 수용될 것이다. 정보혁명이 인간을 메시지들에 대한 무비판적으로 수용하는 수용자들 즉 로봇으로 변화시킬지도 모른다는 점을 우리는 두려워하고 있다.

— 빌렘 플루서, 《디지털 시대의 글쓰기》 중에서

더 읽을거리

- 피터 싱어.《세계화의 윤리》. 김희정 역. 아카넷, 2003.
- 세계화 국제포름.《더 나은 세계는 가능하다》. 이주명 역. 필백, 2003.
- 빌렘 플루서.《디지털 시대의 글쓰기》. 윤종석 옮김. 문예출판사, 2002.
- 조지프 스티글리츠.《세계화와 그 불만》. 송철복 역. 세종연구원, 2002.
- 임혁백.《세계화 시대의 민주주의》. 나남출판사, 2000.
- 하랄트 뮐러.《문명의 공존》. 이영희 역. 푸른숲, 2000.
- 피에르 레비.《사이버 문화 — 뉴 테크놀로지와 문화협력 그리고 커뮤니케이션》. 김동윤 · 조준형 역. 문예출판사, 2000.
- 새뮤얼 헌팅턴.《문명의 충돌》. 이희재 역. 김영사, 1997.

5장 미래 사회로 나아가기

현대 사회는 과학의 발달로 인해 빠르게 변화하고 있다. 이렇게 빠른 변화는 사회 시스템의 문제는 물론 개인의 심리에도 영향을 준다. 변화에 관해 사람들은 크게 두 가지 반응을 보인다. 어떤 사람들은 변화를 갈망하고 변화의 물결에 몸을 싣는 반면, 어떤 사람들은 기존의 것을 고수하고 도피하고자 한다. 그러나 현대 사회에서 급속한 변화는 피할 수 없는 현상이다. 더구나 앞으로 펼쳐질 미래는 지금까지와는 질적으로 다른, 총체적이고 전 지구적인 변화를 수반할 것이다.

미래에 대한 예측에는 많은 위험 요소가 따른다. 미래에 관해 전문가들은 크게 낙관적인 전망과 비관적인 전망을 내놓고 있다. 낙관적인 전망을 내놓고 있는 그룹은 주로 과학자들이다. 이들은 사람들의 삶을 풍요롭게 하는 과학의 발전에 초점을 맞추고 있다. 과학자들은 줄기세포 연구, 복제, 인간 유전자 서열 분석, 인공지능, 우주 생물학, 양자 컴퓨터 같은 첨단 과학을 연구하고 있다. 이에 반해 비관적인 전망을 내놓고 있는 그룹은 주로 생태학자들이다. 이들은 에너지 위기로 인한 전쟁, 지구 온난화로 인한 상태계 파괴 등을 들어 기계론적 세계관의 한계를 지적하고 위험을 경고하며 인간의 자각을 촉구하고 있다.

다가올 미래가 장밋빛 희망의 시대가 될지, 잿빛 암흑의 시대가 될지 그 누구도 단언할 수 없는 상황이다. 미래의 사회를 살아갈 우리에게 21세기에 대한 사유는 중요한 작업이다. 미래를 탐색하는 우리는 기대와 두려움을 동시에 느끼게 될 것이다. 우리 함께 미지의 세계인 미래 사회를 탐색해 보자.

:: 읽기자료 1

우리가 여행한 거리나 도달한 고도, 채굴한 광물, 동력화한 폭발력을 살펴보더라도 똑같은 가속화 추세가 드러난다. 이 통계자료와 그 밖의 수천 가지 통계자료에 나타난 패턴은 매우 명백하여 이론의 여지가 없다.

이러한 현상이 나타나게 된 이유는 기술이 스스로 발전하는 데 있다. 기술혁신의 과정을 잠시 살펴보면 알 수 있지만 기술은 보다 나은 기술을 가능케 해준다. 기술혁신은 자기보완적인 사이클을 이루는 3개의 단계로 이루어진다. 첫째는 창조적이며 실행 가능한 아이디어의 창출이며, 둘째는 그 아이디어의 실천적인 응용이며, 셋째는 사회 전반에 걸친 아이디어의 보급이다. 새 아이디어를 구현하는 기술이 보급되어 그것이 다시 새로운 창조적인 아이디어를 창출하게 될 때 이 사이클의 고리가 완결된다. 오늘날 이 사이클의 각 단계간의 시간은 점점 빨라지고 있다.

따라서 지금까지 활동했던 과학자들의 90%가 살아 있고 또한 매일처럼 새로운 과학적 발명이 이루어지고 있다는 것은 분명한 사실이다. 이 새로운 아이디어들은 과거 어느 때보다도 훨씬 신속하게 실용화되고 있다. 당초의 발상에서 실용화에 이르는 시간이 크게 단축되었다. 바로 이것이 우리들과 우리 조상들 간의 큰 차이점이다. 페르가(Perga)의 아폴로니우스(Appollonius)가 원추곡선을 발견했지만 이것이 기계공학 문제에 적용된 것은 그로부터 2,000년이 지난 후였다. 파라셀수스(Paracelsus)가 에테르를 마취제로 사용할 수 있음을 발견한 후 이것을 실제로 활용하기까지에는 문자 그대로 여러 세기의 시간이 흘렀다.

비교적 최근에도 이 같은 형태의 지연이 나타났다. 1836년에 밀을 베고 탈곡하여 짚단을 묶고 낟알을 자루에 담을 수 있는 기계가 발명되었다. 이 기계는 이미 20년 전에 개발된 기술에 기초한 것이었다. 그런데도 이 콤바인 기계가 실제로 출하된 것은 그로부터 1세기가 지난 1930년대였다. 영국 최초의 타자기 특허는 1714년에 발급되었다. 그러나 타자기가 상용화되기까지는 1세기 반이 걸렸다. 아페르(Nicholas Appert)가 식품의 통조림 방법을 발견한 후 통조림 제조가 중요한 식품산업으로 등장하기까지는 1세기가 소요되었다.

오늘날에는 아이디어와 응용 간의 이 같은 지연현상은 상상할 수도 없다. 그것은 우리들이 우리 조상들보다 더 열심이거나 덜 게으르기 때문이 아니라 시간이 경과함에 따라 이 과정을 촉진시킬 온갖 종류의 사회적 장치를 발명해 놓았기 때문이다. 이처럼 우리는 기술혁신 사이클의 제1단계와 제2단계 — 아이디어와 응용 — 간의 시간이 크게 단축되었음을 알 수 있다. 예컨대 린(Frank Lynn)은 냉동식품 · 항생제 · 집적회로 · 합성피혁 등 20가지 주요 기술혁신 사례들을 연구한 끝에 중요한 과학적 발견이 실용성 있는 기술적 형태로 만들어지는 데 필요한 평균시간이 금세기 초 이래 60%이상이나 줄어들었음을 밝혀냈다. 오늘날에는 거대하게 성장한 연구개발 산업이 이 같은 지연현상을 더 한층 줄이기 위해 작업을 진행하고 있다.

그러나 새로운 아이디어를 시장에 내놓는 시간이 단축되면 그것을 사회 전반에 보급하는 시간도 단축되기 마련이다. 따라서 사이클의 제2단계와 제3단계 — 응용과 보급 — 간의 시간 간격도 마찬가지로 좁아지고 보급의 속도도 놀라울 정도로 빨라진다. 이 점은 낯익은 몇몇 가전제품의 역사에 의해서도 입증된다. 스탠퍼드 연구소(Stanford Research Institute)의 영(Robert B. Young)은 새로운 가전제품들의 최초의 상업적 등장에서부터 이 품목을 생산하는 제조업의 생산량이 절정에 도달하기까지의 기간을 연구한 바 있다.

영이 밝혀낸 바로는 1920년 이전에 미국에 소개된 일단의 가전제품들 — 진공청소기 · 전자레인지 · 냉장고 등 — 의 경우 제품 소개에서 생산 절정에 이르는 평균 기간은 34년이었다. 그러나 1939년에서부터 1959년까지의 기간 중에 소개된 제품들 — 전기 프라이팬 · TV · 세탁건조기 등 — 의 경우는 그 기간이 8년에 불과했다. 그 기간이 76% 이상 단축된 것이다. 영은 "전후의 제품들은 현대적 사이클의 급속한 가속화의 특징을 생생하게 보여주었다"고 단언했다. 발명, 이용 및 보급 속도의 증가는 나아가서 전체 사이클의 속도를 더 한층 가속화한다. 새로운 기계나 기법은 단순한 제품일 뿐 아니라 새로운 창조적 아이디어의 원천이기도 하기 때문이다.

우리는 새로운 기계나 기법들을 여러 가지 조합으로 결합시킬 수 있기 때문에 어떤 의미에서는 개개의 기계나 기법은 기존의 모든 기계와 기법을 변화시키게 된다. 새로운 기계나 기법의 수는 산술급수적으로 늘지만 가능한 조합의 수는 지수급수적으로 증가한다. 실제로 개개의 새로운 조합은 그 자체가 하나의 새로운 초기계(super-machine)라고 할 수 있다.

예컨대 컴퓨터는 복잡한 우주개발 노력을 가능케 해주었다. 컴퓨터는 감각장치 · 통신장비 · 동력원 등과 결합함으로써 하나의 복합체의 부품이면서 총체적으로 하나의 새로운 초기계, 즉 외계에 도달해서 탐색하는 기계를 형성하게 된다. 새로운 방법으로 결합된 기계나 기법이 없다면 기존의 기계나 기법들을 개조 · 개량하는 변경을 가해야만 한다. 이렇게 하여 여러 가지 기계들을 초기계로 통합하려는 노력이 진일보된 기술혁신을 이룩하도록 만든다.

물론 기술혁신이란 단순히 기계와 기법을 결합하거나 재결합하는 것만은 아니라는 점이다. 중요한 새 기계들은 다른 기계들의 변화를 암시하거나 강요하는 데 그치지 않고 사회적 · 철학적 문제들과 심지어 개인적인 문제들에까지 새로운 해결책을 암시해 준다. 그것들은 인간의 총체적인 지적 환경, 인간의 사고방식과 세계관도 변화시킨다.

우리 모두는 항상 본받을 만한 모델을 살펴보면서 환경으로부터 여러 가지를 배우고 있다. 사람들만이 이러한 모델이 되는 것은 아니라 기계가 이러한 모델이 되기도 한다. 이들의 존재에 의해 우리는 부지불식간에 특정한 노선에 따라 사고하게 된다. 예컨대 이미 알려진 바와 같이 시계가 출현한 것을 세계를 커다란 시계와 같은 메커니즘으로 보는 뉴턴의 세계관이 나타나기 전이었다. 이 철학적 개념은 인간의 지적 발달에 매우 큰 영향을 미쳤다. 우주를 커다란 시계로 보는 이 세계관 속에는 인과관계에 관한 관념과 또한 내면적 자극이 아닌 외부적 자극을 중요시하는 관념이 함축되어 있다. 이러한 관념은 오늘날에도 우리 모두의 일상적 행동을 형성하고 있다. 시계는 또한 우리의 시간 개념에도 영향을 미치기 때문에 지금 하루가 각각 60분씩의 똑같은 24개 부분으로 나뉘어져 있다는 생각이 사실상 우리 생활의 일부가 되어 있다.

최근에는 컴퓨터가 인간을 보다 큰 체제 내에서 상호 작용하는 부분으로 보는 새로운 관념들, 그리고 인간의 생리학 · 학습방법 · 기억방법 · 결정방법 등에 관한 새로운 관념들을 제시해 주고 있다. 정치학에서 가정심리학에 이르는 사실상 모든 학문 분야가 컴퓨터의 발명과 보급에 의해 촉발된 여러 가지 상상력 넘치는 가설들에 의해 영향을 받고 있다. 이 영향은 아직도 더 계속될 것이다. 이렇게 해서 기술혁신 사이클은 스스로의 힘에 의해 가속화된다.

그러나 기술을 하나의 커다란 엔진, 강력한 가속장치라고 본다면 지식이야말로 그 연료라고 보아야 할 것이다. 여기서 우리는 사회의 가속화 과정의 핵심적 문제에 도달하게 된다. 오늘날 이 엔진은 매일매일 더욱 더 풍부한 연료를 공급받고 있기 때문이다.

— 앨빈 토플러, 《미래 쇼크》 중에서

:: 도움말

변화란 미래가 우리 생활에 침투하는 과정이다. 이것은 단지 역사라고 하는 커다란 시각에서뿐만이 아니라 일상을 경험하고 숨 쉬는 개개인의 시각에서도 그렇다. 우리 시대의 변화는 점점 가속화되고 있다. 이 '가속적 추진력'은 사회적인 변화를 살필 때에도 중요하지만 개인적인 변화를 살필 때에도 중요한 의미를 갖는다. 앨빈 토플러는 가속화된 변화를 설명하기 위하여 '미래쇼크'라는 용어를 만들어 낸다. 미래쇼크는 미래가 앞당겨 도래함으로써 일어나는 혼돈을 일컫는 말이다. 그는 우리가 개인적, 사회적 변화를 깊이 이해하게 되면 미래 사회에 좀 더 효과적으로 대응할 수 있다고 말한다. 토플러의 분석은 변화의 물결을 기꺼이 타고 움직이려는 사람들만이 아니라, 변화에 저항하거나 변화로부터 벗어나고자 하는 사람들에게도 의미가 있다.

:: 토론과제

1 앨빈 토플러는 점점 가속화되는 변화의 속도감을 표현하기 위해 '미래쇼크'라는 용어를 사용하고 있다. 우리의 생활 가운데에서 스스로가 변화의 속도에 현기증을 느껴본 경험이 있는지에 관하여 구체적인 예를 들어 이야기해 보자.

:: 쓰기과제

1 앨빈 토플러는 영속성의 종말을 예견하며 미래의 특징으로 일시성을 들고 있다. 우리 생활에서 쓰이는 상품 가운데 하나(예 : 운송기관, 가전제품, 통신기구 등)를 예로 들어 변화의 가속화를 통계 자료를 제시하여 발표해 보자. 그리고 10년 후 시장에서 판매할 상품을 하나 선택한 후 그 상품에 요구되는 것은 무엇인지 예측하고 마케팅 전략을 짜 보자.

2 최근 들어 기업 간의 거래 형태 및 기업과 소비자 사이의 유통과정에 급격한 변화가 일어나고 있다. 이것은 기업 간의 치열한 시장 경쟁을 낳는 반면, 소비자에게는 다양한 상품을 선택할 수 있는 시장 환경을 가져다주었다. 소비자들은 이제 어떤 특정한 제품에 대한 선택 기준을 브랜드에 두고 그것으로 제품의 보증을 얻으려 한다. 따라서 브랜드 가치를 관리하고 브랜드 파워를 강화하는 길만이 기업이 생존할 수 있는 전략이다. 즉 수많은 경쟁사의 제품 속에서 살아남기 위하여 어떻게 전략을 수립하고 실행하는가 하는 '브랜드 경영'이 핵심 경영 전략으로 부상하게 된 것이다.
몇 개의 그룹으로 나누어 각각 특정한 제품을 선택한 후(예 : 아파트, 자동차, 커피, MP3, 맥주 등) 각 기업들의 '브랜드 경영' 방식을 소개한 후 비판해 보자.

:: 읽기자료 2

현시점에서 미래를 내다보는 일은 1600년에 현시점을 내다보는 것만큼이나 어렵다. 당시 서양의 봉건 체제는 거의 붕괴된 상태였다. 남은 것은 군주제뿐이었다. 신성로마제국의 통치 질서는 민족국가와 개신교 종파라는 이중의 충격 앞에 해체되고 있었고, 그 뒤 수십 년 동안 계속된 30년 전쟁은 유럽을 새로운 암흑시대로 몰아넣게 된다. 그 혼란기에 셰익스피어는 인간 본성의 놀라운 복잡성과 다양성에 찬사를 보내는 희곡을 쓰고 있었다. 그가 그린 인물들은 세계를 회전시키는 사랑과 천체의 음악을 통해 천상의 조화를 경험한 르네상스의 마술사가 묘사한 세계로부터 튀어나온 듯 했다. 갈릴레오는 경사면 위로 원통을 굴리는 한편으로 목성과 달의 엉뚱한 움직임을 이해하려 애쓰고 있었다. 곧 교회는 지구가 단순히 수학적 관점에서 볼 때 실제로 태양 주위를 돌고 있다고 말한 코페르니쿠스를 지지하는 주장을 했다고 갈릴레오에게 징벌을 가했다. 갈릴레오는 마지못해 자신의 주장을 철회하게 된다.

프랜시스 베이컨은 갈릴레오의 자연 이해 방식을 격찬했지만, 그 과학적 지식 접근법은 세상에 알려지지 않았다. 존재의 위계질서를 말하는 교회의 가르침은 셰익스피어에서 발견되는 마술적인 세계관과 더불어, 우주에서 사물들의 질서와 인간의 위치를 이해하는 주된 방식으로 군림하고 있었다. 1600년에 그늘 속에 살던 사람들이 그로부터 50년 내에 우리에게 근대성이라고 알려지게 된 새로운 문화 흐름의 토대가 마련되리라는 것을 예측이나 할 수 있었을까? 갈릴레오의 관찰과 측정법과 수학적 관계는, 다른 지식 체계들이 무너져 내리고 모든 확실성을 상실한 문화 속에서, 유일하게 신뢰할 수 있는 자연 지식을 제공했다. 곧 뉴턴은 사랑이 아니라 중력이 세계를 회전시키는 힘임을 보여주는 행성 운동이론을 통해, 의심하는 모든 자들에게 과학이 이해의 길임을 확신시키게 된다.

우리는 지금 또 한 번의 문화적 종착점에 와 있다. 17세기에서 근대로의 전환이 예기치 않게 일어났듯이, 우리가 또 다른 문화적 신기원 속으로 들어가고 있는 지금, 50년 뒤의 미래에 놓여 있는 것이 무엇이라고 제시한다는 것은 무의미해 보인다. 그러나 설령 예측할 수는 없다 할지라도, 그 예기치 않음에 대비하여 적절한 전환을 도모할 방법은 있다. 나는 현재를 점검하고 그 중에서도 특히 어둠 속에 있으며 이제 막 빛 속으로 나오기 시작한 측면들을 가능한 한 철저히 체험할 수 있도록, 다음 50년에서 다른 곳으로 초점을 돌리자고 주장하련다. 그러면 설령 우리가 어디로 가고 있는지 모른다고 해도, 창조적으로 출현하는 미래로 신중하게 나아가는 것이 가능해질지 모른다.

오늘날 가장 눈이 띄는 것은 이른바 지구촌 문화를 만들어내는 과학과 기술 그리고 기업의 강력한 동맹이다. 이 지구촌 문화는 예측, 통제, 혁신, 관리, 팽창을 기반으로 한 주요 원칙들을 지니고 있다. 이런 원칙들의 바탕이 된 것은 합리성과 힘이며, 프랜시스 베이컨은 그것들이 자연을 이해하는 길이라고 주장하면서 인류를 속박에서 해방시키기 위해 그 지식을 이용하자고 외쳤다. 이 전략은 놀랍도록 제대로 들어맞았다. 우리는 실제로 과학 지식의 적용과 자본주의를 추진하는 팽창 엔진을 통해 부와 상품을 생산함으로써 모든 인류를 가난과 굶주림에서 해방시킬 수단을 갖게 되었다.

그러나 만사가 예측한 대로 잘 이루어진 것만은 아니다. 세상에는 아직도 가난과 굶주림 속에 사는 사람들이 많을 뿐더러 오히려 점점 늘어나는 추세이다. 농지와 천연자원은 점점 더 급속히 파괴되고 있다. 토양과 바다와 대기 오염은 지구의 모든 생물에 영향을 미치고 있다. 대기는 화석 연료 연소에 따른 지구온난화로 점점 더 요동치고 있다. 종(種)은 페름기와 백악기 말의 대멸종 이후에 전례 없이 빠른 속도로 사라지고 있다. 민족 국가가 자국민을 보호할 수 있는 능력은 상품과 용역의 장벽 없는 세계무역을 강요하는 국제기구들의 등장으로 약해지고 있다. 경이로울 정도로 팽창한 우리의 정보기술은 시장을 불안하게 하고 심지어 정부를 무력화시킬 수 있을 정도로 투자와 자본을 유동화 시키는 상황을 만들어 왔다. 날씨의 혼돈 증가는 널리 정치적 혼돈을 초래하고 있고, 전통 담론은 안전과 안정을 달성하는 데 무력해 보인다. 그 두 가지는 근대성의 산물인 과학과 기술이 우리에게 맨 처음 제공한 것이었다. 예기치 않게 우리는 30년 전쟁보다 훨씬 더 위험한 암흑시대로 빠져들고 있다. 붕괴가 이제 지구 규모로 이루어지고 있기 때문이다.

이 모든 징후들은 매우 가시적이다. 우리는 그런 현재의 상황을 이용해 대격변이 임박했다거나, 현재 추세들의 새로운 일관성과 유대에 바탕을 둔 더 밝은 미래가 등장할 것이라고 주장할 수 있다. 하지만 나는 위의 두 가지 예측 대신에, 어렴풋이 출현하고 있는 현재 상황의 측면들을 파악하는 일에 노력하자고 말하고 싶다. 내 목표는 앞으로 50년을 기술하는 것이 아니라, 명확한 미래상이 없어도 현재 어렴풋이 존재하면서도 당장 창조적인 행동을 요구할지 모를 것을 살펴보는 것이다.

나는 과학이 우리 미래에 중요한 기여를 할 것 이라는 입장에서, 과학 체제의 품 안에 숨어 있는 것을 주로 비판하고자 한다. 내 첫 이야기는 갈릴레오가 교회의 수중에서 겪은 일과 일맥상통한다. 교회는 지구가 태양 주위를 돈다는 이단설을 지지한 그의 주장을 철회하게 만들었다.

미 항공우주국(NASA)에서 외계 생명체 관련 문제를 연구하고 있던 과학자이자 발명가인 제임스 러브록(James Lovelock)은 1960년대에 지구의 대기 조성이 다른 행성들과 다르며, 그것은 살아있는 생물들과 무기 환경 사이에 무언가 심오한 관계가 있음을 간파했다. 그는 과학 잡지 《네이처(Nature)》에 생명체가 자신이 뿌리를 두고 있는 행성의 주어진 조건에 단순히 적응하는 것이 아니라고 주장하는 글을 실었다. 생명체는 그 조건들을 바꾸고 안정화하여 영속시킨다는 것이다. 이 깨달음은 미생물이 행성의 조건을 바꿀 힘을 지니고 있다는 린 마걸리스(Lynn Margulis)의 연구에서 얻어진 생물학적 증거들을 통해 뒷받침되고 확장되었으며, 1974년 러브록과 마걸리스는 《텔루스(Tellus)》에 공동으로 논문을 써서 이 깨달음을 '가이아(Gaia) 가설' 이라는 이름으로 과학계에 제출했다. 이것은 타당한 증거에 바탕을 둔 과학이었지만, 고대 그리스 대지의 여신이라는 겉모습을 하고 있었다.

과학계는 그것을 어떻게 생각했을까? 그들은 그 가설을 저 멀리 어둠 속으로 내던졌다. 왜냐하면 러브록과 마걸리스는 정통 과학의 원칙들 중에서도 한 가지가 아니라 두 가지를 위반했기 때문이다. 하나는 다윈 원리에 순응하지 않는 진화의 기본 측면이 있다는 주장을 펼쳤다는 것이다. 가이아 가설에 따르면, 생명체는 지구의 주어진 조건에 단순히 적응하는 것이 아니라, 그 조건이 생명체에게 적합한 곳이 되도록 바꿀 수 있다. 미생물들은 기온이 생명체가 계속 살 수 있는 범위 내에 있도록 대기의 조성(이산화탄소, 메탄, 암모니아, 산소)을 바꿀 수 있다는 것이다. 따라서 생물과 마찬가지로 지구 전체를 자신의 극히 중요한 변수들을 조절하는 살아있는 계(界)로 볼 수 있다.

또 하나는 가설에 '가이아'라는 용어를 사용했다는 것이다. 그것은 지구 자체가 과학이 보는 식으로 행성 활동을 하는 맹목적인 역학적 과정의 집합이 아니라 일종의 살아있는 존재라는 의미이다. 여신이라는 이런 지구 이미지는 지구 천연 자원들의 약탈과 화석 연료의 과도한 연소로 땅과 바다와 대기가 오염되고 있는 실태에 항의하고 있던 환경 활동가들에게 특히 강한 인상을 주었다. 가이아의 이미지는 많은 사람들이 자신들이 무엇을 해 왔으며, 우리 행성에 무슨 짓을 저지르고 있는지 깨달았을 때 겪는 슬픔과 분노에 초점을 맞출 수 있게 해주었다.

가이아 가설의 핵심 옹호자인 러브록은 이단 가설을 펼친 결과, 과학이라는 교회로부터 사실상 파문당했다. 그는 다윈의 자연 선택 원리가 진화의 메커니즘 중 하나라는 것은 인정했지만, 생명체 자체가 변화에 적응하는 한편으로 자신이 처한 조건을 바꾼다고 주장함으로써, 자신의 첫 번째 이단설을 강력하게 옹호했다. 이 원리는 지금은 과학계에 받아들여졌으며, 과학계는 그들의 확장된 육상 진화 설명에 '지구 체계 과학(Earth System Science)'이라는 이름을 붙이고 있다. 하지만 대가 없이 받아들여진 것은 아니었다. 즉 러브록은 지구가 자신의 생명체를 돌보는 목적이나 의도 같은 것을 지니고 있다는 함의를 철회했다. 그것은 일종의 애니미즘으로 여겨졌고, 애니미즘은 과학에서 절대적으로 금지된 것이기 때문이었다. 만약 그것이 우리 문화의 어딘가에 살고 있다면 그것은 가장 짙은 그늘 속에서 살고 있을 것이다.

현재 우리의 양적 과학은 우리의 욕구를 충족시킬 수 있을 만큼 충분한 상품을 만들어 낼 능력을 주었지만, 오히려 삶의 질이 급속히 떨어지는 상황을 가져왔다. 앞으로 우리는 현재 과학의 그늘 속에 있는 질적 과학의 요소들이, 양만이 아니라 질에도 의존해 판단을 내림으로써 우리 일상생활에서 정서적 판단이 차지하고 있는 지위만큼 과학에서 자신의 지위를 다시 찾는 것을 볼 수도 있다. 이런 복원은 감정이 우리에게만이 아니라 어떤 형태로든 자연의 다른 것들에게도 속해 있다는 인식과 함께 앞으로 과학 지식, 기술, 기업과 정치 활동에 극적인 변화가 있을 것임을 알려주고 있다.

이런 대규모의 과학적 관점 이동은 하루아침에 이루어지지 않을 것이다. 그것은 근본적인 새로운 형태의 교육을 필요로 하며, 그 수준에서 과학과 예술은 통합되어 사람들을 하나로 묶을 것이고, 과학적 및 기술적 의사 결정 과정에는 다시 지식을 갖춘 시민들의 참여와 실천을 요구하게 될 것이다.

— 브라이언 굿윈, 〈과학의 그늘〉 중에서

:: 도움말

생물학 교수인 저자는 중세에서 근대로의 전환이 예기치 않게 일어났듯이, 현 상황을 또 다른 문화적 신기원 속으로 들어가고 있다고 파악하고 있다. 갈릴레이의 지동설이 중세 시대에 의해 파문당했듯, 제임스 러브록의 '가이아 가설' 역시 과학계에 의해 처음에는 받아들여 지지 않았다. '살아 있는 지구' 또는 '가이아'의 개념은 이처럼 과거에는 주류 과학계에서 인정받지 못했다.

제임스 러브록의 가이아 가설에 따르면, 지구는 대기 조성이 다른 행성과 다르며 그것은 살아있는 생물들과 무기 환경 사이에 무언가 심오한 관계가 있다고 주장하였다. 즉, 생명체는 자신이 뿌리를 내리고 있는 행성의 주어진 조건에 단순히 반응하는 것이 아니라, 조건들을 바꾸고 안정화하여 영속시킨다는 것이다. 나아가 그는 지구 생물권에 의해서만이 아니라 생물체들과 대기, 해양, 암석 등 지구의 모든 존재들이 '자가 조절(self regulating)'적 실체라는 점에서, 지구를 그리스 신화에 등장하는 대지의 여신인 '가이아'로 표현하였다.

:: 토론과제

1. 과학의 발전이 인간의 미래에 긍정적으로 작용할지 아니면 부정적으로 작용할지 구체적인 사례를 통해 토론해 보자.

:: 쓰기과제

① 제임스 러브록의 《가이아 — 살아 있는 생명체로서의 지구》를 읽고, '가이아 이론'에 관하여 요약해 보자.

:: 읽기자료 3

1874년 프랑스의 공상과학 소설가 쥘 베른은 흥미진진한 소설 《신비의 섬》을 발표했다. 《신비의 섬》은 미국 남북전쟁 당시 기구(氣球)로 남군 진영에서 탈출하다 길을 잃은 북부사람 다섯 명이 겪는 모험 이야기이다. 그들은 결국 남군 진영으로부터 1만 1,200킬로미터나 떨어진 작은 섬에 착륙했다. 그들은 어느 날 북군의 앞날에 대해 진지한 대화를 나누고 있었다. 그들 가운데 뱃사람 펜크로프트가 기술자 사이러스 하딩에게 아메리카 대륙의 석탄이 고갈될 경우 상공업에 어떤 영향을 미칠 것으로 생각하느냐며 "석탄 대신 무얼 때지?"라고 물었다. 하딩은 "물이지, 뭐"라고 답했다. 그의 말에 모두들 놀라고 말았다. 하딩의 설명은 계속되었다.

"물은 전기분해에 의해 기본 원소들로 분해되지. 분해된 원소들은 인간이 사용할 수 있는 강한 동력원으로 작용할걸세. 〔…〕 여보게들, 수소와 산소로 이루어진 물은 언젠가 연료가 될 걸. 수소와 산소를 따로 쓰든 함께 쓰든 석탄에 비할 수 없을 만큼 강력하고 고갈되지 않는 에너지원이 될 거야. 〔…〕 물은 미래의 석탄이란 말일세."

베른은 문명에 필요한 모든 에너지를 물로부터 추출한 수소에서 얻는 날이 올 것이라고 예언했다. 그로부터 127년 뒤, 로열 더치 셸 회사(社)의 필 와츠 회장은 유엔개발계획이 후원한 어느 포럼에서 미래에너지에 대해 연설했다. 와츠는 연설 중에 에너지의 미래로 화제를 돌렸다. 그는 셸 회사(社)가 '탄소의 종말'에 대비 중이라고 밝혔다. 그는 석탄, 석유, 천연가스 등 화석 연료가 세계를 산업시대로 이끈 위대한 에너지였다고 말했다. 그러나 21세기 들어 화석 연료는 수소를 기반으로 한 혁명적인 새로운 에너지로 대체될 것이라고 주장했다. 그에 따르면 셸 회사는 재생 가능한 자원 경제로 이행하는 데 최소한 10억 달러를 투자할 계획이다.

수소에 대한 베른의 통찰력은 내로라하는 세계적 에너지, 자동차, 전력 회사의 이사진, 선진 산업국과 제3세계 정책입안자들 사이에서 뜨거운 관심사로 떠오르고 있다.

수소는 우주에서 가장 풍부한 원소다. 수소는 우주 질량의 75센트, 우주 분자의 90퍼센트를 구성한다. 수소를 동력으로 효율적으로 사용할 경우 무한한 에너지원이 인류에게 생기는 셈이다.

베른의 영감은 현실로 나타났다. 100년도 채 안 되는 사이 나무 연료가 석탄에 자리를 내주고 석탄은 새로 등장한 석유로부터 도전받고 있다. 에너지의 '탈탄소화'가 이미 진행 중이다. 에너지의 탈탄소화는 수소 미래로 이어지기 마련이다.

'탈탄소화'란 석탄, 석유, 천연가스 순으로 단위 질량 당 탄소의 수가 적어지는 것을 말한다. 인류 역사상 오래전부터 사용되어 온 나무는 수소 대 탄소 원자 비율이 가장 높다. 나무 연료는 수소 연료 한 개당 탄소 원자 열 개로 이루어진다. 화석 연료 가운데 수소 대 탄소 원자의 비율이 가장 높은 것은 석탄으로 수소 원자 한 개당 탄소 원자 한두 개가 결합한다. 석유는 수소 원자 두 개와 탄소 원자 한 개로 구성된다. 천연가스의 경우 수소 원자 네 개에 탄소 원자 한 개가 결합한다. 다시 말해 에너지원의 변화로 이산화탄소 방출량이 적어졌다는 뜻이다.

그동안 지표면 온도가 높아진 것은 연료로 사용되는 석탄과 석유의 양이 엄청나게 증가한 결과 대기 중 이산화탄소 방출량이 크게 늘었기 때문이다. 지금처럼 석탄과 석유에서 천연가스로 전환 할 경우 이산화탄소 방출량은 크게 줄어들 것이다. 다만 천연가스 사용량으로 볼 때 전체 이산화탄소 방출량이 늘면서 지구 온도는 계속 높아질 전망이다. 그러나 석탄이나 석유에 주로 의존할 때보다 상승 속도는 덜 할 것이다. 환경학자 오수벨은 세계가 지금까지 달려온 에너지 도정에 담겨있는 역사적 중요성을, "탈탄소화 경향은 에너지 체계의 진화를 이해하는 데 중요한 요소"라고 표현했다.

탈탄소화 여정 끝에 수소가 있다. 수소에 탄소 원자는 전혀 포함되지 않는다. 수소가 미래의 주요 에너지원으로 등장한다는 것은 인류 역사를 오랫동안 지배해 온 탄화수소 에너지의 종말이나 마찬가지이다. 태양에너지원인 수소가 태양 질량 중 30퍼센트가 차지하는 데서 알 수 있듯 수소는 인류의 끊임없는 발전을 위한 희망이다. 수소는 모든 유형의 에너지 가운데 가장 가볍고 가장 비물질적인 것으로 연소 효율도 가장 뛰어나다.

에너지 형태가 무거운 것에서 가벼운 것으로, 물질적인 것에서 비물질적인 것으로 꾸준히 진보하면서 산업 활동의 무게도 가벼워 졌다. 산업 자본주의 초기에 증기 기관 시대의 육중한 기계에서 21세기 정보 시대의 가벼운 기계로 발전해 온 것이다. 에너지와 경제 활동의 탈물질화(脫物質化)는 항상 나란히 진행되어 왔다. 탈탄소화는 원자에 대한 탄소 원자의 비율이 꾸준히 줄면서 에너지의 탈물질화도 병행되어 왔다. 에너지 형태가 석탄 같은 고체에서 석유 같은 액체로, 그리고 천연가스와 수소 등 기체로 변해 왔다는 말이다. 에너지 형태가 고체에서 액체로, 다시 기체로 탈바꿈 할 경우 에너지 처리 속도는 빨라지고 효율이 높아진다. 석유는 철로로 운송되는 석탄보다 파이프라인을 통해 더 신속히 움직이며, 가스는 액체인 석유보다 훨씬 가볍고 빠르게 이동한다. 에너지형태가 고체에서 액체에서 기체로 탈바꿈하는 동안 점차 빠르고 효율적이며 비물질적인 관련 기술, 상품, 서비스까지 등장했다.

2001년 4월, 프랭크 잉그리셀리 텍사코사(社)의 한 이사는 미 하원 과학 위원회에서 증언하는 가운데 세계 경제 사회의 엄청난 변화와 수소 시대의 새벽에 대해 언급했다. 그는 " 환경에 대한 관심, 시장의 힘이 미래를 만들어 나가면서 기업은 수소 에너지로 내몰리고 있다" 며 "수소 에너지를 외면하는 기업은 반드시 후회하게 될 것" 이라고 말했다.

수소는 지구 어디서든 존재한다. 수소는 물, 화석 연료, 살아있는 모든 생명체 속에 들어 있다. 수소는 지표면의 70퍼센트를 구성한다. 그러나 석탄, 석유, 천연가스와 달리 따로 자유롭게 떠다니는 것은 아니다. 수소는 일종의 에너지 운반체다. 전기처럼 만들어내야 하는 제2의 에너지 형태이다.

— 제레미 리프킨, 《수소혁명》 중에서

:: 도움말

제레미 리프킨은 유명한 저서 《엔트로피》에서 물리학의 열역학법칙을 통해 에너지 문제를 제기한 학자이다. 에너지는 인간 삶의 기반이자 문화의 기반이다. 어떤 사회에서든 에너지를 변환, 교환, 폐기하는 외적 도구를 통제하는 사람들이 권력을 장악하게 된다. 국가는 고갈되는 에너지를 보충하기 위해 새롭고 유용한 에너지를 찾는다는 목적으로 영토 확장을 꾀한다. 모든 제국주의적 팽창은 새로운 에너지원을 확보하려는 노력의 산물이었다. 에너지 환경은 인간이 어떤 신념 체계를 선택할 것인가에 대한 광범위한 한계를 설정한다. 제레미 리프킨은 축적된 엔트로피로 인하여 사회가 에너지원 자체의 질적 변화를 추구해야 할 시점에 이르렀다고 선언한다.

제레미 리프킨은 특히 지난 20세기 인류가 석탄 · 석유 · 천연 가스와 같이 '이산화탄소' 를 배출하는 에너지원을 사용함으로 인해 지구 온난화 현상이 일어나고 있음을 경고한다. 그래서 지구는 "녹아내리기" 시작했다고 경고한다. 지구 온난화는 이제 한 국가의 문제가 아니라 세계 각국의 공통 문제이다. 지구 온난화는 가공할 만한 재앙을 몰고 올지도 모른다. 이제 지구 생태계의 문제는 21세기에 가장 중요한 화두로 떠오르고 있다.

제레미 리프킨은 지구 생태계를 지킬 수 있는 21세기 새로운 에너지원으로 '수소' 를 들면서 그 논의의 시작을 150년 전의 공상과학소설의 예를 들고 있다. 실제로 과거 공상과학소설에서 논의되었던 상상이 현재에 실현된 예는 많이 있다. 인간의 상상력과 과학의 발전은 서로 불가분의 관계에 놓인다. 새로운 에너지원에 대한 관심은 자연과학도는 물론 미래 사회의 산업과 정책을 책임질 사회과학도에게도 중요하다.

:: 토론과제

① 생태학자들은 크게 지구와 인간 가운데 어느 쪽에 무게 중심을 더 두는가에 따라 두 가지 유형으로 분류할 수 있다. 즉 지구의 생태계를 더욱 중시하는 근본 생태주의자들은 인간을 지구의 해악으로 여긴다. 이에 비해 머레이 북친 같은 학자들은 비록 인간이 지구를 오염시켰지만 결국 지구를 다시 살려낼 수 있는 희망도 인간에게 있다는 주장을 한다. 두 유형의 생태학자들의 주장 가운데 한 편을 선택하여 상대를 설득해 보자.

② 원자력 사용에 관해서는 찬성과 반대가 첨예하게 대립해 있다. 또한 원전 시설은 시사적인 논쟁의 중심에 놓인다. 신문을 통해 원자력에 관한 논쟁을 살펴본 후 원자력에 관해 토론해 보자.

:: 쓰기과제

① 제레미 리프킨이 그의 저서 《엔트로피》에서 말하는 '엔트로피 법칙'이란 무엇인가에 관하여 아래의 예문 한 단락을 참조하여 5단락 정도의 완성된 글을 써 보자.

열역학 제 1법칙은 우주 안의 모든 물질과 에너지는 불변하여 창조될 수도 파괴될 수도 없으며, 단지 그 형태만 바뀔 뿐이라는 것이다. 열역학 제 2법칙은 물질과 에너지는 한 방향으로 변하는데, 유용한 상태에서 무용한 상태로, 획득 가능한 상태에서 획득 불가능한 상태로만 변할 수 있다고 규정한다. 엔트로피는 더 이상 일로 전환될 수 없는 에너지의 양을 측정하는 수단이다. 엔트로피가 증가한다는 것은 유용한 에너지가 줄어든다는 것을 의미한다. 자연계에서 어떤 일이 일어난다는 것은 일정량의 유용한 에너지가 무용한 에너지로 전환된다는 것이다. 결국 엔트로피란 시스템 내에 존재하는 무용한 에너지의 총량을 나타낸다.

---

② 다음 글은 〈엔트로피 위기에 처하여〉에서 발췌한 것이다. '엔트로피 위기'에 반응하는 다양한 유형들을 살펴보고 각각의 주장은 어떤 장점과 한계가 있는지 토론해 보자. 그리고 한 가지 입장을 선택하여 장점과 단점을 분석하는 글을 써 보자.

'엔트로피 위기'에 반대하는 사람들은 대개 세 가지 반응을 보인다.

첫째는 "낙관주의자들"이다. 낙관주의자들은 재생 가능한 에너지원을 착취하는 새로운 방법을 찾는 데 노력을 기울일 것이다. 이들은 특히 유전공학에 기대를 건다. 이들은 유전공학 덕분에 생물학적 진화의 속도가 빨라지고 따라서 더 높은 물질과 에너지의 흐름이 보장될 것이라고 주장한다. 예를 들어, 기계화 영농에 필요한 화학비료가 없어지면 유전공학을 활용하여 질소를 직접 배출할 능력이 있는 식물을 창조하면 되고, 석유가 없어지면 유전공학으로 미생물을 대량 생산하여 고갈된 재생 불가능한 자원을 대체하면 된다는 것이다. 심지어 인간 신체도 인공적으로 생산하게 될 것이다. 모든 면에서 효율을 중시하는 낙관주의자들은 생명 자체를 "생물학적으로 좀 더 효율적인 것"으로 만들려고 할 것이다.

둘째는 "실용주의자들"이다. 실용주의자들은 낙관주의자들보다는 기계론적 세계관에 덜 매달리지만 낙관주의자들처럼 웅대한 비전도 제시하지 못한다. 실용주의자들은 기존의 구조를 약간 수정하여 엔트로피적 세계관의 의미를 일부나마 반영하려고 할 것이다. 실용주의자들은 기존의 고에너지를 약간 수정하는 정도의 대안을 제시한다. 실용주의자들은 엔트로피가 계속 증가하고 있는 상황에서 어느 정도의 증가속도가 적합한가에 대한 토론을 벌이고, 기존의 에너지 흐름을 효율화시켜 시간을 절약하려고 한다.

셋째는 "향락주의자들"이다. 이들은 전체적인 상황이 나빠진다는 것에는 동의한다. 이들은 대기 오염, 식품 오염, 자연의 파괴 등에 대해 불평을 늘어놓는다. 그러나 자신들이 할 수 있는 일이란 아무 것도 없으며, 인간은 본질적으로 욕심 많고 파괴적이라고 말한다. 누군가가 시스템을 바꾸자고 하면 그때마다 나빠지지 않으면 다행이라고 반대한다.

낙관주의자, 실용주의자, 향락주의자들은 모두 한 가지 공통점이 있다. 이들은 모두 오늘날의 상황이 나쁘기는 하지만 우리 세대는 앞 세대보다도 현실을 잘 이해하고 이를 장악하고 있다고 믿는 것이다. 환원주의적 시각에서 보면 우리는 점점 많은 것을 아는 것처럼 보인다. 그러나 동시에 우리는 우리 주변에서 어떤 일이 일어나고 있는지를 더욱더 이해하지 못한다. 자연으로부터 완전히 괴리되고 도시화된 우리의 지성은 환경과 인간 사이의 진정한 관계를 통찰할 능력이 없다.

---

③ '지구온난화'에 관한 아래의 글을 읽어 보자. 지구 온난화는 가공할 만한 재앙을 몰고 올지도 모른다. 이제 지구 생태계의 문제는 21세기에 가장 중요한 화두로 떠오르고 있다. 지구 온난화로 인한 재앙을 경고하고 있는 영화 〈투모로우(The Day After Tomorrow)〉를 보고 한 편의 글을 써 보자.

지구 온난화는 산업 시대의 어두운 면을 대변한다. 지난 수백 년, 특히 지난 20세기 인류는 석탄, 석유, 천연가스라는 막대한 양의 '농축 태양'으로 에너지를 생산해 산업 시대의 생활 방식이 존재할 수 있도록 만들었다. 인류가 지금까지 사용한 에너지 쓰레기는 지구의 대기 중에 축적돼 기후와 생태계에 악영향을 미치기 시작했다. 과거 문명들처럼 산업 사회 역시 자체 에너지 체계의 막바지 단계로 접어들고 있다. 막바지 단계에서 이미 사용된 에너지 쓰레기를 처리하는 데 드는 비용은 지금도 변함없이 생산되고 소비되는 가용 에너지의 순가치 만큼이나 중요한 경제적 요소가 되어가고 있다.

지구 온난화는 대기 중에 날로 쌓여만 가는 가스에서 비롯된다. 대기 중에 쌓인 가스들이 지구 복사열을 차단하는 것이다. 이런 '온실 효과'는 햇빛이 대기 속으로 들어와 지면에 닿은 뒤 적외선 에너지와 열로 바뀌면서 시작된다. 열은 대기 중에 이산화탄소 등 온갖 가스를 증가시켜 기체 분자 활성화에 한몫한다. 기체 분자가 일종의 반사경을 형성하면서 열 일부는 지표면으로 되돌아온다. 이렇게 해서 온실 효과가 나타나는 것이다. 이산화탄소와 메탄 등 온실 가스가 대기 중에 일종의 담요를 형성하여 태양 에너지에서 발생한 많은 열이 대기권 밖으로 빠져나가지 못한다. 그 결과 생명체가 번성하기에 알맞은 조건이 형성된다. 1만 년 전부터 산업시대에 이르기까지 온실 가스의 균형은 상대적으로 안정되었다. 따라서 지구 기온에 변화가 별로 없었다. 그러나 19, 20세기에 막대한 양의 석탄, 석유, 천연가스가 사용되면서 평형은 깨지고 말았다.

지구 기온 상승은 강우 패턴에도 영향을 미치게 될 것이다. IPCC에 따르면 연안 지역에서 폭풍이 잦아질 경우 홍수로 피해를 입는 주민은 일곱 배 늘 것이다. 캐나다 중부 지역이 미국 일리노이 주의 기후로 뉴욕 시가 플로리다 주 마이애미비치 같은 기후로 변한다고 가정해 보자. 인간은 북쪽으로 이동할 수 있지만 동식물이 기온 변화에 맞춰 신속히 움직일 수는 없다. 기온 변화에 적응하지 못한 많은 생태계는 사라지든지 아니면 새로운 생태계로 대체될 것이다.

— 제레미 리프킨, 〈녹아내리는 지구〉 중에서

더 읽을거리

- 이인식. 《미래신문》. 김영사, 2004.
- 제임스 러브록. 《가이아—살아있는 생명체로서의 지구》. 홍욱희 역. 갈라파고스, 2004.
- 존 브록만 엮음. 《앞으로 50년-과학의 미래, 인간의 미래》. 이한음 역. 생각의 나무, 2004.
- 제레미 리프킨. 《수소혁명—석유시대의 종말과 세계경제의 미래》. 이진수 역. 민음사, 2003.
- 머레이 북친. 《휴머니즘의 옹호》. 구승회 역. 민음사, 2002.
- 제레미 리프킨. 《소유의 종말》. 이희재 역. 민음사, 2001.

  ______. 《엔트로피》. 이창희 역. 세종연구원, 2000.
- 하워드 베커. 《사회과학자의 글쓰기》. 이성용 역. 일신사, 1999.
- 앨빈 토플러. 《미래 쇼크》. 이규행 감역. 한국경제 신문사, 1989.

II

사회과학적 글쓰기의 실제

1장 법정의 안과 바깥에서 글쓰기

이 장에서는 법정 안에서 소통되는 글과 학술적인 에세이, 그리고 생활적인 에세이를 소개한다. 세 글을 독자의 범위로 말하면 전문가 집단에서 일반인으로 개방되는 수준의 글이라고 할 수 있다.

첫째 글은 법정 안에서 소통되는 검사 측의 기소문과 변호인의 변론문이다. 두 글은 고려대 법대 학생들의 형사 모의 재판에서 실제로 발표되었다. 여러분들은 법조인을 희망하는 학생들로서 기소문과 변론문을 앞으로 써야 할 것이다. 동학의 기소문과 변론문이라는 점에서 두 글들은 더욱 구체적이고 생동감 있는 텍스트가 될 것이다.

둘째 글은 법학적인 개념과 논리를 감춘 학술적인 에세이다. 그래서 비전문가들이 교양의 수준에서 충분히 읽을 수 있다. 이런 형식의 글은 여러분이 대학원이나 연수원 강의실, 혹은 그 이후에도 다양하게 쓰게 될 것이다. 아울러 법률 논문에서의 각주 표기법을 참조하기 바란다.

셋째 글은 누구나 쉽고 편하게 읽을 수 있는 생활 에세이다. 동시에 필자의 세계관과 법률가적 사색을 느낄 수 있는 글이다. 이런 형식의 글은 법학의 개념과 논리를 가장 많이 억제했다는 점에서 쓰기 쉬울 것 같지만 정작 쓰기 어려운 글일 수도 있겠다. 그렇지만 법률가로서 삶을 산 시간이 어느 정도 되면 쓰고 싶어지는 글의 형식일 수도 있다.

1) 기소문과 변론문

:: 읽기자료 1

《검사의 주장》

Ⅰ. '소리천국' 이용자인 '송다운' 등 3인의 저작권법 위반죄

〈복제권 침해〉

1. 구성요건 해당성

'소리천국' 이용자 '송다운' 등은 소리천국 프로그램을 통해 저작인접권자인 음반제작사의 저작물(컴퓨터 하드디스크라는 유형물에 고정시킨 MP3 파일들)을 복제했다. 송다운 등은 저작인접권자의 허락없이 복제하였으므로, 이는 음반제작사의 복제권을 침해한 것이다.

2. 위법성 조각 사유 성립 여부

저작권법 제27조는 비영리목적으로 가정 및 이에 준하는 한정된 범위에서의 개인적 이용을 위한 복제를 인정하고 있다. 그런데 이 조항은 개인이 보다 편한 개인적인 이용을 위해서 저작물을 복제하는 것은 저작자 및 저작인접권자의 권리를 침해하지 않는 것으로서 예외적으로 복제를 허용하는 조건일 뿐이다. 따라서 소리천국과 같이 이용자 수가 500만 명이나 되는 공간에서 서로 어떠한 인적관계도 없는 사람들끼리 자유롭게 복제를 할 수 있는 경우는 사적이용의 범위를 넘었다 할 것이며, 또한 이용자들이 소리천국에서 이루어지는 복제를 통해 음반을 구입할 비용을 절감하고, 프로그램 내에서 실제로 이루어지는 복제는 물물교환의 성격이 짙다는 점들을 볼 때, 그들의 영리적 목적도 인정할 수 있다.

〈배포권 침해의 구성요건 해당성〉

배포란 일반공중에게 저작물의 원작 또는 복제물을 양도 또는 대여하는 것을 말한다. 남의 저작물을 많은 사람들이 복제하여 가져갈 수 있게 하였다면 이는 배포에 해당한다. 소리천국 이용자들은 소리천국에 접속한 것만으로, 자신이 가지고 있는 MP3 음악파일을 다른 5000여 명의 소리천국 접속자들이 자유롭게 복제해 갈 수 있게 하였으므로 이는 배포권을 침해한 것이다.

II. '공유환' 의 방조책임

〈방조행위〉

공유환은 소리천국 프로그램을 개발 배포하여, 이용자들이 음반제작사의 복제권과 배포권을 침해하는 행위가 쉽게 이루어질 수 있게 하였다. 또한 공유환은 처음에 소리천국 프로그램방식을 하이브리드 P2P방식으로 개발하였으나 '갱스터' 라는 하이브리드 P2P방식의 MP3 파일공유 프로그램이 서버중지처분을 받은 사실을 알고, 프로그램방식을 수퍼피어로 바꾸었다. 이는 서버를 중지하거나, 특정 파일 검색을 막는 등의 방법을 통해 통제가 가능했었지만 이를 회피하여, 저작권 침해가 계속되게끔 한 것이다. 따라서 피고인 공유환은 이용자들의 저작권 침해 행위를 방조하였다.

〈방조의 고의〉

방조범은 정범의 행위가 구성요건에 해당한다는 인식과 이를 방조한다는 인식을 가져야 한다. 정범에 대한 인식은 구체적일 필요가 없으므로, 공유환 자신이 개발한 소리천국 프로그램을 통해 저작권법으로 보호되는 노래의 MP3 파일이 누군가에 의해 복제될 거란 사실을 알기만 하면 된다. 또한, 공유환은 MP3 파일의 복제를 쉽게 하려고 소리천국 프로그램을 개발하였고, 소리천국을 이용해 배너광고를 수주받아 한달 평균 500만원 이상의 수익을 올리고 있다. 따라서 공유환은 이용자의 저작권 침해행위가 계속되어야 이익을 얻을 수 있는 것이다. 그러므로 공유환에게 방조의 고의를 인정할 수 있다.

《변호인의 주장》

I. 정범의 실행행위

〈복제권 침해여부 — 저작권법 제27조의 사적이용을 위한 복제에 해당〉

1. 비영리목적

영리목적이란 복제물을 타인에게 판매하는 것과 같이 복제행위를 통하여 직접적으로 이득을 취할 목적만을 말하는 것일 뿐, 구입비용을 절감하는 것만으로는 통상적인 언어 사용상 영리추구라고 하지 않으며, 모든 복제행위는 구입비용을 절감하는 정도의 이득은 있으므로 이를 영리

목적의 범위에 포함시키게 되면 제27조에 해당하는 복제 행위는 있을 수 없으므로, 단지 저작물 구입비용을 절감하려 한 본 사건의 이용자들의 영리 목적을 인정할 수 없다.

2. 개인, 가정 또는 이에 준하는 한정된 범위내의 이용

소리천국 이용자들은 다수의 사람들에게 들려주기 위해 음악파일을 복제한 것은 아니고, 그 파일을 듣는 사람이 개인에게 한정되는 이상 이는 복제물 이용의 범위를 초과한 것은 아니다.

3. 일반공중의 사용에 제공하기 위하여 설치된 복사기기에 의한 복제가 아닐 것

소리천국은 개개인의 컴퓨터에 설치된 프로그램으로 그 PC의 소유자 외에는 사용할 수 없다는 점, 복제행위에 소리천국 운영자가 개입하지 않는다는 점에서 일반공중의 사용에 제공된 복사기기가 아니라 개인의 집에 마련된 복사기기와 유사하다고 할 수 있다.

〈배포권 침해여부 — 구성요건 해당성 부정〉

배포권에 있어서 배포란 저작물의 양도 또는 대여를 의미하는 바, 소리천국의 사용에 있어서 파일의 점유이전은 전혀 일어나지 않고, 다만 복제를 하는 사람이 저작물 소유자에게 와서 복제해가는 형태이기 때문에 배포권은 문제되지 않는다.

Ⅱ. 방조행위의 성립 여부

〈고의의 부정〉

소리천국은 서버가 없는 방식이기 때문에 '공유환'은 어떠한 이용자들이 프로그램을 사용하며, 어떤 파일이 교환되는지 알 수 없다. 따라서 공유환은 '송다운' 등 정범의 프로그램 사용여부 및 교환되는 파일의 종류 등에 대해서도 전혀 인식할 수 없었다.

〈정범의 저작권 침해행위의 귀속여부〉

공유환이 개발한 프로그램은 가치중립적인 것으로, 저작권 침해행위를 도울 목적으로 제작된 것이 아니라 단지 네티즌들이 자신의 음악감상을 함에 있어서 좀 더 편리하게 정보검색을 할 수 있도록 만든 것에 불과하다. 프로그램의 개발 이후, 프로그램의 다운로드, 실행, 파일의 교환과정은 모두 공유환이 통제할 수 있는 범위 밖에서 일어난 일이며 프로그램을 어떻게 이용하는지는 이용자들에게 달려있는 것이다. 또한 단지 프로그램을 개발한 것에 불과한 공유환이 프로그램 제작 당시부터 후에 자신의 프로그램을 이용할 사람들이 저작권 침해행위를 할 것을 예상하여 미리 그들의 통제할 수 있는 방법으로 프로그램을 제작하여야 할 의무가 있는 것은 아니다.

따라서 공유환에게 이용자들의 불법한 이용에 대한 책임을 귀속시킬 수 없다 할 것이다.

— 김웅(법학과 2002학번), 김은희(법학과, 2002학번)의 기소문과 변론문, 《인터넷 MP3 공유프로그램과 방위적 해킹의 정당성》(제35회 형사모의재판, 고려대학교 형사모의재판 준비위원회, 형사법학회, 2003. 9. 5.)

∷ 쓰기과제

① 위의 예문에서 부적절한 단어나 문장의 쓰임을 찾아 보고, 있다면 각자 자연스럽게 고쳐 보도록 하자. 조별로 활동한 후 발표해 보자.

② 두 글은 자신의 주장을 설득력 있게 피력해야 하는 글이다. 이런 기준에서 위의 글을 평가해 보도록 하자. 조별로 토론한 후 발표해 보자.

③ 반별로 하나의 사건을 정하고, 그에 관한 기소문과 변론문을 써 보도록 하자.

2) 학술적 에세이

∷ 읽기자료 2

1. 양심적 집총거부를 둘러싼 문제

최근까지 우리 사회에서 양심과 사상의 자유에 대한 논의는 주로 현재는 폐지된 사회안전법에 따른 '전향' 및 '보안감호처분' 제도, 그리고 그 후신인 '준법서약서' 제도 및 보안관찰법에 따른 '보안관찰' 제도 등과 관련된 것이었다. 그리하여 양심과 사상의 자유는 장기 좌익수나 체제에 도전하는 국가보안법 위반자의 전유물인 것처럼 오해를 받기도 했다.

최근 수많은 여호와의 증인(Jehovah's Witnesses) 신도들이 집총거부를 이유로 수형 생활을 하고 전과자로 살아가고 있다는 사실이 언론에 보도되면서 양심의 자유 문제가 다시 부각되고 있다. 과거 반공과 냉전 논리만이 허락되던 권위주의 체제에서 이단 종교에 빠진 '병역 기피자'라는 이중의 낙인 아래 외면되었던 양심적 집총거부자들의 인권 문제가 드디어 수면 위로 떠오른 것이다. 제1장에서 보았듯이, 양심의 자유는 양심에 반하는 '작위의무로부터의 해방'을 포함하는데, 집총이라는 작위의무가 자신의 양심과 정면으로 충돌하는 경우 무조건 전자의 우월을 주장할 수 있는가 하는 것이 문제가 된다.

'양심적 집총거부(conscientious objection to military service)'란 양심의 이유로 징집과 같은 병역의무를 거부하거나 전쟁 또는 무장충돌에 직·간접적으로 참여하는 것을 거부하는 행위를 말한다. 이는 양심의 자유와 관련하여 핵심적으로 다루어야 할 내용이지만, 우리 사회에서 병역 문제가 갖는 민감성 때문에 학계에서나 비학계에서나 이 문제를 본격적으로 다루는 데 매우 조심스러울 수밖에 없었다. 과거 권위주의 체제에서 민주화 운동가들이 군 입대를 거부하고 '잠수'하며 활동을 계속하는 경우가 있었으나, 이러한 입대 거부는 양심의 자유를 실현한다는 차원에서 목적 의식적으로 이루어진 것은 아니었다. 우리 사회에서 양심적 집총거부권 문제는 수십 년 동안 특정 종교인들만의 일로 방치되어왔다.

양심적 집총거부권의 인정은 국방부와 '정통' 기독교계 및 군필자 등의 반발을 살 것이 분명하지만, 우리는 이를 '인권'이라는 관점에서 바라보아야 한다. 우리 사회에서 계속 재생산되고 있는 양심적 집총거부자의 딱한 처지와 그들의 인권 문제는 이제 나 자신의 종교나 양심이 어떠한 것이든 상관없이 외면할 수 없는 사회적 문제가 되었다. '민주화'는 권위주의체제의 논리로 억압해왔던 '인권'의 문제를 핵심적인 화두의 하나로 삼을 것을 우리에게 요구하고 있다. 진정한 민주주의를 실현하기 위해서는 정치적 민주화만으로는 불충분하다. 사회·경제·문화적 민주화를 위한 노력이 반드시 함께 해야 한다. '정치적 민주화'를 이룬 후에도 억압받고 차별받는 '수사자' 집단에 특별한 관심을 기울여야 하는 것도 바로 이러한 맥락에서다.

우리 사회에서 양심적 집총거부자는 입영 자체를 거부하면 병역법 제88조의 '입영기피죄'로, 입영 후 집총을 거부하면 군형법 제44조의 '항명죄'로 단호하게 처벌을 받는다. 보도에 따르면 91년 이후 총 4,243명이 종교적 이유로 집총을 거부했고, 이 가운데 3,736명이 항명죄로 유죄판결을 받았다. 한 해 평균 400여 명의 집총거부자가 생겨나고 있으며, 현재 전국의 민·군 교도소

1) 〈한겨레〉, 2001년 4월 18일.

에서 약 16,000명이 수형 생활을 하고 있다.[1] 이들은 다음과 같이 말한다.

> 존경하는 판사님과 검사님. 저는 여호와를 숭배하는 백성으로서 성서적 양심을 지키고자 입영을 하지 않고 자수하여 이 자리에 서 있습니다. 저는 국가적 관점에서 보면 처벌을 받아 마땅하지만, '이웃을 내 몸처럼 사랑하라' 고 말씀하신 하나님의 관점에서는 의를 행하고 있다고 생각합니다.[2]

반면 대법원은 한결같이 다음과 같이 태도를 견지해왔다.

> 모든 국민은 법률이 정하는 바에 의하여 국방의 의무를 가진다고 되어 있어서 병역법은 위 헌법의 규정에 따라 제정된 것으로서 같은 법의 규정에는 특단의 사정이 없는 이상 모든 국민은 다 같이 이에 따라야 하며, 피고인이 '여호와의 증인' 이라는 종교를 신봉하고 그 교리에 그리스도인의 '양심상의 결정' 으로 군복무를 거부한 행위는 응당 병역법의 규정에 따른 처벌을 받아야 하며 … 논지에서 말하는 소위 '양심상의 결정' 은 헌법 제17조에서 보장한 양심의 자유에 속하는 것이 아니다.[3]

이는 병역법은 집총에 대하여 시민이 견지하는 양심이나 종교의 교리가 어떠한 것이든 상관하지 않으므로, 병역법 앞에서는 자신의 신조와 양심을 포기해야 한다는 논리다. 법률의 평등한 집행을 위해서는 어쩔 수 없다고 주장할 수도 있겠지만 '양심의 자유' 는 다른 어떤 자유보다도 가장 근본적인 자유이며, 국가의 존재보다 근원적인 자유라는 점을 생각한다면 '응당' 이라는 표현을 쉽게 쓸 수는 없을 것이다. 우리는 조선 말기에 종교적 신념을 지키기 위해 순교한 천주교도들과 일제 시대에 신사참배를 거부하다 순교한 기독교도들의 희생을 잘 알고 있다. 과연 우리는 이 선조들을 향해 당시 국교가 유교이므로 응당 처벌을 받아 마땅했다고, 신사 참배는 당시 국가의 방침이므로 응당 따랐어야 했다고 말할 수 있을까?

---

2) 《한겨레21》 제345호(2000. 2. 15), 28쪽.

3) 대법원 1969년 7월 22일 선고, 69도934 판결(강조는 인용자). 같은 취지의 판결로는 대법원 1955년 12월 21일 선고, 65도894 판결 ; 대법원 1976년 4월 27일 선고, 75누249판결 ; 대법원 1985년 7월 23일 선고, 85도1094 판결 등 참조.

2. 양심적 집총거부권의 국제적 보장의 현재

아직 우리에게 양심적 집총거부권이라는 개념은 여전히 낯설다. 자칫하면 병역 기피를 위한 빌미라는 비난을 받기에 딱 알맞다. 그러므로 우선 양심적 집총거부권이 전 세계 민주주의 국가에서 법적으로 보장하고 있는 기본권의 하나이며, 국제법으로도 승인된 인권이라는 사실을 살펴보자.

(1) 나라별 법적 보장의 근거

양심적 집총거부권을 헌법상의 권리로 보장한 최초의 사례는 1776년 미국 펜실베이니아 주 헌법이다. 동 헌법 제8조는 "집총을 하는 것에 대하여 양심적 가책을 느끼는 사람이 대체 복무를 하려 한다면 집총하도록 강제될 수 없다"고 선언한다.[4] 이러한 입장은 1777년 버몬트 주 헌법(제9조), 1776년 델라웨어 주 헌법(제10조), 1784년 뉴햄프셔 주 헌법(제13조) 등에서 한결같이 나타난다.

유럽에서는 제1차 세계대전의 참상에 자극받은 영국 평화주의자들의 투쟁 결과 1916년 영국에서 유럽 최초의 대체복무법이 제정된다. 그 후 1920~1930년대에 걸쳐 덴마크, 네덜란드, 노르웨이 등에서 의회가 양심적 병역거부를 인정하고 대체복무 제도를 도입하는 최초의 법안을 제정한다. 당시부터 "대다수의 유럽 민주국가에서 '유럽적 민주주의'와 '병역 거부권 인정'은 동의어로 통하기 시작했던 것"이다.[5]

현대에 들어와 양심적 집총거부권은 유럽 여러 나라에서 헌법에 명문화되기에 이른다.[6] 독일 헌법이 선구자인데, 1949년의 독일 헌법 제3조는 "누구도 자신의 양심에 반하여 무장 투쟁을 포함하는 군복무를 강제당하지 않는다"라고 규정했으며, 이어 1976년 포르투갈 헌법(제41조 5항), 1978년 스페인 헌법(제30조 2항) 등도 같은 내용을 선언했다. 국가사회주의체제를 취하고 있던 동구 여러 나라도 체제 붕괴 후에는 양심적 집총거부권을 헌법에서 명문화하고 있다. 크로아티아 헌법(제47조), 슬로베니아 헌법(제123조), 에스토니아 헌법(제124조), 슬로바키아 헌법(제25조 2항), 체크 공화국 헌법(제15조 3항), 그리고 러시아 헌법(제28조) 등이 여기에 속한다. 그리고 유럽 외에 브라질, 우루과이, 수리남, 잠비아 등에서도 헌법으로 양심적 집총거부권을 인정하고 있다.

이처럼 헌법이 '양심적 집총거부권'을 보장하는 것은 어떠한 사상에서 비롯된 것일까? 이와

---

4) 미국 펜실베이니아 주 헌법 제 8조.

5) 박노자, 〈양심의 권리가 더 신성하다〉, 《한겨레21》, 제349호(2001. 3. 15), 88~89쪽.

6) Honorable Jpse de Sousa e Brito, "Political Minorities and the Right to Tolerance: The Development of a Right to Conscientious Objection in Constitutional Law", 1999 B. Y. U. L. Rev. 607, 611~612.

7) 310 U.S. 586 (1940)(Stone, J., dissenting).

관련하여 미국 연방대법원의 1940년 '고비티스 판결(Minersville School District v. Gobitis)'[7]에서 외로이 소수 의견을 제출한 스톤(H. F. Stone) 대법관의 주장을 경청할 필요가 있다. 그는 국기경례의식을 거부했다는 이유로 '여호와의 증인' 신자에게 내려진 제적 처분이 합헌이라고 결론을 내린 다수 의견에 대해 "소수자의 자유를 보호해야 하는 헌법이 대중적 의지 앞에 굴복한 것"이라며 강력히 비판했다.[8] 민주주의란 다수의 지배에 기초하는 것이지만, 그것을 빌미로 소수자의 양심과 신념을 무시하는 것은 민주주의를 부정하는 일임을 그는 깨닫고 있었던 것이다.

스톤 대법관의 이러한 입장은 1943년 '바넷 판결(West Virginia State Board of Education v. Barnette)'[9]에서는 다수 의견으로 자리잡는다. 이 판결도 '여호와의 증인'의 국기 경례 거부와 관련된 것인데, 다수 의견은 어떤 방식으로든 국가가 시민에게 말이나 행동으로 자신의 신념을 고백하도록 강제하는 것은 허용되지 않는다고 말하면서, 다음과 같이 선언했다.

> 그러나 다를 수 있는 자유는 사소한 사안에 제한되지 않는다. 다를 수 있는 자유는 단순히 자유의 그림자로 생각될지도 모른다. 그러나 다를 수 있는 자유의 실체는 기존 질서의 심장을 건드리는 사안에 대하여 다를 수 있는 권리가 있는지 없는지에 따라 검증되는 것이다.[10]

요컨대 양심적 집총 거부권을 헌법으로 보장하는 것은, 병역 의무처럼 국가 존립에 핵심적인 사안에 대해서도 이를 거부하는 소수자 집단의 양심을 존중하는 것이 민주주의라고 선언하는 것과 같다. 이는 소수자의 양심이 국가 질서에 위협을 준다 하더라도 그 양심을 헌법적 차원에서 용인하고 보호하겠다는 의지의 표현이다. 즉 소수자에 대한 관용이 민주주의의 핵심임을 분명히 한 것이다. 양심의 문제는 결코 다수결로 결정지을 수 있는 사안이 아니다.

(2) 국제법적으로 승인된 인권

양심적 집총거부권은 국제법에서도 수용되었다. '시민적 · 정치적 권리에 대한 국제규약(ICCPR)' 제18조 1항은 '양심 · 사상 · 종교의 자유'를 선언하고 있는데, 여기서 양심적 집총거부권을 명시적으로 규정하고 있지는 않다. 규약 초안을 작성할 때 필리핀 대표가 '양심적 집총거부권'을 포함시키자고 제안했다가 철회한 바 있다.[11] 과거 전통적 견해는 이 조항이 양심적 집총

8) 같은 판결, 606쪽.

9) 319 U.S. 624(1943).

10) 같은 판결, 641~642쪽(강조는 인용자).

11) Marie-France Major, "Conscientious Objection and International Law : A Human Right?", 24 Case W. Res. J. Int'l L. 349, 357(1992).

거부권을 인정하지 않는 것으로 보았으나, 최근 국제사회의 흐름은 제18조가 양심적 집총거부권을 포괄한다고 해석하고 있다.

유엔 차원에서 처음으로 양심적 집총거부권을 결의한 것은 1987년 유엔인권이사회의 '46호 결의'를 통해서다.[12] 이 결의는 각 국가에 "종교적, 윤리적, 도덕적 또는 이와 유사한 동기에서 발생하는 심오한 신념"에 기초한 양심적 집총거부권을 인정하라고 호소했다. 단 최종 재량권은 해당 국가에 남겨두는 조언의 성격을 띠고 있었다.[13]

이후 같은 이사회는 1989, 1993, 1995, 1998년 네 차례에 걸친 결의에서 양심적 집총거부권을 '세계인권선언' 제18조와 ICCPR 제18조 안에 자리를 잡게 만들었다.

1989년의 '59호 결의'는 호소수준을 넘어서 세계인권선언 제3조, 제18조 및 ICCPR 제18조에 기초하여 양심적 집총거부권 자체를 인정하고, 양심적 집총거부권 문제를 유엔헌장상의 국가의 의무와 연결시켰으며, 각국이 이 권리를 인정하고 이 권리를 행사하는 개인을 위한 의사결정체제를 수립할 것을 촉구했다.[14] 그리고 1993년 '84호 결의'는 이전의 결의 내용을 재확인하면서, 양심적 집총거부권을 인정하지 않은 국가에 대하여 특정 사안에서 양심적 집총거부가 유효한지 아닌지를 결정하기 위해 국내법 체계 속에 "독립적이고 불편부당한 의사결정기구"를 만들 것을 호소했다.[15]

또 1995년 '83호 결의'는 1993년 '84호 결의'의 내용을 재확인하고, 양심적 집총거부로 모국을 떠나야만 했던 사람에게 세계인권선언 제18조상의 망명권이 있음을 상기시킨다.[16] 그리고 새로운 내용을 추가하는데, 각 국가가 법과 관행에 의하여 "양심적 집총거부자들이 지닌 특정 신념의 본성을 이유로 그들을 구별하지 말 것, 또는 양심적 집총거부자가 병역을 거부했다는 이유로 그들을 차별하지 말 것"을 강력히 주장했다.[17] 이는 '유엔인권위원회'가 1993년 ICCPR 제18조를 평가한 '22호 총평'의 결론을 수용한 것이다.[18] 이 '총평'은 다음과 같이 말한다.

---

12) E.S.C. Res. 198746, 43 U. N. ESCOR Supp. No. 5, at 108~109, U. N. Doc. E1987·8;ECN.4198760(1987).

13) Matthew Lippman, "The Recognition of Conscientious Objection to Military Service as an International Human Right", 21 Cal. W. Int'l L.J. 31, 51(1990~1991).

14) Hum. Rts. Comm. Res. 1989/59, U. N. Doc. E/CN.4/1989/59, Preamble, Para.1.

15) Hum. Rts. Comm. Res. 1993/84, U. N. Doc. E/CN.4/1993/122, Para.7.

16) Hum. Rts. Comm. Res.1995/83, U. N. Doc. E/CN.4/1995/176, Preamble, Para.1.

17) 같은 문서, Para. 4.

18) U. N. Hum. Rts. Comm., General Comment 22〔48〕(art.18) Para. 11.

> 규약(ICCPR)은 양심적 집총거부권을 명시적으로 언급하고 있지 않다. 그러나 동 위원회는 살상무기를 사용해야 하는 의무가 양심의 자유 및 자신의 종교 및 신념을 표현할 권리와 심각하게 충돌할 수 있으므로, 양심적 집총거부권이 규약 제18조에서 도출될 수 있다고 믿는다…양심적 집총거부자들은 그들이 지닌 특정 신념의 본성을 이유로 구별해서는 안 되며, 또 마찬가지로 양심적 집총거부자가 병역을 거부했다는 이유로 그들을 차별해서는 안 된다.[19)]

유엔인권이사회의 1998년 '77호 결의' 는 이전의 모든 결의를 총괄하는 중요한 결의다. 동 결의의 서문은 양심적 집총거부권은 "종교적, 도덕적, 윤리적, 인도주의적 또는 이와 유사한 동기에서 발생하는 심오한 신념 또는 양심" 에서 유래하는 것이며, 이미 군복무를 하고 있는 사람도 양심적 병역거부를 할 수 있다고 밝힌다.[20)] 이 결의는 이어서 양심적 집총거부권은 세계인권선언 제18조 및 ICCPR 제18조에 기초한 정당한 권리 행사라는 점을 분명히 한다.[21)] 그리고 이 권리를 인정하지 않는 국가는 양심적 집총거부자의 신념의 본성을 차별하지 말고, 특정 사안에서 양심적 집총거부가 진지하게 이루어졌는지를 결정하기 위한 독립적이고 불편부당한 의사결정기구를 만들 것을 호소하고 있으며,[22)] 징병제를 채택하고 있는 국가의 경우 비전투적이거나 민간적인 임무를 수행하고 징벌적 성격을 띠지 않는 대체복무제를 실시하라고 권고하고 있다.[23)] 그리고 각 나라에 양심적 병역거부자를 투옥하지 않게 하는 조치를 취할 것을 강조하고,[24)] 양심적 병역거부자를 경제 · 사회 · 문화 · 시민 또는 정치적 권리 등에서 차별해서는 안 되며,[25)] 양심적 병역거부권에 대한 정보를 이용할 수 있어야 한다고 명시했다.[26)]

한편 '종교 또는 신념에 따른 일체의 불관용과 차별 제거를 위한 선언' 이 제대로 이행되는지

---

19) 같은 문서.

20) Hum. Rts. Comm. Res. 1999/77, U. N. Doc. E/CN,4/RES/1998/77, Preamble.

21) 같은 문서, Para. 1.

22) 같은 문서, Para. 3.

23) 같은 문서, Para. 4.

24) 같은 문서, Para. 5.

25) 같은 문서, Para. 6.

26) 같은 문서, Para. 8.

27) Implementation of the Declaration on the Elimination of All Forms of Intolerance and of Discrimination Based on Religion or Belief: Report Submitted by Mr. Abdelfattah Amor, Special Rapporteur, in accordance with Commission on Human Rights Resolution 1996/23, U. N. ESCOR, Hum. Rts. Comm., 53d Sess., Provisional Agenda Item 19, U. N. Doc. E/CN.4/1997/91(1996).

를 점검하는 유엔인권이사회 '특별보고관' 의 1997년 보고서도 주목할 필요가 있다.[27] 보고서는 양심적 집총거부권 불인정, 시민권 박탈, 시민적 권리 박탈, 집총거부를 이유로 한 투옥, 대체복무 제도의 부재 등 양심적 집총거부권이 침해되는 양상을 구체적으로 언급했다.[28]

한편 유럽에서는 1967년 '유럽회의' 의 '자문의회' 가 337호 결의를 통해 양심적 집총거부권을 인정했다. 이는 사상, 양심 및 종교의 자유를 선언한 '유럽인권규약' 제9조에 따른 것이다. 이후 이 결의에 기초하여 1987년에는 유럽회의의 '장관위원회' 가 양심적 집총거부권을 인정하지 않는 국가에 국내법과 관행을 변경하도록 요청하는 '87(8)호 추천' 을 채택했다. 한편 '유럽의회' 는 1983, 1989, 1993, 1994년의 결의를 통해 이상의 내용을 재확인한다. 특히 1994년 결의는 유엔인권이사회의 1989년 '제59호 결의' 가 승인한 양심적 집총거부권이 "진정한 주관적 권리" 임을 다시 한번 강조한다. 이상의 결의와 추천 내용은 위에서 살펴본 유엔의 결의 내용과 크게 다르지 않다.[29]

(3) 나라별 양심적 집총거부권 보장 현황

이제 시야를 넓혀 전세계 국가에서 양심적 집총거부권이 어떻게 보장되고 있는지 살펴보자. 이 문제에 대해서는 1997년 발표된 유엔 사무총장의 보고서가 중요한 자료를 제공한다.[30]

이 보고서에 따르면 1997년을 기준으로 징병제가 없는 국가는 영국, 미국, 네덜란드, 룩셈부르크, 벨기에, 호주, 뉴질랜드, 캐나다, 일본, 말레이시아, 사우디아라비아, 인도, 파키스탄, 방글라데시, 남아프리카 공화국, 우루과이 등 69개국이고,[31] 징병제가 있으나 군복무는 원칙적으로 임의적인 것으로 하는 나라는 아르헨티나, 인도네시아, 온두라스, 나이지리아, 세네갈 등 13개국이며,[32] 징병제가 있으나 실시되지 않는 국가로는 엘살바도르와 나미비아의 2개국이다.[33]

---

28) 같은 문서, Vol. 7, Para. 21(a).

29) Amnesty International, Out of the Margins : The Right to Conscientious Objection to Military Service in Europe(15 April 1997) ; Lippman, "The Recognition of Conscientious Objection to Military Service as an International Human Right", at 46~47; Major, "Conscientious Objection and International Law : A Human Right?", 359~361쪽 참조.

30) The Question of Conscientious Objection to Military Service : Report of the Secretary-General prepared pursuant the Commission resolution 1995/83, U. N. ESCOR, 53rd Sess., Provisional Agenda Item 23, U. N. Doc. E/CN.4/1997/99.

31) 같은 문서, Annex II(1).

32) 같은 문서, Annex II(2).

33) 같은 문서, Annex II, Table II.

양심적 집총거부나 대체복무를 전혀 인정하지 않는 국가로는 남북한을 포함하여 중국, 싱가포르, 캄보디아, 타일랜드, 필리핀, 베트남, 그리스, 터키, 소말리아, 수단, 에티오피아, 예멘, 이집트, 아프가니스탄, 이란, 이라크, 이스라엘, 알바니아, 그루지아, 알제리아, 과테말라, 도미니카, 볼리비아, 에쿠아도르, 베네수엘라, 칠레, 콜롬비아, 쿠바, 페루, 혼두라스 등 48개국이 있다.[34)]

그리고 징병제가 있으나 양심적 집총거부를 하는 사람에게 민간에서의 대체봉사나 군에서의 비무장복무를 시키는 국가는 독일, 오스트리아, 덴마크, 네덜란드, 프랑스, 이탈리아, 스페인, 포르투칼, 노르웨이, 스페인, 핀란드, 라트비아, 리투아니아, 벨라루스, 불가리아, 슬로바키아, 슬로베니아, 우크라이나, 에스토니아, 폴란드, 체크 공화국, 헝가리, 케이프 베르드, 사이프러스 등 25개국이다.[35)] 이상의 나라들은 대부분 헌법과 하위 법률로 대체복무를 인정하는데, 대체복무의 내용은 구제활동, 환자수송, 소방업무, 장애인을 위한 봉사, 환경미화, 조경·농업, 난민보호, 청소년보호센터 근무, 문화유산의 유지 및 보호, 감옥 및 갱생기관 근무 등이며, 기간은 현역 복무기간의 1~1.4배 정도이다. 네덜란드와 핀란드는 '여호와의 증인'을 위한 특별 규정을 두고 있다.[36)]

3. 양심적 집총거부는 이단 종파의 교리?

양심적 집총거부자의 인권이 사회 문제로 불거지면서 일부 국회의원을 중심으로 양심적 집총거부자의 대체복무를 인정하는 법안이 추진되고 있다. 이러한 움직임에 보수적인 기독교 단계들이 강하게 반발하고 나섰다. 대표적으로 '한국기독교총연합회'(이하 한기총)가 발표한 성명서를 보자.

여호와의 증인은 미국에서 발생한 기독교의 탈을 쓴 이단으로서 '집총거부(병역기피)', '수혈거부', '국기배례거부' 등으로 사회적 문제를 야기해왔음은 주지의 사실이다. 여호와의 증인이 집총을 거부하고 병역을 기피하는 이유는 국가와 정부를 사탄의 조직으로 보기 때문이다 … 종교의 자유와 소수의 인권 보장을 내세워 여호와의 증인이 끼치는 폐해는 간과하고 마치 양심적인 종교인으로 포장하고 미화하는 발상은 위험한 것이다. 이 법안은 부작용이 클 것이다. 왜냐하

---

34) 같은 문서, AnnexⅡ(6). 이스라엘은 대체복무제를 여성에게만 인정한다. 집총거부를 한 남성에게 부과하는 형량은 30일 정도의 유기징역에 불과하다〔Amnesty International, ISRAEL, The Price of Principles : Imprisonment of Conscientious Objectors(Sep. 2, 1999) 참조〕.

35) 같은 문서, AnnexⅡ(4). 양심적 집총거부자에게 무장한 군부대에서 비전투 임무를 부여하는 것을 법률로 허용하는 2개 국가가 있으며, 법률로는 이를 허용하지 않지만 사안별로 임시적으로 이러한 조치를 하는 3개 국가가 있다〔같은 문서, AnnexⅡ(5)(a)(b)〕.

36) 좀더 자세한 내용은 오종권, 〈대체복무의 근거와 입법방안〉, 《인권과 정의》 제298호(2000년 6월) 말미에 수록된 자료(81~99쪽) 참조.

면 살생을 금하는 종교도 있고 어느 종교든 전쟁이나 군 입대를 거부할 수 있는 논리를 만들 수 있는 개연성이 있을 뿐만 아니라 이를 특화하는 새로운 종교의 출현도 예견해 볼 수 있을 것이다. 또 종교의 자유에는 개종의 자유가 있는 만큼 중간에 종교를 바꾸는 것을 강제로 막을 수 없는 문제점도 안고 있기 때문에 병역기피자의 도피처로 악용될 수 있을 것이다.[37]

병역거부는 '이단' 종파들이나 하는 것이므로 대체복무제는 이단 종파를 위한 특혜라는 주장이다. 여기에는 대체복무제를 도입하면 "병역기피 풍조가 만연한 상황에서 여호와의 증인의 집중 전도 대상이 되는 기독교인들 중 일부가 대체복무제에 귀가 솔깃해 넘어갈 수 있다"는 우려가 깔려 있다.[38]

기독교 신자가 아닌 나로서는 기독교의 '정통'과 '이단'에 대한 논쟁에 대해서는 아는 바가 적기에, '여호와의 증인'의 교리가 이단인지 아닌지 말할 자격이 없다. 그러나 양심적 병역거부권 문제를 단지 '정통' 기독교와 '여호와의 증인' 간의 대립구도로만 바라볼 때 본래의 취지가 왜곡될까 우려스럽다. 양심의 자유와 양심적 병역거부권 문제는 기본적으로 '인권'과 관련된 문제이다. '이단'의 양심도 양심이며, '이단'의 인권도 인권인 것이다.

기독교 내에도 한 가지 목소리만 있는 것은 아니다. '한기총'과 함께 기독교계의 양 축을 이루는 '한국기독교교회협의회(KNCC)'가 전국 150여 명의 위원들을 대상으로 실시한 설문조사 결과를 보면, 복무기간을 길게 잡아야 한다는 등 단서 조항을 달고 있기는 하지만 약 70%의 위원들이 인권 차원에서 이 문제를 해결해야 한다는 의견을 내놓았다.[39]

그리고 기독교 신자인 김두식 교수의 지적처럼, 양심에 의한 병역거부권은 여호와의 증인들만의 전유물이 아니다.[40] 서기 295년 막시밀리안(Maximilian)은 징집을 거부했다가 총독의 명에 따라 즉각 처형되었다. 기독교인으로 처음 병역거부 순교자가 된 그는 훗날 성인 칭호를 받는다. 이후 종교개혁 그룹 중 '재세례파(Anabaptists)'와 그들의 교리를 이어받은 '모라비안 형제단(Moravian Brethren)', '메노나이트 교도(Mennonite)', 그리고 영국의 '퀘이커 교도(Quaker)'들도 '기독교 평화주의(Christian Pacificism)'의 원칙에 따라 병역을 거부했다. 그러나 이들은 기독교에서 이단으로 취급받지 않는다. 김 교수의 말을 더 들어보자.

---

37) 한국기독교총연합회, "병역을 거부하는 '여호와의 증인'을 위한 대체복무제 입법을 반대한다"(2001. 6. 1), (http://www.cck.or.kr).

38) 정연택 한국기독교총연합회 사무총장 인터뷰. 《한겨레21》 제367호(2001. 7. 11).

39) 〈입법추진은 계속된다〉, 《한겨레21》 제369호(2001. 7. 25).

40) 김두식, 〈기독교도도 양심적 병역거부했다〉, 《한겨레21》 제369호(2001. 7. 25).

여호와의 증인들이 존재하기 훨씬 전부터 기독교인들 중 일부는 양심에 의한 거부권을 행사해 왔고, 현재 존경받고 있는 기독교 지도자들 중에도 이를 실천한 분들이 많이 있다. 기독교 내부에서는 언제나 성경의 가르침을 이런 식으로 받아들여온 입장이 있어왔고, 이러한 평화주의자들의 입장은 정의로운 전쟁 이론을 받아들인 주류의 입장과 함께 기독교 내부의 균형을 이루어왔다. 우리나라에서 오직 여호와의 증인들만이 병역거부의 주체인 것처럼 오해받아온 것은 세계사적으로 매우 특이한 일이다. 병역거부가 여호와의 증인들뿐만 아니라 기독교 내부에서도 있을 수 있는 입장이라는 상식을 받아들이고 나면 문제 해결은 한결 쉬워진다. 대체복무가 이단들을 위한 특혜라는 주장도, 기독교인들 중 일부가 여호와의 증인으로 넘어갈 수 있다는 우려도 모두 근거를 잃게 되기 때문이다.[41]

이처럼 양심적 병역거부는 초기 기독교 시기부터 있었으며, 1872년 미국에서 '여호와의 증인'이 등장하기 전에도 정통 기독교 내에 철저한 평화주의 원칙에 따라 양심적 병역거부를 실행하는 교파가 존재했다. 이러한 맥락에서 볼 때 양심적 집총거부권을 기독교와 이단 간의 대립구도로 끌고 가는 것은 분명한 오류다. 주5일 근무제가 십계명에 어긋나므로 반대한다는 '한기총' 의 주장을 수용하기 힘든 것처럼,[42] 양심적 집총거부권자의 인권을 '이단' 이라는 이유로 외면하는 것 역시 납득하기 어렵다 하겠다.

4. 한국에서 양심적 집총거부권 실현을 위한 몇 가지 점검 사안

이상에서 우리는 양심적 집총거부권이 세계 민주주의 국가의 국내법과 국제인권법에서 주변적 관심 사항이 아니라 양심 · 사상 · 종교의 자유의 기본적 구성 요소로 간주되고 있음을 보았다. 또 기독교 내에도 이를 신앙의 구성 요소로 수용하는 흐름이 있음을 확인했다.

'여호와의 증인' 의 교리에 동의하든 않든 간에 그들이 히틀러 치하에서 보라색 딱지를 가슴에 달고 강제 수용되어 목숨을 잃으면서도 양심적 집총거부의 신조를 지켰다는 점, 최근까지 아무도 관심을 두지 않았음에도 우리 나라의 수많은 '여호와의 증인' 들이 한결같이 집총보다는 감옥을 선택했다는 점을 기억해야 할 것이다. 그리고 "신의 이름에 부들부들 떠는 자" 들인 퀘이커 신자들은 제1차 세계대전 동안 양심적 집총거부자들이 선택적 군복무의 하나로 구제사업과 구급차 부대에서 일하도록 도왔으며, 제2차 세계대전 기간에는 정신병원을 비롯한 인도적 부문에서 일하는 것도 선택적 군복무 범위에 포함되도록 노력했다. 이러한 활동을 인정받아 1947년 미국

---

41) 김두식, 위의 글.

42) 이종윤, "'주5일 근무' 재고를", 〈조선일보〉, 2001년 8월 13일, 6면.

퀘이커 봉사협회와 영국 퀘이커 봉사협회는 공동으로 노벨 평화상을 받았다.

양심적 집총거부자가 볼 때 총을 드는 행위는 자신의 양심 또는 종교의 근본을 부정하고 의견의 자기동일성을 파괴하는 것이다. 징병을 통한 국가의 이익도 중요하지만 이것이 양심적 집총거부자에게 집총을 강제해야 할 만큼 근본적이고 절박한 것은 아니다. 양심적 집총거부자는 처음부터 전투 행위에 적합한 사람이 아니며, 징병제를 통한 국가의 이익은 양심적 집총거부자를 처벌하거나 강제징집을 하지 않고도 충족할 수 있기 때문이다.[43] 이러한 '소수자' 집단의 상황을 무시하고 기계적으로 법률을 집행하기보다는, 그들의 종교와 양심을 존중하여 다른 방식으로 사회에 봉사할 수 있도록 제도를 마련하는 것이 국가의 '의무'가 아닐까? 사실 헌법 제37조 2항 후단은 국민의 자유와 권리를 "제한하는 경우에도 자유와 권리의 본질적인 내용을 침해할 수 없다"라고 못박고 있지 않은가?

양심적 집총거부권을 한국에 실현하려면 몇 가지 점검해보아야 할 사안이 있다.

첫째, 양심적 집총거부권은 특정 종교 신자에게만 적용되는 사안인가 하는 문제이다. 우리 나라의 양심적 집총거부자들을 보면 주로 '여호와의 증인'과 '제칠안식일예수재림교(SDA)' 신자들이다. 그러나 이름에서도 드러나듯이 이 권리는 '종교의 자유'에서만 나오는 것이 아니라 종교와 무관한 '양심의 자유'에서도 도출되는 것이다. 따라서 두 종교의 신자가 아니더라도 철저한 평화주의자 — '불살생'과 '불축살생구'의 계를 철저히 관철하는 불교 승려나 신도, 종교는 없지만 국가가 수행하는 모든 전쟁은 악이라고 믿는 자 등 — 라면 양심적 집총거부권을 인정해주어야 한다. 대만에서는 불교 승려의 대체복무를 인정하고 있으며, 노르웨이는 1991년부터 핵전쟁 반대 운동가들의 대체복무를 인정하고 있다.

실제로 미국 연방대법원의 1965년 '시저 판결(United Stated v. Seeger)'[44]은 양심적 집총거부는 종교적 신념에서만 가능한 것은 아니며 "신에 대한 정통적 믿음으로 꽉 차 있는 신념에 견줄 수 있을 정도로 그 신념의 소유자의 삶에 자리잡고 있는 진지하고 유의미한" 신념에서도 가능하다고 판시했다.[45] 그리고 앞에서 살펴본 '유엔인권이사회'의 1995년 83호 결의와 1998년 77호 결의도 양심적 집총거부의 근거를 "종교적, 도덕적, 윤리적, 인도주의적 또는 이와 유사한 동기"로 설정하면서, 양심적 집총거부의 신념을 그 내용에 따라 차별해서는 안 된다고 강조한 바 있다. 또 국제 사면위원회도 양심적 집총거부권은 "종교적, 윤리적, 도덕적, 인도주의적, 철학적,

---

43) 양건, 《헌법연구》(법문사, 1994), 326쪽.

44) 380 U. S. 163(1965).

45) 같은 판결, 166쪽. 같은 취지의 판결로는 '웰시 판결(Welsh v. United States)' 〔398 U. S. 333(1970)〕이 있다.

정치적 또는 이와 유사한 동기"에서 도출될 수 있음을 밝히고 있다.[46]

둘째, 양심적 집총거부권으로 인정할 수 있는 집총거부의 정도는 어디까지인가 하는 문제가 있다. 미국 연방대법원은 양심적 집총거부는 특정 전쟁에 대한 거부가 아니라 일체의 전쟁에 대한 거부를 의미하는 것으로 보고 있다.[47] 이 입장에 따르면 (가상의) '대일본전' 참전은 거부하는데 (가상의) '남북한전쟁'은 참전하겠다고 하면 그는 양심적 집총거부자가 아니다. 반면 국제 사면위원회는 특정 전쟁에 국한된 이른바 "선택적" 집총거부도 양심에 기초한 것이라면 인정하고 있다.[48] 양심의 자유를 철저하게 보장한다는 관점에서는 후자가 타당하지만, 현 단계 우리 나라의 현실을 고려할 때 선택적 집총거부도 인정하자는 주장은 수용되기 힘들다고 생각한다.

셋째, 양심적 집총거부자에 대한 대체복무제의 구체적 양태와 기간 문제이다. 먼저 양태와 관련하여 여러 방안을 모색해 보아야 한다. 양심적 집총거부자를 군부대에 배치하되 군사훈련을 면제하고 비군사적 임무를 맡기는 방안도 있을 수 있다. 그러나 이렇게 하면 군대 내에서의 위화감 조성 등 부작용이 생길 가능성이 많으므로 양심적 집총거부자는 군대 바깥에서 시민적 통제 아래 비군사적 일을 맡는 방안이 타당하다고 본다.

그리고 유엔인권이사회의 1998년 '77호 결의'가 권고한 것처럼, 대체복무의 양태와 기간은 징벌의 성격을 띠어서는 안 된다. 양심적 집총거부권을 인정하는 것은 형평성에 어긋나고 군복무 회피의 수단으로 사용될지도 모른다는 우려 때문에, 양심적 집총거부를 인정하면서도 대체복무 기간을 군복무 기간보다 지나치게 늘려 잡는다거나 대체복무 직종을 이른바 '3D직종' 등에 국한한다면 양심적 집총거부를 인정하는 근본 취지가 무색해지기 때문이다. 앞에서 살펴보았듯이 대체복무를 인정하는 나라들에서 채택한 복무 분야는 주로 사회복지와 치안 분야임을 상기할 필요가 있다.

넷째, 양심적 집총거부자의 집총거부의 양심에 대한 판단 절차의 문제가 있다. 신체검사나 징집 통지를 받았을 때 양심적 집총거부를 선택한 사람은 집총거부 이유서를 작성해야 할 것이고 (종교인이라면 신도라는 증명서와 종교 보증서가 첨부되어야 할 것이다), 양심적 집총거부와 대체복무 인정 여부를 심사하기 위해 군 관계자, 종교인, 윤리학자, 법학자 등으로 구성된 가칭 '양

46) Amnesty International, Out of the Margins : The Right to Conscientious Objection to Military Service in Europe(1997. 4. 15).

47) Gellette v. United States, 401 U.S. 437(1971). 단 더글러스 대법관은 특정 전쟁에 반대하는 것도 '양심적 집총거부'에 포함시킨다〔더글러스 대법관의 반대의견, 463~475쪽〕.

48) Amnesty International, Out of the Margins : The Right to Conscientious Objection to Military Service in Europe(1997. 4. 15).

심적 집총거부자 심사위원회'가 구성되어야 할 것이다. 그리고 유엔인권이사회의 1995년 '83호 결의'와 1998년 '77호 결의'가 요청한 것처럼, 이미 입대하여 병역의무를 수행하고 있는 사람이 새로이 양심적 집총거부를 신청할 수 있는 절차가 마련되어야 한다.[49] 또 양심적 집총거부로 유죄판결을 받고 투옥된 사람들을 위한 특별사면 등의 구제 절차도 필요하다.

마지막으로 대체복무제가 도입되기 전이라도 현재 재판을 받고 있거나 투옥되어 있는 양심적 집총거부자에 대한 관대한 조치가 필요하다. 징병제를 실시하면서 대체복무제를 인정하지 않는 나라 가운데, 우리 나라처럼 집총거부자에게 3년 징역이라는 중형을 선고하는 나라는 드물다. 전과자가 되어 사회적 불이익을 받는 것도 모자라 현역 복무 기간보다도 긴 형량을 치러야 하는 것은 불합리하지 않은가. 이러한 맥락에서 유죄판결을 받고 투옥되어 있는 양심적 병역거부자들에 대한 감형·사면 조치를 적극적으로 고려해야 한다.

5. 결론

'민주화' 이후에도 사회 곳곳에 침윤된 '군사 문화'는 여전하고, 한편으로는 병역 비리가 반복되고 있는 우리 현실에서 어떤 이유에서든 집총을 거부한다는 것은 엄청난 비난을 자초하는 일이다. 그러한 '권리'가 있다고 말하는 것부터 황당한 주장으로 여겨질지도 모른다. 그러나 지금까지 살펴보았듯이 양심적 집총거부는 단지 소수파 종교집단의 반사회적 행동이 아니다. 대부분의 민주주의 국가에서 헌법상의 권리로 인정하고 있으며, 국제법으로도 승인된 인권 중의 하나이다. 이러한 맥락에서 양심적 집총거부 때문에 투옥된 사람은 새로운 유형의 '양심수'로 불릴 만한 충분한 근거가 있다.

양심의 자유도 헌법 제37조 제2항에 따라 국가의 안전보장과 질서 유지 또는 공공복리를 위해서는 법률에 의해 제한할 수 있다거나 헌법 제39조 1항이 병역의 의무를 규정하고 있는 이상 양심의 자유도 이 테두리 안에서만 허용된다는 식의 논리는 양심적 집총거부자가 갖닥뜨리는 심각한 상황을 너무도 안이하게 파악한 결과이다. "양심의 자유를 최대한으로 보장하기 위하여, 입법자는 양심의 충돌이 예상되는 법률에 대해 그 충돌을 회피할 수 있는 법적 대안을 마련해주어야"[50] 하지 않을까? 민주주의는 단지 다수의 지배만을 뜻하는 것이 아니다. 소수자의 인권을 배척하고 그들의 고민과 신조를 외면하는 다수의 지배는 다수의 전제일 뿐이다.

---

49) 스웨덴과 영국은 군복무 도중에라도 양심적 집총거부권에 기초하여 대체복무를 신청할 수 있다고 명시적으로 밝히고 있다.

50) 손동권, 〈양심범 처벌의 법이론적 기초〉, 《형사법연구》, 제4호(1991), 45쪽.

양심적 집총거부권이 보장되면 병역기피 풍조가 널리 퍼지는 것은 아닐까, 또 모든 남성이 군복무를 거부하고 대체복무를 택하지는 않을까 하는 우려가 있음을 알고 있다. 그러나 우리나라와 같은 분단국가로서 대체복무법을 실시하고 있는 대만에서 그러한 부작용은 아직 보고되지 않았다. 여호와의 증인들은 집총거부 외에도 수혈 거부를 신조로 삼고 실천하고 있는데, 단지 병역기피를 위하여 평생 수혈거부를 실천할 사람은 찾기 힘들 것이다. 그리고 양심적 집총거부 여부에 대한 1차 판정 후에도 수년에 걸친 후속 심사 과정을 의무화하고, 집총거부 신념이 허위로 드러날 경우 처벌하는 조항을 마련한다면 이 권리가 단순한 병역기피 수단으로 사용되는 것을 막을 수 있을 것이다.

— 조국, 〈양심적 집총거부권〉, 《양심과 사상의 자유를 위하여》, 책세상, 2001.

:: 쓰기과제

① 윗글에는 법학적인 개념과 논리가 숨어 있는 것이지 없는 것이 아니다. 법학적인 개념과 논리라는 측면에서 이 에세이를 평가해 보자.

② 하나의 주제를 선택하여 위와 같은 학술적인 글을 써 보도록 하자(서지 사항은 정확하고 엄격하게 한다. 이 과제를 기말 리포트로 돌려 활용할 수 있다).

3) 생활 에세이

:: 읽기자료 3

장기이식에 관한 법률안이 국회에 제출되었다. 이 법률안은 뇌사자의 장기적출을 사망한 자와 같은 기준으로 시행할 수 있게 했다. 이제 이 법안이 통과된다면 뇌사자는 죽은 자로 취급된다.

전통적인 사망 기준은 심장박동과 호흡의 마지막 순간이 끝나는 때이다. 심장사는 죽음을 시체와 일치시켜 놓은 시체있는 죽음 개념이기 때문에 보통사람이라 해도 생사의 한계인식에 별 오류를 범할 염려가 없다. 그래서 형법을 비롯한 법적 죽음 개념으로서 심장사는 지금까지 부동의 위치를 점하여 왔다.

뇌사는 죽음의 통념도 아니고 법적 죽음 개념도 아니다. 단지 의학적 죽음개념으로 승인될 뿐이다. 인공심폐기의 개발과 장기이식술의 발전이 없었더라면 의학세계에서도 뇌사 개념은 그다지 필요하지 않았을 것이다.

— 납득 어려운 사망 판정

2백여 년 전만 해도 인간의 인격성은 심장에 자리하고 있다는 것이 상식이었다. 의학의 발달과 함께 인간의 인격성 중심은 두뇌 쪽으로 옮아갔다. 그래서 전뇌활동의 회복불가능한 소실상태에 이르면 의학적으로 시체나 다름없다는 뇌사개념이 등장하게 되었다. 그러나 뇌활동만 가지고 생사의 기준을 삼는 의학적 지식은 유감스럽게도 전문가 수준에서만 통용될 수 있는 것이어서 보통사람의 생사 기준과 동떨어져 있다.

보통사람의 생활경험에 비추어 납득하기 어려운 죽음의 잣대로써 생사의 한계를 재단하듯 결정해낸다면, 그것처럼 부자연스러운 일이 없을 뿐 아니라 판단오류와 판단남용의 위험 또한 무시할 수 없다. 그래서 의료인들 중에도 뇌사자 장기적출의 필요를 절박하게 느끼고, 뇌사를 법적으로 인정해줄 것을 바라는 사람들은 이식의료인들이 주축을 이룬다.

뇌사를 또 하나의 죽음 개념으로 인정한 이 법률안은 인간 생명의 존엄성보다 이식에 역점을 두고 있다. 기껏 2주일이면 끝날 뇌사자의 꺼져가는 생명을 앞당겨 죽음으로 판정함으로써 장기적출의 문을 열어주는 이 법률안은 인도주의로 포장된 공리주의적 계산이 깔려 있다. 그러나 진정한 인도주의가 무엇을 의미하는지 입법자는 신중히 고려해야 할 것이다.

인간 생명은 지고한 법가치이며 세속화된 사회속에서도 그 금기의 벽을 허물어서는 안 될 신성성을 갖고 있다. 그러므로 인간생명은 그 시작부터 심장과 호흡이 끝나는 마지막 순간까지도 다른 목적을 위한 단순한 수단으로 다루어져서는 안 된다. 이식의학의 연구발전을 위한 실험 제물로 뇌사자들의 잔여 생명이 이용되어서는 안 된다. 1990년 우리나라에서 처음으로 뇌사자 장기이식이 시작된 이래 95년까지만 해도 71건의 뇌사판정과 2백55건의 장기이식이 시행되었다.

— 정기적인 탈법 우려

이 통계에서 의식을 잃고 병원에 실려가 뇌사판정을 받고 장기적출에 이르기까지 24시간이 안

걸린 경우가 무려 65%나 된다. 3명 중 2명은 24시간도 못 되어 뇌사판정과 장기적출이 완료된 셈이다. 이런 현실을 감안할 때 뇌사를 법으로 인정하면 뇌사자의 장기적출 수요는 늘어나고 그 늘어나는 수요를 채우기 위해 뇌사 직전의 준뇌사자들도 생명을 앞당겨 빼앗겨야 할 위험에 처하게 될 것이다.

수년 전 전주기독병원에서는 6개월간 식물인간 상태에 있던 교통 사고 환자가 아내의 극진한 간호로 기적처럼 의식을 회복한 일이 있었다. 뇌사 입법이 통과되면 십중팔구 이런 환자들도 처분의 대상에 오를 위험이 높아진다. 뇌사자 자신은 아무런 저항도 할 수 없는 고립무원의 상태에 놓여있기 때문이다.

73년 모자보건법의 등장으로 형법상 낙태금지규범을 이완시키는 통로가 열리자 이 합법성의 통로를 통해 탈법 · 불법적인 낙태가 속출하였다. 연간 약 1백50만 명의 태아가 우리나라 의료인들과 무책임한 임산부들의 합의 아래 무참히 도살당하고 있다. 만약 우리가 인간 생명의 존귀성을 지키기 위한 생명윤리적 의식에 깨어 있지 않다면 이제 장기이식에 관한 법률의 등장과 함께 살해 금지 규범은 지금 우리가 예상하는 것보다는 훨씬 심각한 수준으로 무너지고 말 것이다.

이제 주사위는 입법자들 손에 넘어 갔다. 우리사회의 무너진 생명윤리를 추스르고 일상화한 생명 파괴 불법을 바로 잡기 위해서는 어떤 법정책이 현명한지를 심사숙고해 주기 바란다. 보건복지부에서 마련한 뇌사법률안은 실제 현행 살해 금지 규범을 무시하고 겁 없이 뇌사자들의 장기를 적출해 온 이식의료인들과 이를 지지해온 몇몇 사람들이 주축이 된 위원회에서 입안되었다.

그러나 이처럼 편향된 시각을 가진 사람들 손으로 입안된 법안은 실제 소수의 이익을 대변하는 로비입법의 성격이 짙다. 환자의 보건복지보다 인간의 생명 보호가 더할 바 없이 중요한 이슈라는 점을 간과해서는 안 될 것이다.

— 김일수, 〈腦死 입법의 위험성〉, 《법은 강물처럼》, 고시계사, 2002.

:: 쓰기과제

① 주변 생활에서 이슈가 되고 있는 하나의 주제를 정하여 위와 같은 에세이를 써 보도록 하자.

2장 홍보 전략과 글쓰기

1) 제품 설명서

제품설명서는 특정한 상품을 구매하고자 하는 고객에게 그 상품에 관한 정보를 주는 것을 목표로 한다. 최근에는 소비자의 정보 제공의 욕구를 충족시키고, 이를 구매로 연결시키기 위한 다양하고 수준 높은 제품 설명서가 제공되고 있다. 아래에 예시한 샘플을 통해 제품설명서가 갖추어야 할 내용들을 알아보자.

:: 읽기자료 1

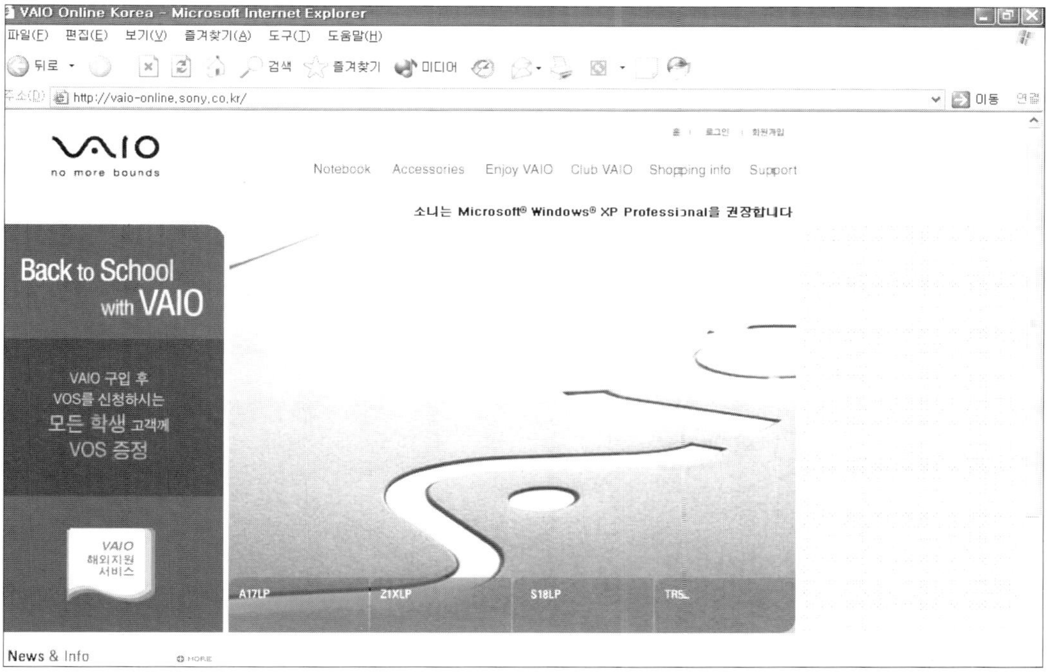

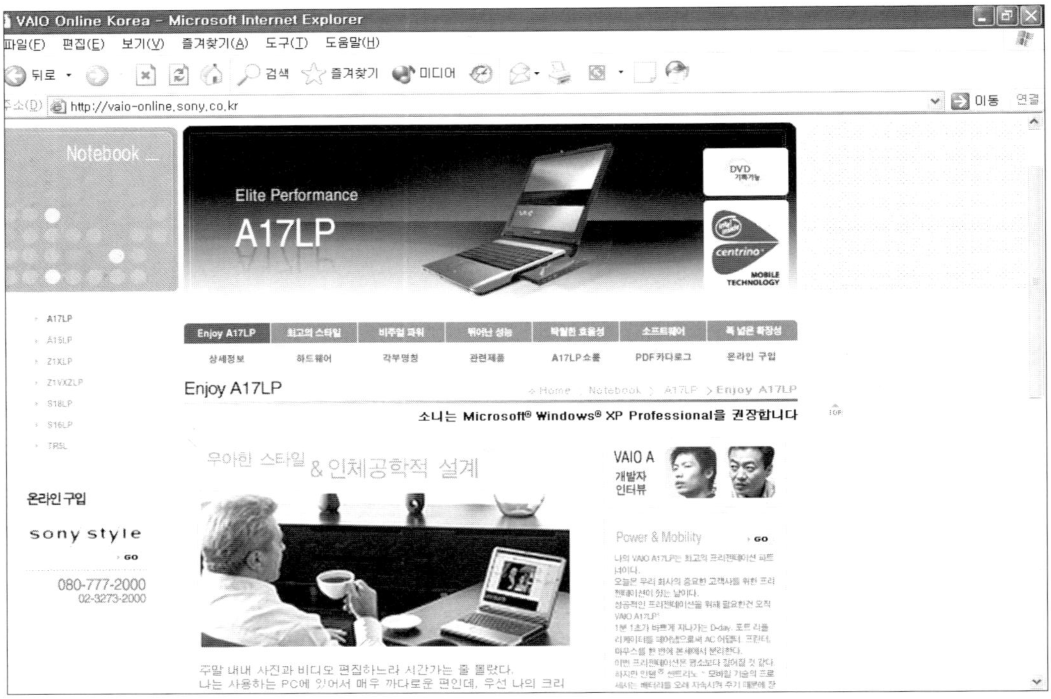
VAIO Online Korea - Microsoft Internet Explorer
파일(F) 편집(E) 보기(V) 즐겨찾기(A) 도구(T) 도움말(H)
http://vaio-online.sony.co.kr
Notebook
Elite Performance
A17LP
DVD
centrino
MOBILE TECHNOLOGY
Enjoy A17LP
Enjoy A17LP
소니는 Microsoft® Windows® XP Professional를 권장합니다
우아한 스타일 & 인체공학적 설계
VAIO A 개발자 인터뷰
Power & Mobility
온라인 구입
sony style
GO
080-777-2000
02-3273-2000
주말 내내 사진과 비디오 편집하느라 시간가는 줄 몰랐다.
나는 사용하는 PC에 있어서 매우 까다로운 편인데, 우선 나의 크리

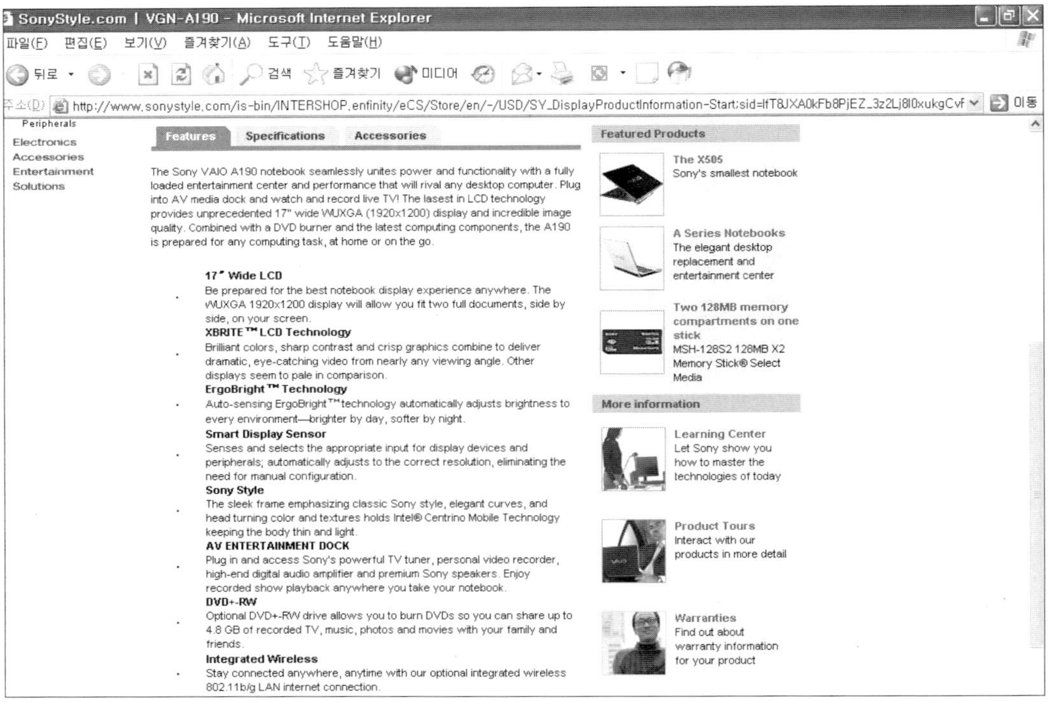
SonyStyle.com | VGN-A190 - Microsoft Internet Explorer
파일(F) 편집(E) 보기(V) 즐겨찾기(A) 도구(T) 도움말(H)
Peripherals
Electronics
Accessories
Entertainment
Solutions
Features Specifications Accessories
The Sony VAIO A190 notebook seamlessly unites power and functionality with a fully loaded entertainment center and performance that will rival any desktop computer. Plug into AV media dock and watch and record live TV! The lasest in LCD technology provides unprecedented 17" wide WUXGA (1920x1200) display and incredible image quality. Combined with a DVD burner and the latest computing components, the A190 is prepared for any computing task, at home or on the go.
17" Wide LCD
Be prepared for the best notebook display experience anywhere. The WUXGA 1920x1200 display will allow you fit two full documents, side by side, on your screen.
XBRITE™ LCD Technology
Brilliant colors, sharp contrast and crisp graphics combine to deliver dramatic, eye-catching video from nearly any viewing angle. Other displays seem to pale in comparison.
ErgoBright™ Technology
Auto-sensing ErgoBright™ technology automatically adjusts brightness to every environment—brighter by day, softer by night.
Smart Display Sensor
Senses and selects the appropriate input for display devices and peripherals; automatically adjusts to the correct resolution, eliminating the need for manual configuration.
Sony Style
The sleek frame emphasizing classic Sony style, elegant curves, and head turning color and textures holds Intel® Centrino Mobile Technology keeping the body thin and light.
AV ENTERTAINMENT DOCK
Plug in and access Sony's powerful TV tuner, personal video recorder, high-end digital audio amplifier and premium Sony speakers. Enjoy recorded show playback anywhere you take your notebook.
DVD+-RW
Optional DVD+-RW drive allows you to burn DVDs so you can share up to 4.8 GB of recorded TV, music, photos and movies with your family and friends.
Integrated Wireless
Stay connected anywhere, anytime with our optional integrated wireless 802.11b/g LAN internet connection.
Featured Products
The X505
Sony's smallest notebook
A Series Notebooks
The elegant desktop replacement and entertainment center
Two 128MB memory compartments on one stick
MSH-128S2 128MB X2 Memory Stick® Select Media
More information
Learning Center
Let Sony show you how to master the technologies of today
Product Tours
Interact with our products in more detail
Warranties
Find out about warranty information for your product

이 제품의 제품설명서에는 1) 제품소개 2) 특장점 3) 악세서리가 소개되어 있다.

1) 제품 소개(Features)

소니 바이오 A190 노트북 컴퓨터는 엔터테인먼트 센터의 모든 파워 및 기능과 데스크탑 컴퓨터의 성능을 완벽하게 결합하였습니다. AV 미디어 도킹 스테이션에 연결하면 TV를 시청하거나 녹화할 수 있습니다. 최신 LCD 기술은 17인치 와이드 WUXGA(1920X1200) 디스플레이를 통하여 전례가 없을 정도로 뛰어난 화질을 제공합니다. DVD 리코딩 및 최신 컴퓨팅 요소들을 갖추고 있는 A190은 가정에서나 이동 중에나 어떠한 컴퓨터 작업도 가능하게 합니다.

◆ 17" Wide LCD

어디에서나 최고의 노트북 컴퓨터 디스플레이를 경험할 준비를 하십시오. WUXGA(1920X1200) 디스플레이는 스크린상에 두 장의 완전한 문서를 옆으로 나란히 표시할 수 있습니다.

◆ XBRITE™ LCD Technology

화사한 색상, 높은 명암비, 선명한 그래픽은 어떤 시야의 각도에서도 당신의 눈길을 사로잡는 역동적인 동화상을 구현합니다.

◆ ErgoBright™ Technology

자동 센서의 ErgoBright 기술은 모든 환경에 따라 밝기를 자동으로 조절하여 낮에는 밝고 밤에는 부드러운 영상을 제공합니다.

◆ Smart Display Sensor

노트북 컴퓨터에 연결된 디스플레이 기기 및 주변 기기가 두엇인지를 감지하고 선택하여 연결된 기기들에 맞는 해상도로 자동 조절하여 수동으로 configuration을 맞추어야 할 필요성을 없애줍니다.

◆ Sony Style

전통적인 소니 스타일, 부드러운 곡선, 바이오 로고의 칼라와 문자 디자인을 강조하는 얇은 프레임은 인텔 센트리노 모바일 기술을 갖추고서도 얇고 가벼운 몸체를 유지할 수 있도록 했습니다.

◆ AV ENTERTAINMENT DOCK

소니 AV 엔터테인먼트 도킹 스테이션은 강력한 TV 수신기, PVR, 고급 디지털 오디오 앰프, 프리미엄급 소니 스피커를 제공합니다. 이 도킹 스테이션을 통하여 원하는 오디오 및 비디오를 녹화하여 두었다가 당신이 원하는 어디서든 재생하여 즐길 수 있습니다.

◆ DVD+ −RW

옵션으로 제공되는 DVD+ −RW 드라이브를 통하여 DVD에 4.8GB 분량의 TV 녹화물, 음악, 사진 및 영화를 녹화하여 가족 및 친구들과 공유할 수 있습니다.

◆ Integrated Wireless

옵션으로 제공되는 802.11b/g 와이어리스 랜을 통하여 언제 어디서나 인터넷 연결 상태를 유지할 수 있습니다.

2) 특장점(Specification)

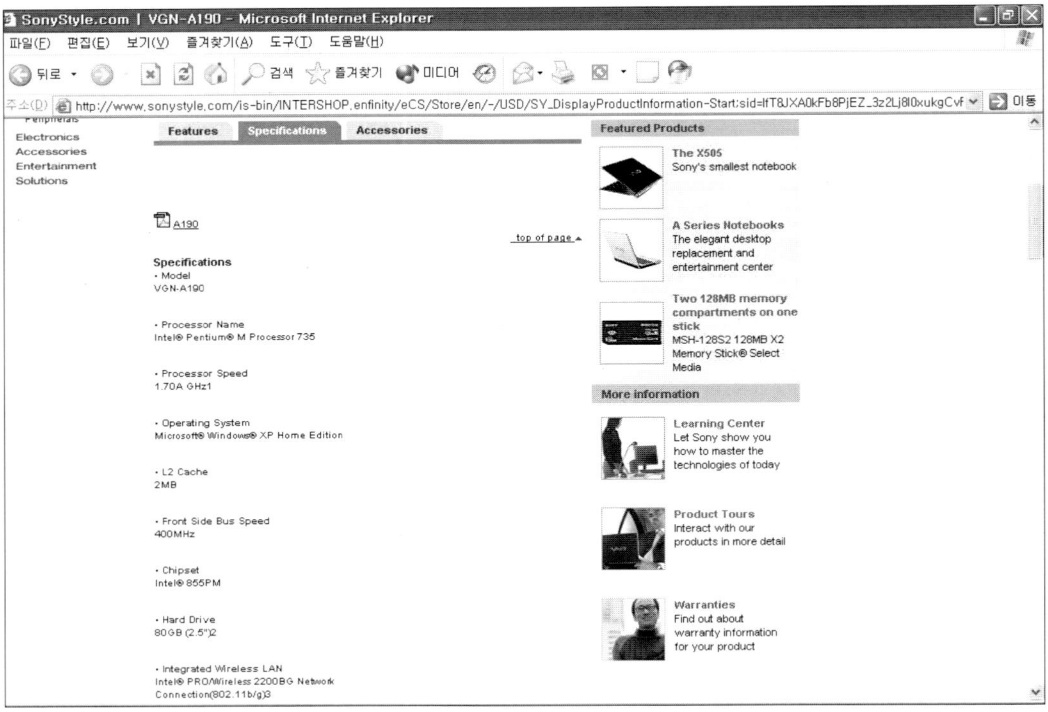

3) 악세서리(Accessories)

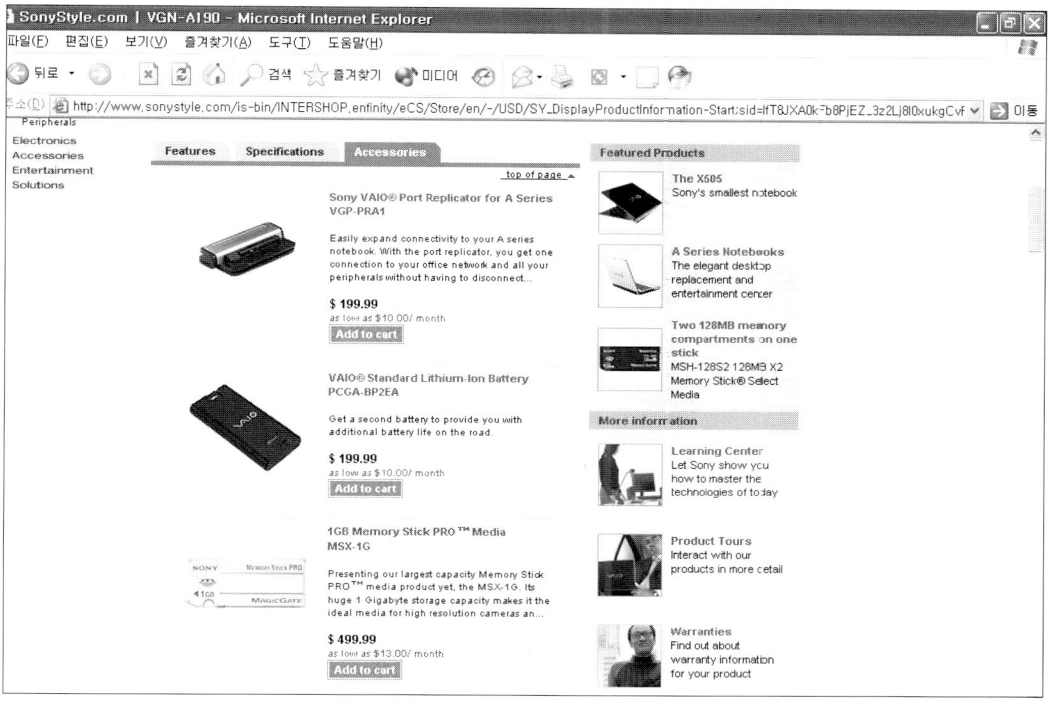

◆ Sony VAIOR Port Replicator for A Series

VGP-PRA1

간편하게 A 시리즈 노트북 컴퓨터의 연결 포트를 확장하십시오. 포트 레플리케이터를 통하여 연결 해지 없이도 사무실의 네트워크 및 모든 주변 기기들과 당신의 노트북을 연결할 수 있습니다.

◆ VAIOR Standard Lithium-Ion Battery

PCGA-BP2EA

이동 중에 배터리 지속 시간을 늘리기 위한 여분의 배터리입니다.

◆ 1GB Memory Stick PRO™ Media

MSX-1G

Memory Stick PRO는 지금까지 나온 최대 용량의 미디어 저장 제품입니다. 대용량 1GB 저장 장치는 고해상도 디지털 카메라 등을 위해 이상적인 제품입니다.

◆ External DVD+−RW drive

PCGA-DDRW2

이 작은 외장 드라이브를 통하여 DVD에 당신의 미디어를 백업할 수 있습니다. 민감한 데이터 및 중요한 미디어를 잃을 걱정을 더 이상 할 필요가 없습니다.

◆ Sony VAIOR 802.11a/b/g Wireless LAN Router Access Point

PCWA-AR800

이 작고 멋진 엑세스 포인트로 최적의 와이어리스 신호를 잡으십시오. 3개의 와이어리스 포트를 통하여, 인터넷 연결을 프린터, PC 및 기타 기기들과 공유하십시오.

◆ Compact and lightweight portable 60GB external hard drive

PCGA-HDM06

당신의 모든 미디어를 이 작은 7.8 온스 드라이브에 백업하십시오. 민감한 데이터 및 중요한 미디어를 잃을 걱정을 더 이상 할 필요가 없습니다.

◆ VAIO 512 MB Memory Module for A Series Notebooks

VGP-MM512G

추가 메모리를 통하여 여러 프로그램들을 동시에 사용하면서도 당신 노트북의 속도를 동일하게 유지할 수 있습니다.

◆ Sony VAIOR 802.11a/b/g Ethernet Converter

PCWA-DE80

당신 삶에서 연결 케이블을 제거하십시오. 이더넷 포트를 통하여 당신의 데스크탑 PC, 플레이스테이션 2, 바이오 룸링크를 와이어리스 기기로 전환시키십시오. 이 아름다운 디자인은 멋지게…

◆ Roller Case

PCGA-CCQ1

인라인 스케이트 바퀴, 파일과 악세사리 등을 담을 수 있는 넓은 공간을 가진 이 롤러 케이스는 여행을 쉽게 만들어줍니다. 이 케이스는 대부분 항공사의 휴대용 화물 규격을 충족…

◆ 512MB Memory Stick PROTM Media
MSX-512
MSX-512 메모리스틱 프로는 차세대 파일 저장 장치입니다.

◆ Sony VAIOR AC Adapter
PCGA-AC19V7
여분의 아답타를 가지면, 하나는 집에 두고 하나는 직장에 둘 수 있습니다. 이 아답타는 AV 엔터테인먼트 도킹 스테이션에도 사용할 수 있습니다.

◆ 128MB X2 Memory StickR Select Media
MSH-128S2
두 개의 메모리스틱을 하나로! MSH-128S2 메모리 스틱 실렉트 미디어는 스틱 하나에 128M 메모리 두 개를 가지고 있어서 총 256M의 큰 저장 용량을…

◆ Sony VAIOR AC Adapter (PCGA-AC19V3)
PCGA-AC19V3
여분의 아답타를 갖추면 아답타 하나는 집에 또 하나는 직장에 둘 수 있습니다. 이 아답타는 VGP-PRA1 A 시리즈 포트 레플리케이터 또는 노트북에 사용할 수 있습니다.

:: 쓰기과제

① 우리나라의 대표적인 전자 회사 하나를 골라서 그 회사의 노트북 컴퓨터 제품 설명 방식을 '소니'의 제품 설명 방식과 비교하여 공통점과 차이점을 분석해 보시오. 그리고, 선택한 한국 회사의 노트북 컴퓨터 제품 설명 방식을 '소니'의 제품 설명 방식과 동일한 양식으로 다시 설명해 보시오.

② 실제로 우리 주변의 제품 설명서를 읽어 보면 쉽게 이해하기 어려운 용어가 많이 나온다. 주위에서 제품 설명서를 구하여, 제품 설명서의 문제점을 지적한 후 쉽고 분명한 글로 다시 써 보자.

2) 기업 홍보

오늘날의 기업은 영향력, 자원, 지식, 전문기술 등을 활용하여 성과를 거두고 있다. 특히 기업이 소비자에게 어필할 수 있는 방법으로 직접적인 상품 광고는 물론이거니와 기업 이미지와 제품에 대한 신뢰도를 향상시키는 기업 이미지 홍보 역시 중요한 역할을 수행하고 있다. 기업의 명확하고 통일된 비전은 기업이 존재하기 위한 기반이 된다. 기업은 경영 철학, 기업 문화 그리고 사회공헌도를 제시하여야 하며, 리더십과 비전, 전략과 혁신 기술 등을 홍보함으로써 기업의 인지도를 높여야 한다. 기업 홍보는 이렇듯 회사를 소개하고 널리 알리기 위해 제작되지만 궁극적으로는 브랜드(Brand) 가치와 기업 이미지를 제고시키기 위해 가장 널리 애용되고 있는 방법 중의 하나이다.

'유한킴벌리'는 환경이라는 분명한 비전을 제시하고 있는 대표적인 기업 가운데 하나이다. '유한킴벌리'의 회사 홍보를 예로 들어 기업 홍보 전략의 내용과 방향을 살펴보자.

:: 읽기자료 2

이 기업의 기업홍보는 1) CEO 2) 경영철학 3) 회사역사 4) 기업문화 5) 사회공헌 6) 사업장 7) 채용안내로 구성되어있다.

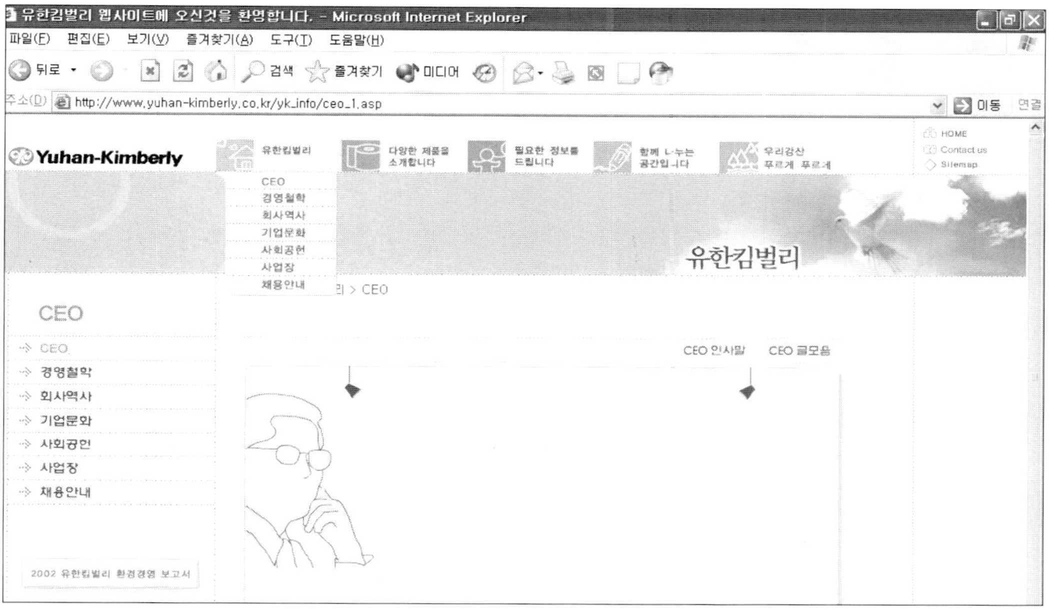

1) CEO 인사

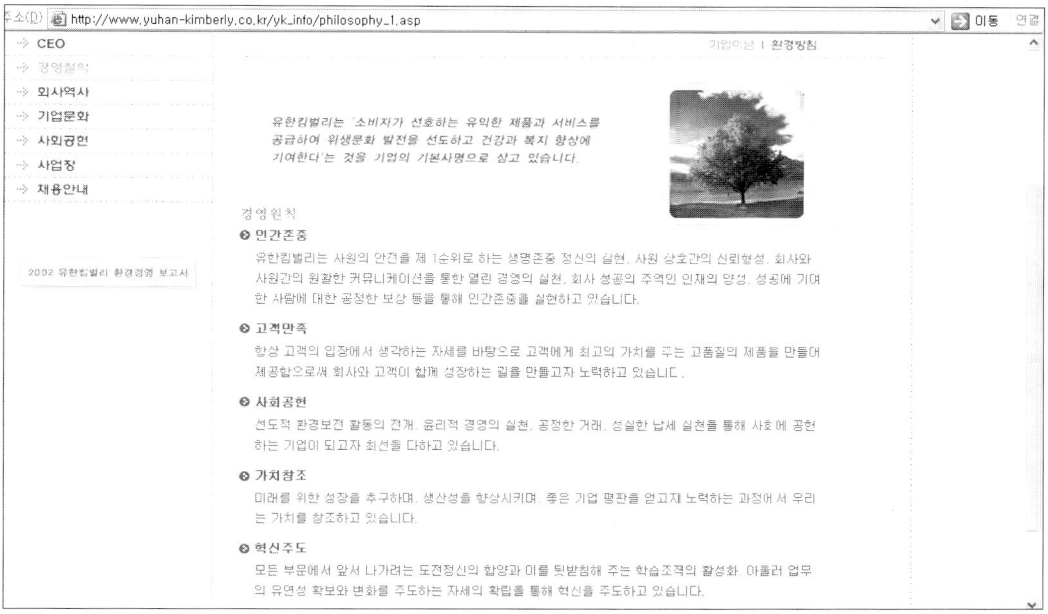

2) 경영철학

유한킴벌리의 경영철학은 인간존중, 고객만족, 사회공헌, 가치창조, 혁신주도이다.

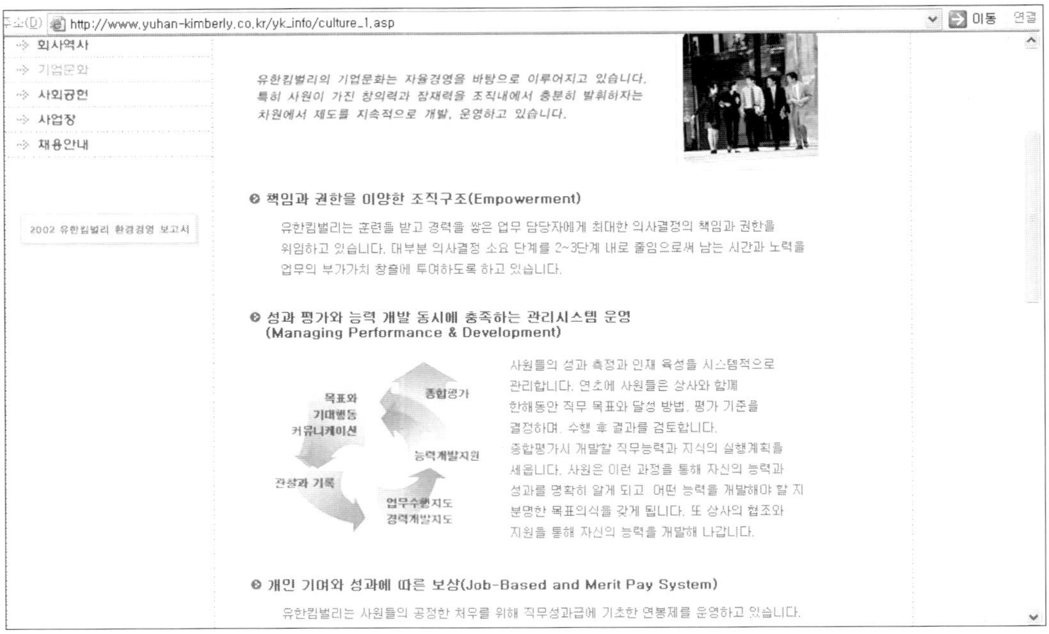

주소(D) http://www.yuhan-kimberly.co.kr/yk_info/culture_1.asp 이동 연결

- 회사역사
- 기업문화
- 사회공헌
- 사업장
- 채용안내

2002 유한킴벌리 환경경영 보고서

유한킴벌리의 기업문화는 자율경영을 바탕으로 이루어지고 있습니다. 특히 사원이 가진 창의력과 잠재력을 조직내에서 충분히 발휘하자는 차원에서 제도를 지속적으로 개발, 운영하고 있습니다.

책임과 권한을 이양한 조직구조(Empowerment)

유한킴벌리는 훈련을 받고 경력을 쌓은 업무 담당자에게 최대한 의사결정의 책임과 권한을 위임하고 있습니다. 대부분 의사결정 소요 단계를 2~3단계 내로 줄임으로써 남는 시간과 노력을 업무의 부가가치 창출에 투여하도록 하고 있습니다.

성과 평가와 능력 개발 동시에 충족하는 관리시스템 운영 (Managing Performance & Development)

사원들의 성과 측정과 인재 육성을 시스템적으로 관리합니다. 연초에 사원들은 상사와 함께 한해동안 직무 목표와 달성 방법, 평가 기준을 결정하며, 수행 후 결과를 검토합니다. 종합평가시 개발할 직무능력과 지식의 실행계획을 세웁니다. 사원은 이런 과정을 통해 자신의 능력과 성과를 명확히 알게 되고 어떤 능력을 개발해야 할 지 분명한 목표의식을 갖게 됩니다. 또 상사의 협조와 지원을 통해 자신의 능력을 개발해 나갑니다.

개인 기여와 성과에 따른 보상(Job-Based and Merit Pay System)

유한킴벌리는 사원들의 공정한 처우를 위해 직무성과급에 기초한 연봉제를 운영하고 있습니다.

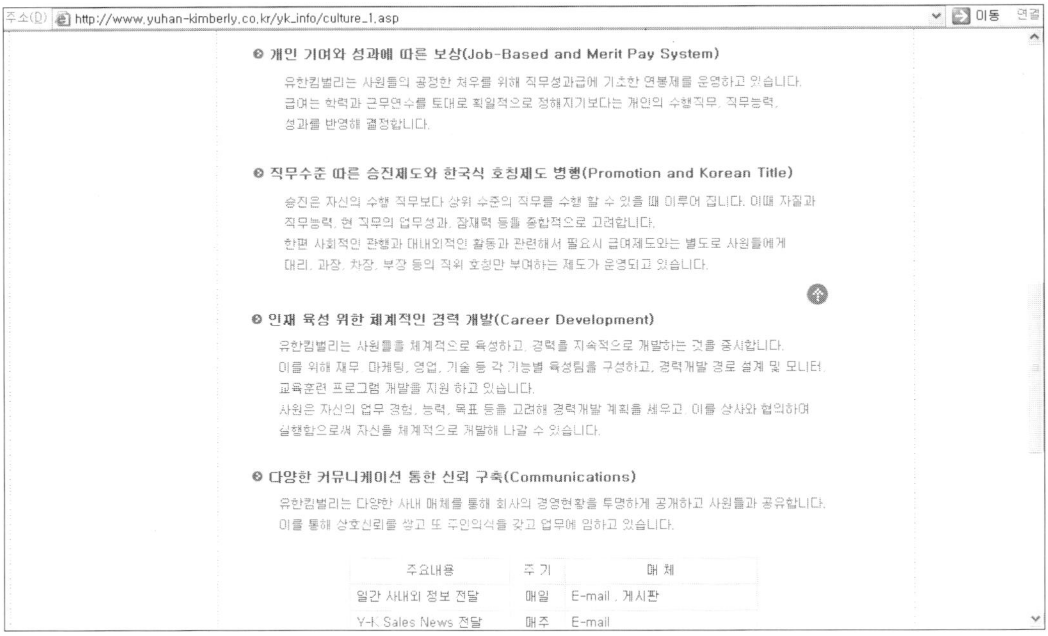

주소(D) http://www.yuhan-kimberly.co.kr/yk_info/culture_1.asp 이동 연결

개인 기여와 성과에 따른 보상(Job-Based and Merit Pay System)

유한킴벌리는 사원들의 공정한 처우를 위해 직무성과급에 기초한 연봉제를 운영하고 있습니다. 급여는 학력과 근무연수를 토대로 획일적으로 정해지기보다는 개인의 수행직무, 직무능력, 성과를 반영해 결정합니다.

직무수준 따른 승진제도와 한국식 호칭제도 병행(Promotion and Korean Title)

승진은 자신의 수행 직무보다 상위 수준의 직무를 수행 할 수 있을 때 이루어 집니다. 이때 자질과 직무능력, 현 직무의 업무성과, 잠재력 등을 종합적으로 고려합니다.
한편 사회적인 관행과 대내외적인 활동과 관련해서 필요시 급여제도와는 별도로 사원들에게 대리, 과장, 차장, 부장 등의 직위 호칭만 부여하는 제도가 운영되고 있습니다.

인재 육성 위한 체계적인 경력 개발(Career Development)

유한킴벌리는 사원들을 체계적으로 육성하고, 경력을 지속적으로 개발하는 것을 중시합니다.
이를 위해 재무, 마케팅, 영업, 기술 등 각 기능별 육성팀을 구성하고, 경력개발 경로 설계 및 모니터, 교육훈련 프로그램 개발을 지원 하고 있습니다.
사원은 자신의 업무 경험, 능력, 목표 등을 고려해 경력개발 계획을 세우고, 이를 상사와 협의하여 실행함으로써 자신을 체계적으로 개발해 나갈 수 있습니다.

다양한 커뮤니케이션 통한 신뢰 구축(Communications)

유한킴벌리는 다양한 사내 매체를 통해 회사의 경영현황을 투명하게 공개하고 사원들과 공유합니다.
이를 통해 상호신뢰를 쌓고 또 주인의식을 갖고 업무에 임하고 있습니다.

주요내용	주 기	매 체
일간 사내외 정보 전달	매일	E-mail , 게시판
Y-K Sales News 전달	매주	E-mail

❷ 다양한 커뮤니케이션 통한 신뢰 구축(Communications)

유한킴벌리는 다양한 사내 매체를 통해 회사의 경영현황을 투명하게 공개하고 사원들과 공유합니다 이를 통해 상호신뢰를 쌓고 또 주인의식을 갖고 업무에 임하고 있습니다.

주요내용	주 기	매 체
일간 사내외 정보 전달	매일	E-mail , 게시판
Y-K Sales News 전달	매주	E-mail
경영 정보 공개 설명회	매월	회사운영현황 자료 및 설명회
정기적 사업장소식 공유	매월	사보
최고경영자와의 대화	격월	Video 사보
상세 경영정보 공개	분기별	정기 노사 협의회

❷ 자율적인 출퇴근제도 및 근무복장(Flexible Time)

사원들이 업무특성 따라 자율적으로 출퇴근 시간, 출근여부, 복장을 선택하는 제도를 시행중입니다.
① 본 사 : 시차 출퇴근제 선택, 금요일 자율복장제 실시, 토요일 자율 출퇴근제 적용
② 생산공장 : 출퇴근시간 자율 결정, 4조 2교대와 4조 3교대 시행
③ 영 업 : 현장 출퇴근제(On field Work System)

❷ 고능률 생산조직의 운영(High Performance Organization)

유한킴벌리는 생산에 근무하는 사원들이 직접 참여하도록 해서 근무방식을 개발하고 공정관리를 수행하는 한편, 학습 및 평가에 따른 보상과 승진, 승격을 할 수 있는 신직제를 도입했습니다. 고능률 생산조직이자 근무제도인 4조 2교대와 4조 3교대 를 통해 생산직 사원들은 1인당 연간 200여 시간을 매년 교육받고 있습니다.

완료 인터넷

3) 기업문화

유한킴벌리의 기업문화는 책임과 권한을 이양한 조직구조, 성과 평가와 능력 개발 동시에 충족하는 관리시스템 운영, 개인기여와 성과에 따른 보상, 직무 수준 따튼 승진제도와 한국식 호칭제도 병행, 인재 육성을 위한 체계적인 경력 개발, 다양한 커뮤니케이션을 통한 신뢰구축, 자율적인 출퇴근 제도 및 근무복장, 고능률 생산조직의 운영이다.

4) 사회공헌

유한킴벌리는 '우리강산 푸르게 푸르게' 캠페인을 20년째 진행하면서 환경보호 운동이 국민적으로 확산되는 데 기여해 왔습니다. 우리나라가 경제 시련기에 돌입한 1998년부터는 여러 시민단체와 산림청, 산림조합중앙회 그리고 전국의 많은 교수들과 함께 "생명의 숲 가꾸기 국민운동"을 발족하여 숲도 살리고, 매일 2만여 실업자들에게 취업기회를 제공하는 일 등에 참여하고 있습니다.

이 캠페인을 통해 지난 20년 동안 생태환경보존을 위한 기금을 조성하였고, 자체적으로는 나무심기, 숲 가꾸기, 생태 환경교육, 생태환경 전문가 양성, 연구 조사, 해외 선진 지역 연수 등 다양한 환경운동을 펼치고 있습니다.

특히, 1985년 이후 매년 국유림에서 신혼부부들과 함께 나무를 심는 기회를 갖고 있으며, 1988

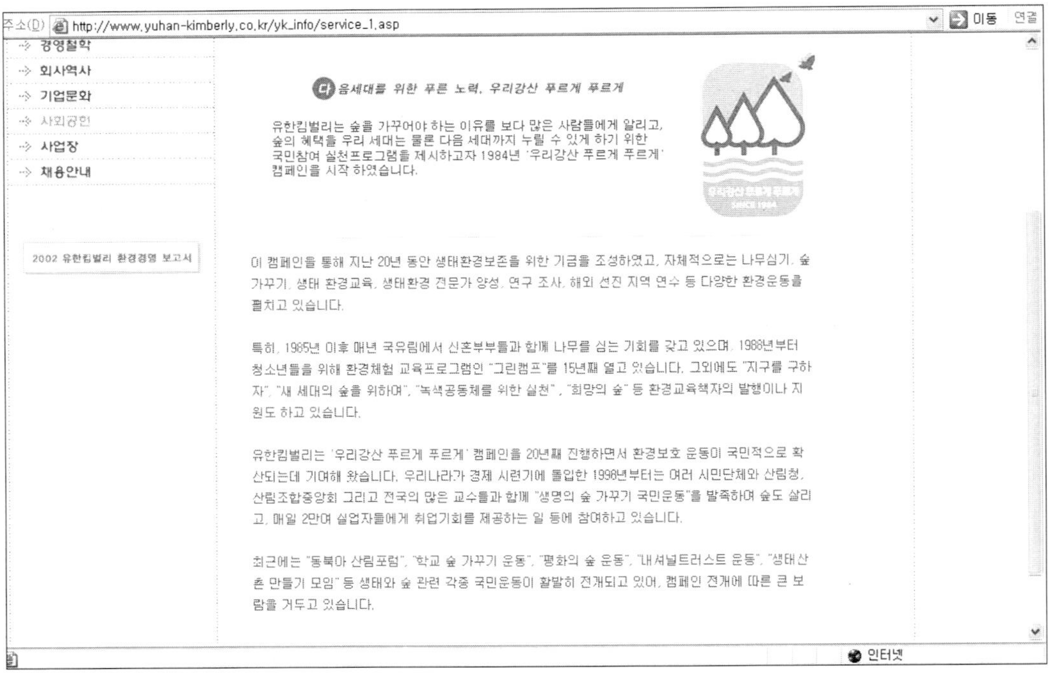

년부터 청소년들을 위해 환경체험 교육프로그램인 "그린캠프"를 15년째 열고 있습니다. 그 외에도 "지구를 구하자", "새 세대의 숲을 위하여", "녹색공동체를 위한 실천", "희망의 숲" 등 환경교육책자의 발행이나 지원도 하고 있습니다.

최근에는 "동북아 산림포럼", "학교 숲 가꾸기 운동", "평화의 숲 운동", "내셔널트러스트 운동", "생태산촌 만들기 모임" 등 생태와 숲 관련 각종 국민운동이 활발히 전개되고 있어, 캠페인 전개에 따른 큰 보람을 거두고 있습니다.

:: 도움말

사례로 든 '유한킴벌리'는 "우리 강산 푸르게 푸르게"라는 친환경적인 광고로 기업 홍보를 일관성 있게 나가고 있다. 기업 이미지 구축에 성공했을 때 소비자들은 "우리 강산 푸르게 푸르게"라는 말만 들어도 기업을 떠올리게 됨으로 기업 이미지를 홍보하는 데 성공하였다고 볼 수 있다.

:: 쓰기과제

① 사례로 든 '유한킴벌리'의 기업 홍보를 분석하여 해당 기업이 전달하고자 하는 핵심 메시지가 무엇인지 설명하고, 그러한 메시지가 이 기업의 홍보 메시지로 적절한 것인지에 대해 근거를 들어 설명해 보시오.

② 당신이 지금 기업을 하나 설립했다고 가정하여 그 기업의 핵심 비즈니스 아이템을 결정하시오. 그리고 위 사례에 나오는 것처럼 기업 홍보를 실시한다고 생각하고, "경영철학", "기업문화", "사회공헌" 각각의 항목에 대한 홍보물을 작성하여 보시오.

③ 아래의 예문은 한 기업 브랜드 마케팅을 위한 구상이다. 아래의 예문을 분석해 보면 경영 철학(첫 번째 문장) – 전략(두 번째 문장)– 광고(세 번째 문장)–비전 제시(마지막 문장)를 드러내고 있다. 한 기업을 선택하여 마케팅 커뮤니케이션 전략을 네 문장의 글로 완성해 보자.

SK 엔크린을 파워브랜드로 만들기 위한 마케팅 커뮤니케이션 전략

1995년 10월 출시되어 SK주식회사의 대표적 브랜드이자 국내 휘발유 대표브랜드로 자리 매김한 SK 엔크린은 언제나 엔진과 환경을 보호하는 깨끗한 에너지(Engine Clean, Environment Clean, Energy Clean)라는 뜻을 담고 있습니다. SK 엔크린이 이처럼 파워브랜드로 성장할 수 있었던 것은 명실상부한 세계최고수준의 품질을 바탕으로, 카드마케팅과 같은 고객서비스 향상을 위한 마케팅 활동을 병행하는 등 경쟁사와의 차별화 전략이 주요했기 때문이라고 생각합니다. 아울러 런칭 초기부터 현재까지 이어지고 있는 일관성 있고 체계적인 광고의 역할 또한 빼놓을 수 없을 것입니다. 앞으로도 SK주식회사는 지속적인 제품 성능 향상을 위한 노력, 고객만족을 위한 다양한 마케팅 활동, 그리고 고객의 생활 깊숙이 파고드는 다양한 가치의 창조를 통하여 SK 엔크린이 모든 소비자들에게 선택받는 브랜드로 그 입지를 더욱 확고히 하고자 합니다.

— 《브랜드 마케팅》, 굿모닝 미디어, 2002, 223쪽.

3장 실용적인 시사문 쓰기

우리는 사회 속에서 살면서 다양한 글을 쓰게 된다. 자신이 선택한 직업에 따라 그 글의 유형이 달라질 수 있다. 기자, 신문사 주필과 같은 직업을 갖는 사람도 있을 것이고, 어떤 학생은 대학원에 진학하여 꾸준히 공부해 강사, 연구원, 교수라는 연구직에 종사할 수도 있다. 그리고 최근에 주목받고 있는 광고업계에 진출하여 자신들이 광고문안사(카피라이터)가 되고픈 꿈도 꿀 것이다.

그런 의미에서 이 장에서는 대학에 재학하면서 혹은 졸업을 한 후 실제 사회 생활을 하면서 쓰게 되는 실용적인 시사문을 몇 가지 유형에 따라 나누어 실었다. 그 글들은 일반적인 교양 수준을 조금 넘어서는 실용적인 시사문으로 다음과 같이 기사문, 신문 논설, 학술적인 시론 내지는 칼럼, 광고문 등으로 분류될 수 있다.

따라서 여기서는 각 유형에 따른 글의 성격을 파악하고 그러한 실용적이고 시사적인 글쓰기 연습을 통해서 사회과학적 글쓰기의 초보적인 맛을 경험하게 될 것이다. 학생 스스로 사회과학도로서 자신이 꿈꾸는 미래를 설계하면서 교양적 글쓰기 수준의 제고를 목적으로 아래의 글들을 살펴보고 자신의 것으로 만들어 보자.

1) 기사문

기사문은 다수에게 흥미를 주거나, 중요한 사실이나 의견을 시의성 있고, 정확하게 보도하기 위해 기자가 작성하여 편집장이 게재하는 글이다. 따라서 기사문은 흥미성, 시의성, 정확성 등을 그 생명으로 하며, 당연히 현직에 종사하는 기자들이 만들어내는 살아있는 글이다. 이러한 기사문은 그 생명이라고 할 수 있는 6하 원칙에 따라 작성이 이루어져야 한다.

다음은 6하 원칙에 따라서 작성된 기사문의 예이다.

:: 읽기자료 1

서울 강남경찰서는 11일 인기그룹 ○○의 멤버인 오모(21) 씨를 폭행 혐의로 불구속 입건했다. 경찰에 따르면 오씨는 강남구 논현동 다이내스티 호텔 앞에서 승용차를 주차하던 중 차끼리 얽히는 바람에 회사원 김모(24) 씨와 시비를 벌어다 차를 못 가게 막는 김씨를 자신의 승용차에 매단 채 차를 몰아 전치 4주의 상처를 입게 한 혐의다.

:: 쓰기과제

1 위의 기사문을 참조하여 아래 내용을 신문 기사로 작성하시오.

제보자 : 울산입니다. 오늘(6일) 오후4시 45분쯤에 교통사고가 났어요.
기　자 : 울산 어디서요?
제보자 : 울산시 울주군 범서읍 입압리 앞길에서요.
제보자 : 나기순(儺基順 .66) 할머니가 중상을 입었어요.
기　자 : 많이 다쳤어요?
제보자 : 예. 다리를 많이 다쳤어요. 정확한 것은 아직 모르고요.
기　자 : 왜 사고가 났나요?

제보자 : 이 할머니는 외손자를 보려고 딸집에 들렀는데요, 마침 외손자(김아람.3)가 집 앞의 길에서 놀고 있는데 두동면에서 범서면으로 가는 덤프트럭이 오니까 길에 뛰어들어 외손자를 밀쳐내고 자신은 차에 치였어요.

기 자 : 덤프트럭 운전자 이름은 아세요?

제보자 : 서정태(徐政泰, 31)예요.

기 자 : 제보자는 누구세요?

제보자 : 저는 김상후(金相候)라고 하는데요. 아람이 아빠예요. 나기순 할머니는 제 장모님이시고요. 차가 오는 줄 모르로 아람이가 길로 뛰쳐나가자 장모님이 아람이를 급히 밀쳐낸 뒤 트럭에 치였어요. 어버이날 장모님을 모시려고 오시라 했는데 오히려 큰 죄를 졌어요.

* 기자는 울산경찰서에 전화를 걸어 위의 제보 내용이 사실임을 확인했다.

② 아래의 고발 기사를 바탕으로 대학이나 그 주변에서 일어난 일 가운데 하나를 골라 고발 기사를 써 보시오.

토요일은 지난 15일 오후 6시 27분 '엥 엥 엥 엥 요란한 사이렌 소리와 함께 구급차가 경광등을 반짝이며 달려가자 앞서가던 승용차는 물론이고 버스, 택시들도 깜짝 놀라 얼른 길을 터준다. 주말인데다 비까지 내려 서울 신림동 도림천 앞 도로는 주차장을 방불케 했지만 구급차는 고속도로처럼 거침없이 내달렸다.

서울대를 출발, 김포공항으로 향하던 구급차는 신림 지하철역 네거리 남부순환도로 진입 지점에 이르자 주저 없이 중앙선을 넘어섰다. 차량이 넘쳐 사이렌 소리로도 길을 확보 못 했던 것, 그것도 잠시였다. 중앙선 너머에도 마주 오는 차량이 많아 여의치 않자 이번엔 갓길로 파고 들었다. 옆 차선의 차량들이 거의 서 있다시피 했지만 갓길을 달리는 구급차는 시속 70~80㎞ 이상으로 신바람을 냈다. 길을 비켜준 운전자들은 물론이고 버스 승객, 승용차를 탄 신혼부부 등은 한결같이 걱정스런 눈길로 구급차를 바라봤다.

20여 차례의 중앙선 침범 등 '곡예운전' 끝에 구급차가 도착한 곳은 병원 응급실이나 사고 현장이 아닌, 엉뚱하게도 김포공항 국내선 청사 앞이었고 시간은 오후 6시 56분. 택시를 타면 최소한 1시간 30분이 넘게 걸릴 주말 오후의 서울대~김포공항을 29분 만에 달린 것이다. 구급차 안에 탄 사람은 응급환자나 환자 가족은 물론 아니었고 '가수매니저와' 와 '코디네이터' 라고 둘러댄 취재진. 서울 시내의 심화된 교통 체증을 악용, 구급차가 총알택시로 둔갑하는 현장이 확인된 것이다. 구급차는 '한국응급구조공단' 이란 사설 구조단 관악지부 차량.

취재진이 이날 오전 대한적십자사 산하 129 신고 센터에 전화를 걸어 "연예인 매니저인데 저녁 시간에 김포공항에 급히 갈 수 있냐" 고 묻자 이곳에서는 한국응급구조공단 관악지부를 소개했다. 구조대 측은 "10만 원만 주면 25분 안에 데려다 주겠다" 고 해 서울대 캠퍼스 안에서 만났던 것. "설날 귀성 전쟁 때는 서울–부산 간을 4시간 반 만에 갔었지요."

급히 달리면서도 구급차 운전사 尹모(32)씨는 "주요 고객은 공연 시간에 쫓기는 연예인이나 비행기, 열차 승객, 신혼부부들" 이라고 설명했다. 그는 또 며칠 전 인기 가수를 태우고 가던 구급차가 사고를 낸 것도 바로 이 같은 케이스라고 덧붙이기도 했다. 구급차 이용은 1~2시간 전에만 예약하면 언제 어디라도 가능하고 특히 25~30만 원만 내면 하루 종일 대여해 주기도 한다.

"뒷 자석엔 커튼이 쳐 있고 앞좌석 좌우에도 짙은 선팅으로 처리, 밖에선 안 보이니 맘 놔요." 공항이 가까워지면서 취재진이 길가의 교통 경찰을 보고 불안해하는 표정을 짓자 운전사는 안심하라고 위로까지 해줬다. 이윽고 공항에 도착해 요금을 지불하자 그는 주위 사람들에게 선전해 달라며 20여 장의 명함까지 건네준 뒤 유유히 사라졌다.

—《중앙일보》, 1996년 11월 14일.

2) 신문 논설

논설이란 특정 사안에 대한 공적인 의견이나 주장을 말한다. 이러한 글은 신문사나 통신사의 경우 논설위원실에서 어떤 사건에 대하여 언급할 것인지를 정하여 해당 주제를 담당하는 기자, 즉 논설위원이 작성한다. 논설을 통해서 내세우는 주장은 사실적 주장, 가치적 주장, 정책적 주장으로 나뉜다. 논설을 기자(논설위원)의 사견이라기보다는 언론사의 견해를 대표하는 성격을 띤다.

아래의 읽기 자료들은 일간 신문사의 논설이다.

:: 읽기자료 2

상습 성폭력범에게 전자팔찌를 강제로 채우는 '전자위치 확인제도' 법안을 한나라당이 추진하고 있다. 상습적인 성폭력 범죄자들에게 위치정보시스템(GPS)장치를 달아 감시를 강화함으로써 범죄 활동을 제약하기 위한 것이다. 경찰통계에 따르면 지난해 우리나라에서 발생한 성폭력 사건은 1만4천여 건에 달했다. 매일 40명 가까운 여성이 성폭력을 당한 셈이다. 성폭력범죄 증가 추세가 가파른 가운데 성폭력 피해 연령은 하향 추세다. 피해자 절반 이상이 미성년자며 그중 13세이하 피해자가 절반을 차지하고 6살 이하 어린이도 14%나 된다니 걱정이 아닐 수 없다.

이 지경이니 성폭력예방을 위한 제도적 장치를 마련하려는 정치권의 취지에 공감하지 않을 수 없다. 그러나 제도 도입에 앞서 인권 침해 등의 문제를 다각적이고 신중하게 검토하기를 권고한다. 이 제도를 채택한 나라는 현재 미국, 영국, 프랑스, 호주 등 극히 일부 국가로 알려져 있다. 미국의 경우는 이 제도에 대한 비판이 제기되는 가운데 매사추세츠주와 조지아주 및 플로리다 일부 카운티에서 채택됐을 뿐이다. 미국에서도 이 제도가 선뜻 받아들여지지 않는 까닭은 이미 형기를 마친 출소자에 대한 2중 처벌 등 인권 문제와 GPS 감시에 드는 고비용 문제 등 때문이라고 한다. 타산지석으로 참고할만 하다는 판단이다.

이달 초 박근혜 한나라당 대표가 국회 교섭단체대표 연설에서 이 제도 도입을 언급했을 때 일부 인권단체가 비판을 제기하기도 했다. 그러나 초등학생 때 성폭행을 당한 남자에게 여고생이 된 뒤 다시 성폭행을 당한 학생이나 부모의 심정을 헤아려 보자. 또 사흘이 멀다 하고 지면을 메우는 인면수심의 성폭력 기사들을 보라. 어린이에게 평생 지울 수 없는 상처를 주며 인권을 무참히 짓밟는 사례가 비일비재한 현실 속에 범죄자의 인권만 들먹이기는 어렵다. 우리는 상습 성폭행범의 전자위치확인 장치를 구속, 가석방, 보호관찰 등의 대안으로 활용하되 복역, 가석방 등 이미 모든 형벌을 마친 출소자에 대해서는 적용치 않는 등의 방안을 강구한다면 인권침해문제도 피해갈 수 있다고 생각한다.

— 〈연합시론—성폭행범 위치추적 해 볼만〉, 《연합뉴스》, 2005. 4. 27.

한나라당이 26일 성폭력범죄자에게 '전자팔찌'를 채우는 방안을 6월 임시국회에서 추진하겠다고 밝혔다. 신체에 부착된 전자 칩을 통해 이들의 일거수 일투족을 24시간 감시하겠다는 발상이다. 성폭력은 피해자 개인뿐 아니라 가족에게까지 평생 지울 수 없는 상흔을 남기는 추악한 범죄다. 또한 재범률이 83%에 이를 만큼 반복범행 성향 또한 유난히 높다. 그래서 성범죄자에 대해서는 국내외를 막론하고 엄벌 및 철저한 사회격리 주장이 힘을 얻어가는 추세다.

그러나 성폭력사범의 반사회성에 대한 공감과 재범방지 방법론으로 전자팔찌 제도도입이 타당한지는 전혀 다른 문제다. 우선 헌법이 보장한 개인의 기본권과 충돌한다. 저지른 범죄에 대해 처벌을 하고, 기본권을 제한하는 것은 공공질서를 위해 필요한 조치임은 물론이다. 그러나 범죄를 저지를 개연성만으로 범죄자 취급을 한다면 기본 법체계를 넘어서는 것이다. 성범죄를 예방하고 재발을 방지하는 프로그램은 해당 영역에서 체계적으로 접근하는 게 정도다. 성범죄는 충동적인 경우가 많고, 범죄자 상당수는 정신과 치료를 필요로 한다. 그렇다면 사회와 격리돼 있는 동안 세밀한 교정과 치료가 우선돼야 한다. 경각심을 높이기 위해 사회적 합의를 거쳐 형량을 늘리는 방안도 검토해볼 만하다. 이런 기본논의를 생략한 채 전자팔찌 방안부터 거론하는 것은 오로지 효율만 의식한 교정정책이 아닐 수 없다. 성범죄자에게 이미 신상 공개라는 낙인을 찍고 있는 마당에 새로운 제도가 추가된다면 이중처벌의 소지가 더 커진다.

한나라당 내부적으로도 치밀한 검토나 고민의 흔적이 안보인다.

전자칩 착용자의 맥박이 높아지면 성범죄를 감지할 수 있을 것이라는 식의 비현실적인 접근부터 어이가 없다. 새 제도의 도입이 미칠 파장과 부작용까지 두루 살펴야 한다. 성범죄 강경대응에 앞장서온 일부 여성단체까지 부정적일 만큼 허점이 많은 전자팔찌 구상이다. 편의와 효율을 위해 인권을 희생하는 교각살우(矯角殺牛)의 우(愚)를 범해선 안 된다.

— 〈사설— '성폭력범 전자팔찌' 과도한 발상이다〉, 《문화일보》, 2005. 4. 27.

일선 초 · 중 · 고교에 전직 경찰이 상주하는 '스쿨 폴리스(School Police)' 제도가 올 상반기 중 부산지역 일부 학교에서 시범 시행된다. 스쿨 폴리스로 선발된 전직 경찰들은 2인 1조로 교내 상담실 등에서 제복을 착용한 채 근무하면서 교내 순찰과 학생 상담 · 지도 업무 등을 담당한다는 것이다. 교육부와 경찰은 시행 성과가 좋으면 이를 전국의 각급 학교로 확대할 계획이라고 한다.

오죽 학교 폭력이 심각하면 이런 방안까지 시행할까, 당국의 고민은 충분히 이해할 만하다. 하지만 접근법이 잘못됐다. 학교 폭력을 줄이는 데 효과가 있을지도 의문이거니와, 설혹 단기적으로 그런 효과가 나타난다 하더라도 자칫 학교안 폭력을 학교밖 폭력으로 돌려놓는 역할에 그칠지도 모른다. 오히려 학생들의 학습권만 침해당할 우려가 크다. 전직 경찰이라도 제복을 입고 있으면 학생들의 눈에는 경찰로 비칠 수밖에 없기 때문이다.

물론 학교 폭력의 실상을 모르고 하는 말이 아니다. 교육부가 지난해 초등학교 4학년에서 고등학교 3학년까지 5백여만 명을 대상으로 조사한 결과 폭행이나 협박을 경험한 학생이 응답자의 10%가량에 이르렀다고 한다. 최근에는 학교 폭력에 가담하는 학생들의 연령이 낮아지고, 폭력

방법도 예전의 단순 폭행에서 성폭행, 집단 따돌림, 정기 상납 등으로 극렬화 · 다양화하고 있다. 학생들 중에는 학교 폭력에 시달리다 못해 학교를 그만두거나 심지어 자살하는 경우도 있다.

어떻게든 폭력근절 대책이 나오지 않으면 안될 단계에 이른 것이다. 그렇다고 경찰이 '전직'이라는 이름을 달고 곧장 학내로 들어와 학생들을 사찰하듯 단속업무에 나서는 것은 문제가 많다. 학교 폭력이 아무리 심각해도 대책은 어디까지나 교육적인 원칙에서 나와야 한다. 이를 무시하면 부작용만 더 클 수 있다.

— 〈사설 — '스쿨 폴리스' 학습권 침해 우려 크다〉, 《경향신문》, 2005. 3. 6.

날로 흉포화하고 있는 학교폭력을 차단하기 위한 특단의 대책이 마침내 시행될 것이라고 한다. 교육인적자원부와 경찰청은 학교폭력에 효과적으로 대응, 그것으로부터 학생을 보호하기 위해 전직 경찰관 등 전문인력을 자원봉사 형식으로 부산 지역 10개 시범 초중고에 상주시켜 학교폭력 관련 업무를 전담케 하는 '스쿨 폴리스' 제도를 오는 5월부터 3개월 동안 시행한 뒤 성과를 평가해 이 제도를 확대 시행할 것을 검토하고 있다.

최근 학교폭력의 흉포화는 성인범죄에 뒤지지 않을 정도다. 교내 폭력 서클의 '왕따 만들기' 등 집단괴롭힘에 시달리는 피해학생들이 학교마다 적지 않은 가운데 피해자는 물론이고 그 가족까지 엄청난 정신적 고통에 시달리고 있다. 도저히 폭력의 굴레에서 벗어날 수 없는 어린 피해학생들이 스스로 목숨까지 끊는 안타까운 사건이 수시로 발생하고 있는 것이 현실이다. 이제 학교폭력은 더 이상 방치할 수 없는 사회문제로 자리하고 있다.

우리는 학교 행정력만으로는 학교폭력에 효율적으로 대처하기 힘든 상황을 이해하며 학교폭력에 시달리고 있는 많은 피해학생들이 그 견디기 힘든 고통에서 하루빨리 벗어날 수만 있다면 이제 강력한 수단을 동원하는 것이 옳다고 생각한다. 이 제도가 일부 선진국에서 상당한 성과를 거둔 사실도 참조할 필요가 있을 것이다.

그러나 아무리 학교폭력을 추방하기 위한 고육지책이라 해도 학습권 침해 논란까지 일지 않도록 그 접근에 신중을 기해야 한다. 교내 학생지도와 감독업무는 어디까지나 교사의 고유권한으로 인식되고 있는 만큼 이들 요원과 교사 간에 불필요한 마찰이 생기지 않도록 업무영역의 사전 조율이 있어야 함은 물론 이들이 학생들에게 위압감을 주어 학교분위기를 오히려 해친다는 말이 나오지 않도록 세심한 준비가 전제돼야 한다.

— 〈사설 — '스쿨 폴리스' 제 제대로 운영하려면〉, 《세계일보》, 2005. 3. 6.

대형 국책사업이 표류하고 있다. 개발과 환경보전의 가치가 첨예하게 맞서고 있는 것이다. 새만금 간척사업이 그렇고, 경부고속철도 천성산 터널 공사가 그렇다. 개발이든, 환경보전이든 둘 다 내세우는 목적은 국민 편익 증진이다. 따라서 갈등은 얼마든지 조정될 수 있을 것 같지만, 현실은 그렇지 못하다. 이런 가운데 공사 지연에 따른 경제적 손실은 눈덩이처럼 불어나고 있다. 결국 국민의 부담으로 돌아올 것이다. 안타까운 일이 아닐 수 없다.

착공한 지 10년이 넘은 새만금 사업은 중단 여부가 법원의 판결에 맡겨진 상황이다. 어제 행정소송에서 1심 재판부가 "사업계획을 취소하거나 변경하라"는 판결을 내렸다. 그러나 3년 6개월간 계속된 법정 다툼이 앞으로 얼마나 더 있어야 해결될지 알 수 없다. 천성산 터널 공사는 법원 판결에도 불구하고 목숨을 건 한 개인의 반발로 차질이 불가피해졌다. 정부와 환경단체 대표로 구성되는 공동조사단이 터널 공사에 따른 환경영향을 다시 조사한다지만, 방법이나 결과를 놓고 논란이 없을지는 장담할 수 없다. 자칫 새만금 사업처럼 또 법정 공방으로 이어질 수도 있는 것이다.

도대체 이런 일이 어떻게 일어났을까. 가장 큰 원인은 정부가 처음부터 이들 사업을 밀어붙이기식으로 추진한 데 있다. 개발에 따른 국민 편의만 따진 나머지 자연훼손, 환경파괴에 따른 손실에 대해서는 제대로 평가하지 않은 것이다. 환경영향평가를 하긴 했지만 일방적으로 어설프게 한 탓에 객관성을 인정받지 못하고 있다. 환경단체 등의 참여가 배제된 결과다. 그러다 보니 국민으로부터 사업 자체의 타당성마저 의심을 사고 있다. 나아가 정부가 추진하는 어떤 국책사업도 불신을 사는 요인이 되고 있다.

밀어붙이기식 국책사업의 배경에는 정치논리가 깔려 있다. 정치권이 대선, 총선을 앞두고 표만 노리고 내건 공약의 '덫'이 오늘날 이 같은 엄청난 갈등과 문제를 일으키고 있는 것이다. 새만금 간척사업은 1987년 노태우 대통령이 민정당 후보시절 공약으로 발표했다. 당시 타당성 조사도 제대로 하지 않은 상태였다. 지금도 새만금 사업을 둘러싸고 정치적 이해관계가 작용하고 있다. 법원의 '사업계획 취소 또는 변경' 판결에 대한 여야 반응에서도 확인된다. 열린우리당 쪽은 "전북도민을 실망시키는 결정"이라면서 "계속 추진돼야 한다"는 반응인 데 반해 한나라당은 달랐다.

경부고속철도 사업도 비슷하다. 치밀한 사전 준비도 없이 시작한 뒤 잦은 사업계획 및 노선변경으로 공기가 지연되면서 사업비는 천문학적으로 늘어났다. 노선 선정은 처음부터 주먹구구식이었다. 기술적 요소보다 정치적 판단이 우선한 것으로 지적되고 있다. 특히 대구~부산 신설 노선은 더욱 그렇다.

정부는 현재 이들 국책사업이 지연되는 데 따른 경제적 손실이 크다는 점을 강조하고 있다. 이왕 시작한 공사인 데다 막대한 돈이 투자된 만큼 공사를 계속 추진해야 한다는 논리다. 그러나 정부가 거의 무시하다시피 한 환경보전의 가치를 제대로 따진다면 다른 결론이 나올 수도 있다.

지금이라도 새만금 사업의 경우 개발을 중단하는 것이, 천성산 터널 공사는 노선을 바꾸는 것이 더 나을 수 있는 것이다. 하지만 개발 편익과 환경보전의 가치를 비교하기란 쉬운 일이 아니다. 이들 사업의 이해당사자뿐만 아니라 일반 국민도 서로 생각이 다를 수 있다.

그렇다면 우리가 이들 국책사업의 표류에서 얻어야 할 교훈은 분명하다. 공사를 시작하기 전 사업계획 단계에서 국민적 동의를 얻어야 한다는 점이다. 환경단체를 포함한 이해당사자의 참여와 여론 수렴, 갈등 조정 과정이 필요한 이유다. 그래야 사업추진 시기는 늦어지더라도 사회·경제적 비용을 최소화할 수 있다. 이를 위해서는 정치권이 먼저 각성해야 한다. 유권자의 환심을 사기 위해 무리한 공약을 졸속으로 제시하고 추진해서는 안 된다. 이런 점에서 정부와 정치권이 추진 중인 신행정수도 건설사업이 훗날 어떤 부작용을 낳을지 걱정이다. 국가 현안인 원전센터 건립에도 이번 교훈을 잊지 말아야 할 것이다.

— 〈사설— '지율' 이후〉, 《경향신문》, 2005. 2. 4.

환경갈등으로 나라 전체가 홍역을 치르고 있다. 어제는 새만금 간척공사를 중지하라는 행정법원의 판결이 나왔다. 그제는 지율 스님의 단식으로 경부고속철 천성산 터널공사가 중단됐다. 장기간의 사업 차질과 천문학적인 비용 손실이 불가피하다.

연이은 결정에 대해 환경단체들은 환호하고 있다. 청와대도 극한상황을 피해 소수의 의견까지 수렴한 절반의 성공이라 자평한다. 이는 반드시 환호할 만한 일인가. 뒷감당은 누가 하는가. 결국 지금까지의 헛돈 투자는 국민의 세금으로 나간다. 환경은 환경문제 하나로 떼어 놓고 판단할 수 없다. 경제와 효율성이라는 문제와 함께 봐야 하는 것이다.

전문가들은 이번 사태의 원인으로 환경문제에 대한 허술한 평가시스템, 사회적 합의를 이끌어내지 못한 정부의 무능과 안일한 대처를 꼽는다. 그러나 15년간 헤매는 새만금 사업이나 2조 5,000억원의 추가비용이 드는 천성산 문제를 설명하기에는 부족하다. 환경을 보호하자는 데 누가 반대하겠는가. 문제는 먹고사는 일과 환경을 어떻게 조화하느냐다. 환경이라는 명분을 내걸고 무조건 떼를 쓰면 굴복하고마는 정부를 누가 믿고 따르겠는가.

환경문제와 국민소득 간에는 역 U자의 상관관계를 갖는다고 한다. 이른바 환경쿠즈네츠 곡선이다. 경제개발 초기에는 환경파괴가 급증하지만 국민소득 1만~2만달러 시대를 지나면서 환경문제가 감소한다는 실증된 논리다. 환경에 대한 투자가 늘고 첨단 환경기술이 개발되기 때문이다.

우리 사회에서 이미 개발시대의 불도저식 밀어붙이기는 통하지 않는다. 영월 동강댐, 부안 원전센터 등에서 분명해진 사실이다. 국민의 58.2%가 정부 주도의 국토개발을 환경파괴로 보고 있다. 향후 국책사업의 혼선이 깊어질 수 있음을 시사하는 대목이다. 이제 손실이 더 커지기 전에 환경갈등을 예방하는 사회적 합의 시스템 마련이 시급하다. 지난해 정치·종교·환경단체의 합의로 해결한 사패산 터널은 훌륭한 모델이다.

우선 정치권의 허황된 선거공약부터 용납하지 않아야 한다. 눈앞의 표만 노린 새만금이나 천성산 터널이 그렇다. 정부 역시 경제적 가치는 턱없이 부풀리고, 환경영향은 낮게 매기는 잘못된 버릇을 고쳐야 한다. 1994~98년 33건의 대규모 개발사업에 대한 환경영향평가에서 불과 한 건만 탈락했다. 이에 비해 경제성을 뻥튀기한 지방 공항들은 문도 열지 못한 채 놀고 있지 않은가.

대안 없는 극한투쟁에 골몰하는 환경단체들도 제자리로 돌아와야 한다. 일부 환경단체는 '환경 장사' 하다 들통난 것이 바로 엊그제 일이다. 지금 지방마다 권력화한 환경단체에 대한 원성이 자자한 것을 알 만한 사람은 다 안다. 공권력이 이렇게 흐물거리니 환경만 팔면 무엇이든지 얻어낼 수 있다는 잘못된 인식이 만연해 있다. 넘쳐나는 사이비 환경운동가보다 현실을 살피는 환경전문가가 절실하다. 예를 들면 에너지원이 없는 우리의 경우 원전 없이는 전력 공급이 불가능하다. 그런데도 환경론자들은 원전이나 원전센터를 짓는 데는 결사 반대다. 환경론자만을 따라간다면 우리의 전력 공급은 불가능해진다.

다니엘 벨은 "정부가 우리 생활의 큰 문제를 해결하기에는 너무 작고, 우리 생활의 작은 문제를 해결하기에는 너무 크다"고 지적했다. 환경갈등을 정부 손에 맡기기에는 지나치게 웃자라버렸다. 이제 국민이 최종판단을 내려야 한다. 특정 세력에 얽매여 전체의 공동선을 희생코자 하는 사람들에게 정부를 맡겨서는 안 된다. 세금을 내는 것도, 환경문제의 궁극적 귀착점도 국민이기 때문이다. 국민 스스로가 환경과 경제의 균형점이 어디인가에 예민해야 한다. 이 균형점을 찾아내는 사회적 합의가 도출되어야 한다. 다음 선거의 주요한 이슈로 만들 만하다.

— 〈사설—환경 일방주의를 우려한다〉 《중앙일보》, 2005. 2. 4.

중앙선관위가 2008년 총선부터 전자투표제를 전면 도입한다는 방침을 밝혔다. 모니터 화면에서 후보를 선택하는 전자투표기를 이용해 유권자가 전국 어느 투표소에서나 투표할 수 있도록 한다는 것이다.

유권자가 아예 투표소까지 가지 않고 PC, 휴대폰, PDA 등을 이용해 인터넷으로 투표하는 방식도 2008년부터는 장애인, 해외 거주자 등을 대상으로 우선 실시되고 2012년부터는 희망하는 모든 유권자들이 이용할 수 있다.

당분간 종이투표 방식도 병행한다지만 전자투표가 실시되면 선거, 투표문화에 혁명적 변화가 올 것으로 예상된다. 선관위는 정해진 투표소에서만 투표하는 현행 방식에 비해 투표율이 높아지고 투·개표 관리비용도 절반 이상 줄어들 것이라고 해설하고 있다.

그러나 투표방식의 혁명을 선관위의 말대로 장밋빛으로만 그릴 수는 없다. 국회라는 작은 무대에서조차 전자투표 방식이 채용되기까지 얼마만한 진통이 있었는지를 돌아보는 것만으로도 이 문제가 보기보다 그리 간단치 않다는 걸 알 수 있다. 우선 투·개표 과정에서 만에 하나 장애가 발생할 가능성 또는 투·개표 조작 시비 우려도 있다.

그러나 이런 기술적인 문제는 오히려 부차적이다. 전자투표, 그중에서도 인터넷 투표는 비밀투표 원칙과 배치된다. 유권자가 어떤 투표행위를 했는지가 기록으로 남게 되는 것이다. 이걸 감수한다 해도 그 기록을 누가 관리할 것인지에 대한 사전 검토가 있어야 한다.

종이투표에서 인터넷 투표로 전환하는 것은 단순히 투표 용구가 바뀐다는 것 이상의 변화를 내포한다. 인터넷 투표가 전면 도입되면, 수시로 국정 현안을 국민투표나 그에 준하는 여론조사에 부칠 수 있는 여건이 마련되고, 유권자들로부터 그런 요구가 분출할 것이다. 이 경우 직접 민주주의 요소가 폭넓게 확대되는 대신 대의 민주주의제는 근본적인 변화에 직면하게 될 가능성이 높다.

대의 민주주의 제도는 직접 민주주의를 실시할 수 없었던 기술적 한계에 따른 것이기도 하지만, 직접민주주의의 위험성을 줄여보려는 정치철학적 의미도 담고 있는 것이다. 지금 한국정치가 내보이고 있는 근본적 취약점도 '직접성의 부족' 때문이 아니라 '대의성(代議性)의 혼란' 에서 오는 것이란 점도 바로 보아야 한다. 선진 민주주의 국가에서 전자투표 방식이 아직 부분적인 실험 단계에 머물고 있는 것은 기술이 모자라서가 아니다.

전자투표의 전면도입은 선거관리위원회가 투·개표 관리의 편의성을 높이려는 단순한 기술적 차원에서 결정할 일이 아니다. 정치권과 학계가 전자투표 나아가 전자민주주의의 의미와 파장에 대해 충분한 사전 검토와 논의를 한 뒤에 신중히 결정할 문제다.

— 〈사설—전자투표 도입, 민주주의 근본정신에서 살펴야〉, 《조선일보》, 2005. 1. 18.

전자투표 시대 개막이 예고됐다. 중앙선관위가 2008년 18대 총선부터 컴퓨터 단말기 화면을 누르는(터치스크린) 방식의 전자투표제를 전면 도입하겠다고 밝혔다. 개인컴퓨터, 휴대전화 등을 이용해 투표할 수 있는 인터넷 투표도 2008년 선거에서 부분 도입한 뒤 2012년 총선 때 전면 시행한다는 것이다.

선거는 물론 정치·문화 전반에 혁명적 변화를 가져 올 구상이다. 장소와 시간의 제약이 대폭 완화됨에 따라 우선 투표율을 크게 제고할 것이란 점에서 전자투표제는 바람직하다. 갈수록 낮아지는 투표율이 '대의민주주의 위기'로까지 매김되는 상황에서 10~20% 정도까지 투표율을 높일 것이라는 전망만으로도 전자투표 도입의 필요성은 충분하다. 선거관리 비용을 줄이고, 선거운동 발전에 기여할 것이란 점도 긍정적이다.

새 제도인 만큼 철저한 검증과 치밀한 준비가 동반되어야 함은 물론이다. 지난해 미국 대선 당시 29개주에서 도입된 터치스크린 방식의 전자투표시스템이 일부 주에서 오류가 발생, 수천표가 왔다갔다한 게 좋은 예다. 곧잘 수백, 수십표 차로 당락이 갈리는 국회의원 선거에서 작은 오류도 치명적이 될 수 있다. 특히 세계적으로 전국 단위 선거에서 시행 전례가 없는 인터넷 투표는 보다 광범위한 검토가 선행돼야 한다. 벌써부터 대리투표, 해킹 등 사이버 선거 부정 우려가 제기되고 있다. 투표 내용이 공개될 수 있고, 유권자들이 누구를 찍었는지가 중앙전산망에 남는 등 '비밀투표' 원칙이 훼손될 수 있다는 점도 지적된다.

가령 준비 과정에서부터 여야와 전문가, 시민단체 관계자 등이 참여하는 위원회 같은 것을 꾸려 이런 문제점 등을 종합적으로 검증해가는 것이 추후 도입 때 논란의 소지를 줄일 수 있다. 공정성과 안정성을 담보하는 것이 투표의 편리성과 투표율 못지않게, 아니 훨씬 더 중요하다.

— 〈사설—전자투표 해볼 만하다〉, 《경향신문》, 2005. 1. 18.

:: 쓰기과제

① 위의 읽기자료들은 국내 일간지가 자사 신문에 게재한 논설이다. 신문사마다 각각 특정 사안에 대하여 서로 다른 관점을 취하고 있다. 각 사안마다 어떠한 입장을 보이고 있으며, 그 차이가 무엇인지 정리해 보자. 또한 제3의 관점에서 각 주제에 대한 논설을 1,200자 안팎으로 써 보자.

3) 시사 칼럼

시사 칼럼은 시사적이고 사회적인 문제에 대한 필자의 사적인 의견이나 주장을 담은 글이다. 때로는 신문사의 고정 칼럼니스트가 짧게 쓰는 글도 포함되며, 대체로 사계의 권위자, 대학에 종사하는 교수, 강사 등이 자신의 전문적 지식으로 바탕으로 작성되는 글이다. 시사성과 사회성 면에서 기사문, 논설과 공통점이 있으나, 좀더 전문적인 글쓰기라는 점에 차이가 있으며, 때로는 특정 신문사에 게재되더라도 그 신문사의 편집 방향과는 반드시 일치하지 않는다는 특징이 있다. 따라서 사설과 같이 신문사의 편집 방향에 부합하는 논설과도 차이가 있다. 《고대신문》의 경우 '시론' 이나 '탁류세평' 의 형식으로 꾸며진다.

아래의 두 시사 칼럼을 보도록 하자.

:: 읽기자료 3

노사정 대화의 복원과 한계

최근에 대통령이 대기업 사용자측과 정규직 노조 세력이 주축으로 참여하던 '노사정 회의' 에 중소기업과 비정규직 대표가 별도로 참석하는 '노사정 5자 회의' 를 제안했다. 민주노총이 새롭게 참여하면서 대화 통로를 통해 노동계는 비정규직의 차별 해소와 주5일 근무제의 전면 실시 등의 이슈들을 다루기 원한다. 이외에도 노동계는 최근에 노사간의 쟁점이 되고 있는 노조의 경영 참여나 사회 공헌기금 등이 논의되기를 희망하고 있다. 이와 같은 노사정위원회의 복원의 의의와 한계 등은 무엇일까?

현재의 우리나라의 노사간의 이해 관계에 대한 대화나 협상과 합의 등은 주로 임금이나 고용 안정 등의 안건을 기업수준의 단체교섭을 통해 다루고 있다. 하지만 이 분권화된 기업 수준의 교섭채널은 최근에 노동시장의 변화 상황 하에서 노사간에 새롭게 제기되는 안건, 즉 주 5일제 근무, 사회 공헌기금, 비정규직 처우, 노조의 경영 참여 등을 효과적으로 다룰 수 없다는 한계가 있다. 왜냐하면 어떤 기업 수준의 노조도 조합원들의 최대 관심사인 임금이나 고용안정이 아닌 이러한 국가수준의 안건은 상급 수준의 노조에서 다뤄주기를 바라기 때문이다.

따라서 활성화된 국가 수준의 노사정 대화 채널은 현재의 지배적인 기업 수준의 단체교섭이 회피하는 안건들을 다뤄 이에 대한 관련 당사자들의 충분한 협의와 협상을 통해 사회 및 정치적 합의를 도출할 수 있는 잠재력을 가진다. 특히 주 5일제, 사회공헌기금, 비정규직 처우, 노조의 경영참여 등이 그러한 합의에 기초해서 정부의 새로운 관련 노동법이 만들어질 때 효과적으로 해결될 전기가 마련되므로 국가수준의 논의가 중요하다.

하지만 우리가 가진 여러 가지의 환경적 토양이 상황이나 이러한 노사정 위원회의 순기능을 기대하기 어렵게 한다. 우선 이러한 사회적 합의주의 즉 코포러티즘(corporatism)이 정착된 유럽의 스웨덴이나 오스트리아, 덴마크 등의 나라들의 상황과 비교해 보면 우리의 노동조합이나 사용자 단체의 구조는 판이하게 다르다.

이 나라들이 국가 수준의 노조가 산업이나 기업 수준의 노조에 대해 강력한 규제력을 가지는 상급조직인 반면에 민주노총이나 한국노총은 그런 규제력을 가지지 못한다. 재정면에서만 보아도 일부 대기업의 노조들은 이 상급조직보다 훨씬 더 풍부하다. 이런 구조 하에 국가 수준에서 노사정 간에 어떤 합의가 이뤄졌다고 해도 기업 수준에서 어느 정도의 구속력을 발휘할지 의문시된다.

노사정위원회 복원에 대한 회의의 또 다른 근거는 현재의 참여정부의 집권 2기의 경제 운용 방향의 모호함이다. 그 방향은 재벌 개혁이나 정경유착의 근절 등의 시장 개혁을 지속하면서 규제 철폐, 서비스산업 육성, 노사분규의 현저한 감소 등을 통해 성장잠재력의 확충을 기한다는 내용이다.

그런데 노사정위원회를 통해 앞에서 언급한 안건들이 다뤄지면 새로운 규제가 생기는 것은 불가피하고 협의 과정에서 노동조합의 반발로 인한 노사분규도 심화될 수 있다. 또 사회 공헌기금의 형성, 비정규직 처우개선, 노조의 경영참여 등은 경영계가 우려하는 것처럼 단기적으로는 기업의 성장 잠재력을 약화시키는 측면도 있다. 경제성장과 개혁의 조화라는 국정 운용 방향은 노사정위원회의 실질적인 위상을 저하시킬 수 있다.

또 1998년부터 이 기구가 노사정 간에 충분한 신뢰와 필요성에 대한 공감 혹은 참여에 대한 성의에 기초하지 않았다는 과거의 경험도 이 기구의 미래를 의문시하는 이유이다. 앞에서 언급한 이 위원회가 다룰 여러 안건들에 대한 노동계의 해법에 대해 경영계의 입장은 첨예하게 다르다.

또 사회적 합의의 시도는 유럽국가들 중에서도 경제규모가 아주 작은 나라들이나 국가수준의 노조나 사용자 단체가 노사 관계와 관련해서 상당한 헤게모니를 쥐어본 전통이 있는 일부 제한된 몇 개의 나라들에서만 성공했다. 더욱이 노사정의 5자가 관여하는 대화 채널이라면 지루하고 인내심있는 대화나 협의의 과정이 필요한데 신속한 의사결정을 선호하는 우리의 사회 · 문화적 토양 하에서 이런 제도가 정착될 수 있을까? 노사정은 이제라도 노사문제에 대해 좋은 약은 다 써보자는 식의 처방보다 우리의 환경적 토양을 충분히 고민한 우리 체질에 맞는 처방을 스스로 고안하고 찾아야 한다.

— 정주연 (정경대 교수, 노사관계론), 《고대신문》.

:: 쓰기과제

① 자신을 신문 기자로 가정하고 이 시사 칼럼의 내용을 사설로 다시 꾸며 한 편의 글을 완성해 보자.

:: 읽기자료 4

국가안보 VS 인간안보

1648년 웨스트팔리아 조약이 체결된 이래, 국가는 근대 국제체제를 구성하는 핵심 주체가 돼왔다. 국가의 목적은 영토와 주권을 보존함으로써 그 구성원인 국민의 안전과 존엄성 및 정치경제 · 문화적 권리를 보장하고 이에 대한 침해를 허용하거나 영속화시키는 대내외적 조건을 제거하는 것이다. 이러한 맥락에서 본다면 국가안보는 곧 국민을 위한 안보라는 개념으로 귀결된다.

하지만 권위주의 정권 혹은 독재체제 하의 정치지도자들은 국민들의 생존과 복지에 관심을 보이기보다는 정권 유지를 위해 자국민을 박해하거나 심지어 살해하는 경우가 비일비재했다. 일례로 20세기 동안 자국 정부에 의해 희생된 사람들이 전쟁이나 내전 혹은 혁명에 의한 사망자들보다 훨씬 많았다.

또한, 2003년 말 현재 전 세계 192개 국가들 중 49개국의 22억이 넘는 사람들은 시민적 자유와 인권을 용납하지 않는 독재체제의 지배 하에서 안전을 위협받고 있는 것으로 알려졌다. 더욱이 구 유고연방, 체첸 사태 등에서 볼 수 있듯이, 탈냉전시대 대부분의 분쟁이 국가간 전쟁이 아닌 다민족국가 내에서 발생하는 인종분쟁과 같은 내전 형태를 띠게 되면서, 이에 따른 민간인 대량학살 및 난민 사태가 더욱 심각해지고 있다.

한편, 개개인의 생존에 대한 위협과 복지의 악화는 정부의 무능, 부패 및 비효율성, 그릇된 개발정책 등으로 인해 발생하기도 한다. 지난 반세기 동안 많은 제 3세계 국가들은 인구 과잉, 기근, 자연 재해, 경제 불균형, 분쟁 등의 문제를 해결하는 데 실패하였다. 그 결과 세계 인구의 3분의 1에 해당하는 20억 이상의 사람들이 하루 평균 미화 1달러 미만으로 연명해가는 극심한 빈곤상태에 빠지게 되었고, 8억 4천만 명(그 중 7억 9천9백만 명이 개발도상국에 거주)의 사람들이 영양실조 상태에 처하게 됐다.

결국 국가 안보만으로는 개인의 안전과 복지를 보장할 수 없다는 냉정한 현실을 대변한다. 이에 따라 개인의 안전이 안보의 준거가 돼야 한다는 인식이 확산됐고, 소위 인간안보(human security)의 개념이 국제 사회의 주요 쟁점으로 부상했다.

인간안보의 개념은 1994년 유엔개발계획(UNDP)의 〈인간개발보고서〉를 통해 국제 사회에 널리 알려졌는데, 종래의 군사적 차원을 넘어서 인권, 사회 개발, 경제, 건강, 환경 등 인간 삶의 포괄적 질을 척도로 안보의 정도를 가늠해야 한다는 것이 그 요지이다. 즉 인간안보란 인간 개개인의 가난, 자연재해, 강제 이주, 폭력, 차별로부터의 자유를 의미하는 소극적인 개념뿐 아니라, 사람들의 삶과 복지를 최대한 향상시킬 수 있는 능력과 기회에 대한 자유 및 지속적인 시민사회를 구축해 사람들, 특히 취약하고 소외된 사람들의 정치적 힘을 배양시키는 적극적인 개념이라는 것이다.

하지만 인간안보에 대한 광범위한 정의는 그 개념의 명확성이나 활용성을 희석시킨다는 지적에 따라 인간안보에 대한 개념의 광범위함이나 모호함을 없애고 실천가능한 정책안을 만들어 이를 국가안보 차원으로 끌어올리기 위한 노력이 있어왔다.

그러나 인간안보의 개념을 좁게 혹은 넓게 정의해야 하느냐는 소모적 논쟁보다는, 이 개념을 통해 인류복지와 인권의 실질적 증진을 위한 윤리적 · 규범적 틀을 수립하고 정책결정자들에게 향후 정책운영방안의 방향을 제시하는 것이 급선무일 것이다.

이제 우리도 인간안보의 측면에서 북한 문제에 접근해야 할 것이다. 포용정책으로 대변되는 우리 정부의 대북정책은 북한(정권)에 대해 지속적으로 호의를 보임으로써 북한을 대화와 화해의 상대로 서서히 변화시킨다는 희망적 가정에서 설혹 우리의 '햇볕' 이 북한정권을 서서히 녹일 수 있다손치더라도 굶어 죽어가는 북한 주민들에게는 일분일초가 시급하다.

이와 관련해 대북지원에 있어 반드시 명심해야 할 점은 북한정권의 이익과 북한주민의 이익이 반드시 일치하지는 않는다는 사실이다. 북한에의 지원이나 햇볕정책이 자칫 북한 인민을 억압하는 북한 체제를 더욱 강화시키는 결과를 초래할 수 있을 것이다. 그러므로 우리 정부는 북한 정권과의 대화와 교류 및 협력 확대를 위해 노력하되 인권보호 등 가장 기본적인 원칙을 양보하는 일은 없어야 할 것이다.

— 이신화(정경대 교수, 국제정치), 《고대신문》

:: 쓰기과제

① 위의 글에서 필자가 강조하는 주장을 정리해 보고, 그러한 관점에서 과거에 우리 사회에서 일어났던 사건을 하나 골라서 위의 시각을 좇아 한 편의 칼럼으로 완성해 보자.

4) 광고문

광고문은 어떤 내용을 여러 사람에게 알리는 글이다. 상품 판매를 위해서 그 정보를 알리는 상품 광고문, 기업이나 기관, 단체의 이미지 제고를 위한 홍보의 기업 광고글도 있다. 또한 공공의 이익을 위해 여러 사람을 계도하기 위한 공익 광고글도 여기에 포함된다. 광고문의 작성은 그것을 전문적으로 하는 광고문안사에 의해서 대체로 이루어진다. 이들은 독자적인 광고대행사에 종사하는 사람들이다. 그밖에 기업이나 기관의 홍보실에서도 그 일을 담당하는 사람들에 의해 광고문이 만들어져 홍보된다.

아래의 글은 연속 공익 광고문으로 상품 광고나 기업 광고와는 다른 성격의 광고문이다.

:: 읽기자료 5

표제어 : 대화가 통하는 아름다운 세상

생각을 모아 큰 그림을 그릴 때입니다.
막히고 꼬인다면 초심으로 돌아가세요
먼저 배려하면 대화가 풀립니다.
서로 양보하면 타협이 빠릅니다.

새로운 대한민국은 대화와 타협이 바탕인 사회, 관용과 포용으로 다함께 화합하는 사회,
대화가 통하는 세상 — 다 함께 만듭시다.

— 국정홍보처

표제어 : 대화가 통하는 세상

마음과 마음을 이어주는 다리처럼
대화는 마음과 마음을 이어줍니다.
막히고 꼬일 때면 대화로 돌아가세요
다름을 인정하고 다양성을 존중하면
대화가 시작되고 타협이 보입니다.
새로운 대한민국은 대화와 타협이 바탕인 사회, 관용과 포용으로 다함께 화합하는 사회,
대화로 풀어가는 세상 — 모두가 함께 만듭시다.

— 국정홍보처

표제어 : 날아라, 희망으로

마음을 모아 왼발, 오른발,
호흡에 맞춰 하나 둘, 하나 둘,
대화가 통하고 타협이 이루어질 때
더 높이 날 수 있습니다.

새로운 대한민국은 대화와 타협이 바탕인 사회, 관용과 포용으로 다함께 화합하는 사회,
대화가 통하는 세상 — 다 함께 만듭시다.

— 국정홍보처

:: 쓰기과제

1 위의 공익 광고 시리즈를 보고, "대화가 통하는 세상"의 주제로 한 편의 공익 광고를 만들어 본 후, 독자나 청자를 설득하기 위해서 그러한 광고를 자신이 만든 이유에 대하여 한 편의 글르 써 보자.

4장 실용적인 프로젝트 기획 제안서

최근에 우리는 "프로젝트를 추진한다, 프로젝트를 땄다, 프로젝트에 참여한다"는 말을 종종 듣게 된다. 개인, 기업 좋은 아이디어를 자신의 머릿속에 저장만 해 놓는다든지, 입으로만 남에게 얘기한다든지 하는 것은 아무런 의미가 없다. 학교, 사회 가릴 것 없이 그러한 아이디어나 창발적인 계획을 체계화하거나 조직화하여 글이나 시연을 통해서 다른 사람에게 알리고 그 가치를 경제적 가치로 인정받아야 하는 것이다. 구슬이 서 말이어도 꿰어야 보배가 된다는 말은 이를 두고 한 말이다.

아래의 제안서는 특정 광고대행사가 광고주 기업의 상품 판매를 촉진시키기 위해서 특정 상품의 광고 전략을 효율적으로 짜고 소비자를 공략하겠다는 계획을 세워 자체 팀원들이나 혹은 광고주에게 시연한 내용이다. 이 내용을 상품 생산 회사에서 기획했다면 일종의 마케팅 전략의 일환이기도 하겠으나, 광고대행사의 입장에서는 "상품 광고"을 위한 광고 대행사 "광고 상품" 기획 제안서이기도 하다. 이 제안서의 주체를 보면 여기서는 후자에 속하는 것이다.

'TROMM' Communication 전략 (案)

"2002년 이땅의 모든 주부들에게 세탁기에 대한 새로운 기준을 제시한다"

2002. 3. 6

LG애드

인식의 출발

"국내에 소개된 지 **10**년이 지난 현재의 드럼세탁기는 **?**"

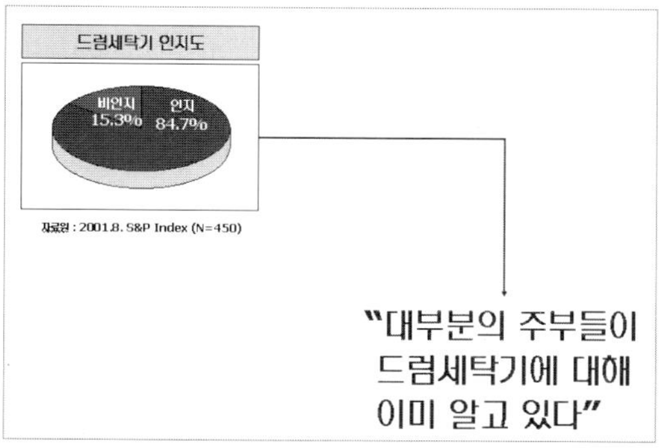
드럼세탁기 인지도
비인지 15.3%
인지 84.7%
자료원 : 2001.8. S&P Index (N=450)
"대부분의 주부들이
드럼세탁기에 대해
이미 알고 있다"

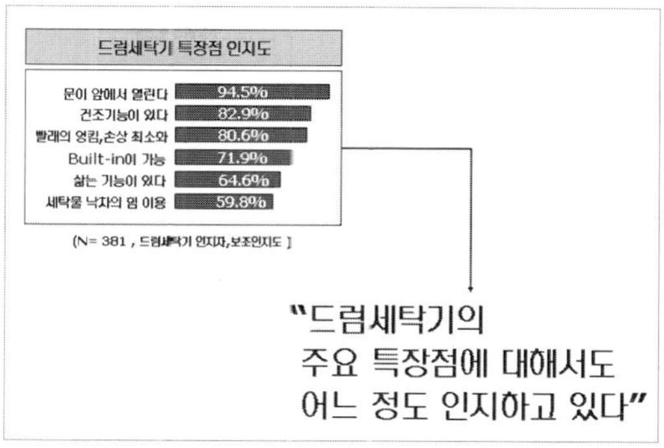
드럼세탁기 특장점 인지도
문이 앞에서 열린다 94.5%
건조기능이 있다 82.9%
빨래의 엉킴,손상 최소화 80.6%
Built-in이 가능 71.9%
삶는 기능이 있다 64.6%
세탁물 낙차의 힘 이용 59.8%
(N= 381 , 드럼세탁기 인지자,보조인지도]
"드럼세탁기의
주요 특장점에 대해서도
어느 정도 인지하고 있다"

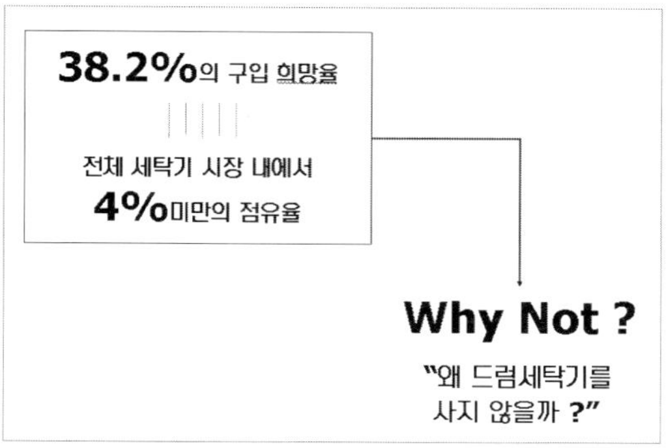
38.2%의 구입 희망율
전체 세탁기 시장 내에서
4%미만의 점유율
Why Not ?
"왜 드럼세탁기를
사지 않을까 ?"

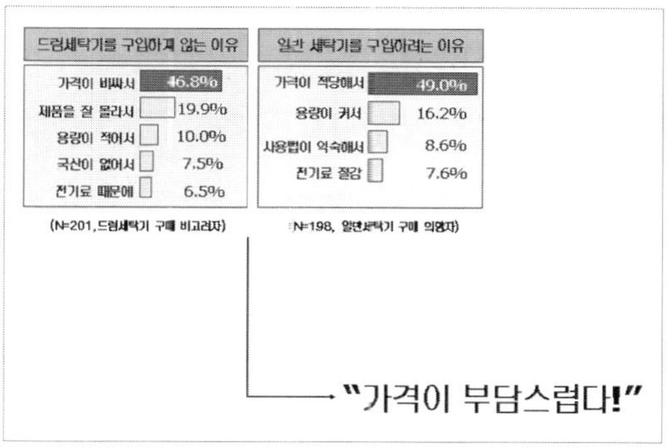
드럼세탁기를 구입하지 않는 이유
가격이 비싸서 46.8%
제품을 잘 몰라서 19.9%
용량이 적어서 10.0%
국산이 없어서 7.5%
전기료 때문에 6.5%
(N=201,드럼세탁기 구매 비고려자)
일반 세탁기를 구입하려는 이유
가격이 적당해서 49.0%
용량이 커서 16.2%
사용법이 익숙해서 8.6%
전기료 절감 7.6%
"가격이 부담스럽다!"

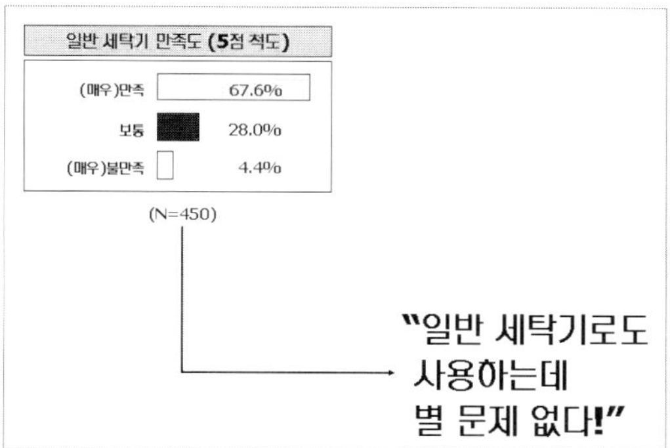
일반 세탁기 만족도 (5점 척도)
(매우)만족 67.6%
보통 28.0%
(매우)불만족 4.4%
(N=450)
"일반 세탁기로도
사용하는데
별 문제 없다!"

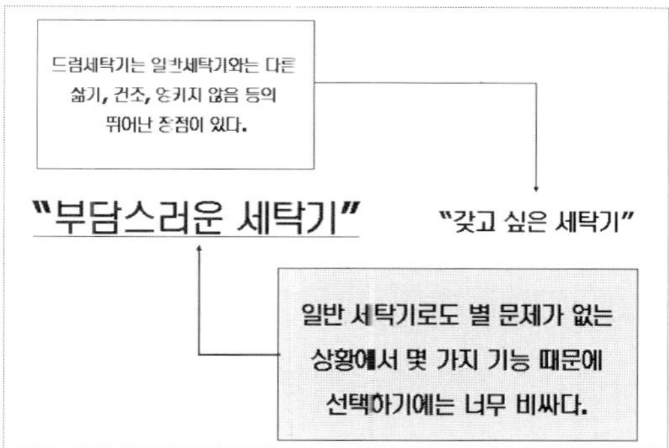
드럼세탁기는 일반세탁기와는 다른
삶기, 건조, [illegible]키지 않음 등의
뛰어난 장점이 있다.
"부담스러운 세탁기"
"갖고 싶은 세탁기"
일반 세탁기로도 별 문제가 없는
상황에서 몇 가지 기능 때문에
선택하기에는 너무 비싸다.

Needs < Price
"부담스러운 세탁기"
"갖고 싶은 세탁기"
"TROMM's Bottle Neck"

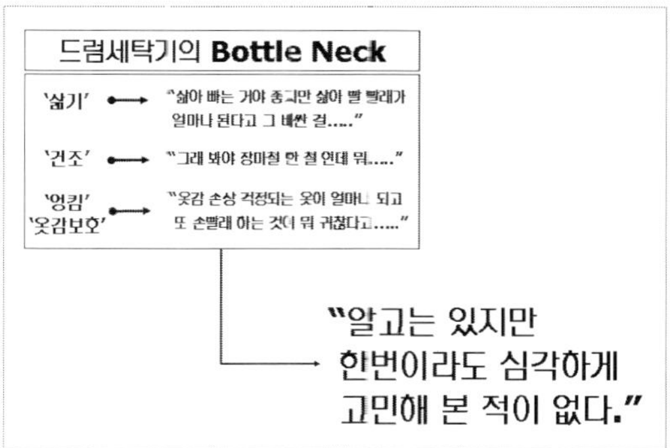
드럼세탁기의 Bottle Neck
'삶기'
"삶아 빠는 거야 좋지만 삶아 빨 빨래가 얼마나 된다고 그 비싼 걸....."
'건조'
"그래 봐야 장마철 한 철 인데 뭐....."
'엉킴'
'옷감보호'
"옷감 손상 걱정되는 옷이 얼마나 되고 또 손빨래 하는 것이 뭐 귀찮다고....."
"알고는 있지만
한번이라도 심각하게
고민해 본 적이 없다."

How Can ?

"TROMM의 Bottle Neck은 왜 생기며, 어떻게 없앨 것인가?"

TROMM의 Communication 과제

"드럼세탁기의 **Bottle Neck** 해소"

Needs > Price

주부들에게
세탁에 대한 새로운 고민을
만들어 주자.

'삶기'
온도별로 삶아서 빨래해야 될 옷들이 생각보다 많다면?

'건조'
알고 보면 1년 중 흐린 날이 맑은 날보다 훨씬 많다면?

'엉킴'과 '옷감보호'
생활수준이 올라가면서 비싸고 좋은 옷들은 많아지는데 세탁방법은 그대로?

→ 세탁 그 자체를 다시 한 번 생각하게 한다.

세탁에 대한 새로운 고민

세탁기에 대한 새로운 욕구를 자극

TROMM의 Communication 목표는?

우리나라 모든 주부들에게
고민하지 않았던 것을 고민하게 하고
이를 통해
세탁기에 대한 새로운 욕구를 자극함으로써
TROMM을 세탁기 선택의 새로운 기준으로
Positioning하는 것.

Change ⇒ Sale

우리나라 모든 주부들에게
고민하지 않았던 것을 고민하게 하고
이를 통해
세탁기에 대한 새로운 욕구를 자극함으로써
TROMM을 세탁기 선택의 새로운 기준으로
Positioning하는 것.

TROMM의 Campaign Theme
"당신은 **TROMM**이 필요합니다"

세탁기의 새로운 기준 **TROMM**

Creative Theme 1. '삶기'

속옷, 셔츠 등 의외로
찬 물에 빨 수 있는 옷은 그리 많지 않습니다.

30도에서 95도까지 다양하게 삶아 준다.
"그래서 당신은 **TROMM**이 필요합니다!"

세탁기의 새로운 기준 **TROMM**

Creative Theme 2. '건조'

우리나라 1년 중 구름 없이 맑은 날은 평균 107일!
특히 대기오염까지 생각하면 우리나라도
마음 놓고 빨래를 말릴 수 있는 날이 그리 많지 않습니다.

365일 날씨 걱정할 필요 없다.
"그래서 당신은 TROMM이 필요합니다"

세탁기의 새로운 기준 **TROMM**

Creative Theme 3. '옷감보호'

비싸게 산 니트,울 등 고급 소재의 옷들이 혹 상하고 다칠까
아직도 뒤집어 빨거나 손빨래에 의존하십니까?

이제 더 이상 옷감 손상은 없다.
"그래서 당신은 TROMM이 필요합니다!"

Creative

4월	5월	6월	7월	8월	9월	10월	11월	12월

①삶기 ②건조 ③옷감보호

① '삶기'와 '위생'을 Theme로 세탁에 대한 새로운 고민 만들기
② 장마철을 활용해서 '건조'에 대한 욕구를 자극
③ 고급소재의 의류를 활용, '옷감보호'에 대한 인식을 자연스럽게 유도

Media

"Change를 위해 과연 어느 정도의 비용이 필요한가?"

Media Goal & Schedule

총 **'78.6억'**으로 누적 유효도달률 **'98%'** 달성

- **TV** : 3편을 연중 순차적으로 지속 운영하여 유효 도달률 극대화
- 신문 : 각 3편의 TV-CF와 병행 집행하여 인식 전환 유도를 위한 보조매체로 활용
- 잡지/CATV : 목표 타겟에 정확한 접근을 통해 유효 도달률 제고에 기여

'삶기' (4–5) / '건조' (6–8) / '옷감보호' (9–12)

(단위 : 백만원, %)

	4	5	6	7	8	9	10	11	12	계	Mix
TV	805	817	805	817	205	400	817	805	200	5,673	72
신문	611		611			611				1,832	23
잡지	34	33	15	15	15	34	20	15	15	194	3
CATV	20	20	20	20	20	20	20	20		160	5
TOTAL	1,470	870	1,450	852	240	1,065	857	840	215	7,859	100

감사합니다

— LG애드, 유정훈 국장 작성

:: 쓰기과제

① 위에서 시연된 내용에 자신의 아이디어를 추가해서 위의 기획 제안서를 한 편을 글로 완성해 보자.

② 위의 기획서를 바탕으로 학교의 입장에서 "고려대학교 신입생 모집"을 위한 프로젝트 기획서를 만들어 보고, 왜 그러한 기획서를 만들게 되었는지 한 편의 글로 써 보자.

III

논문 작성법

1장 논문이란 무엇인가

논문이란 새로이 발견된 앎의 타당성을 입증하고 다른 이들에게 전달하기 위한 보고서이다. 사람은 무수히 많은 사실들이 이리저리 얽혀서 끊임없이 운동하고 있는 이 우주와 인간 사회 속에서 끊임없는 탐구로써 미지의 영역을 조금씩 앎의 빛으로 밝히면서 살아가는 존재다. 인문과학 · 사회과학 · 자연과학이 각기의 연구 대상이나 방법을 달리한다 해도 이러한 근본 목적에서는 다를 바 없다.

학문의 중심지인 대학에서 연구하고 가르치며 공부하는 이들은 곧 논문을 쓰고, 읽고, 토론하는 사람들이라 해도 좋다. 교수는 자신이 전공하는 분야의 제반 자료와 연구 동향에 정통하여 항상 새로운 문제를 발굴 · 해명하고 그것을 논문으로 발표하여 동료 학자들에게 전달하고 학생들에게 가르치는 직분을 가지고 있다. 학생은 이미 이루어진 연구 성과를 충실히 흡수하면서 새로운 문제를 탐구하고 논리화하여 논문으로 엮어 낼 수 있는 능력을 기르기에 힘써야 한다.

학문의 대상이 되는 우주 · 자연과 사람의 생활은 매우 다양할 뿐 아니라 항상 움직이는 것이기에 우리가 해명해야 할 문제들은 거의 무한히 존재한다고 볼 수 있다. 그 중에는 지금까지의 연구에 의해 명료하게 밝혀진 것도 있고, 불충분하게 논의되었거나 잘못 이해된 것도 있으며, 전혀 다루어지지 않은 것도 있다. 논문은 이들 중에서 밝혀지지 않은 사실과 의미를 구명하거나, 불충분하게 연구된 것을 수정하는 글이다. 따라서 논문은 보통의 글들과는 달리 그 성격에서 반드시 갖추어져야 할 몇 가지 요건을 가지며, 이들을 제대로 갖추지 못한 논문은 글솜씨가 아무리 빼어나다 해도 가치를 인정받을 수 없다. 그 요건이란 독창성 · 실증성 · 논리성의 세 가지로 집약할 수 있다.

1. 독창성 논문은 새로이 발견된 앎의 보고서이니만큼 무엇보다도 독창성을 생명으로 삼는다. 누구나 아는 상식이나 보편적 지식의 재확인만으로 논문이 될 수 없는 것은 물론, 일정한 전문 분야의 종사자들이 두루 알고 있는 지식을 나열하는 것도 논문에서는 불필요하다. 독창성이 없는 논문은 아무리 방대하거나 문장이 아름답다 해도 논문으로서의 근본 요건을 갖추지 못한 것이다.

논문의 독창성은 자료 · 방법론 · 결론의 세 부문으로 나누어서 말할 수 있다. 이 중에서 최소한 한 가지 이상은 새로워야 그 논문에 독창성이 있다고 평가된다. 물론 세 가지 모두가 새롭다면 가장 좋지만 그렇지는 못하더라도 어느 한 부분에서는 새로운 점이 있어야 하는 것이다. 방법론과 결론이 예전의 것과 같더라도 자료가 새로운 논문은 연구 대상을 확대하여 종래의 성과를 보강한 업적이 인정되며, 자료와 결론이 다른 바가 없더라도 방법론이 새로운 논문은 종래의 연구 결과를 새로운 방법으로 재검토하고 새 방법론의 적용 가능성을 확인한 점에서 가치를 평가받을 수 있다. 또, 자료 · 방법론이 같더라도 결론이 다른 논문은 예전의 연구 결과를 재검토하거나 수정하는 의의를 지닐 수 있다. 이 세 부문 가운데서 적어도 한 가지 이상의 독창성을 확보하면서 끊임없이 문제를 제기하고 새로운 앎을 개척하는 것이 논문의 임무이다.

이와 같은 요청은 기성 학자나 대학원생들에게만이 아니라 대학생들에게도 해당된다. 배우는 과정의 학생들로서는 어느 한 가지 독창성만이라도 온전하게 갖추기가 어려운 것이 사실이다. 그러나 그렇게 하고자 애쓰며 시행착오를 거듭하는 과정에서 참다운 지적 발전이 이루어진다. 교수들은 독창성 없이 무난하게 꿰어 맞춘 논문보다는 더러 실수가 있더라도 창의적인 안목과 문제의식이 담긴 논문을 더 값지게 평가한다.

2. 실증성 위에 말한 독창성은 명확한 증거 위에서 참이라고 입증될 수 있어야 한다. 논문은 학문 활동의 일부분이며 학문은 누구나가 확인할 수 있는 증거에 입각하여 판명한 앎을 추구하는 일이므로, 주관적 확신만으로는 진리성을 주장할 수 없는 것이다. 종교적 신앙의 세계에서는 '증거가 없음에도 불구하고 참이라 믿는다'거나 '증명이 불가능하기에 오히려 더욱 숭고한 진리라고 생각한다'거나 하는 말이 가능하지만 논문에서는 그럴 수 없다. 입증할 만한 증거가 부족한 학문상의 견해는 기껏해야 하나의 가설이 될 수 있을 따름이다. 논문을 쓰면서 증거의 제시에 소홀하거나 증거의 신뢰도를 냉정하게 검토하지 않는 것은 그야말로 사상누각을 짓는 일과 같다.

3. 논리성 논문은 또한 논리성을 필요로 한다. 한두 가지의 간단한 증거만으로 어떤 사실을 쉽사리 밝힐 수 있는 경우에는 굳이 논리성 같은 것을 따지지 않아도 무방하겠지만, 논문이란 대개의 경우 수많은 증거를 연관 지어 분석 · 해석하면서 일정한 결론을 향하여 나아가는 추론 과정을 포함하기 마련이다. 이 경우 동일한 증거와 방법에 입각하였다 하더라도 논리적 전개의 합당성 여부에 따라 그 결과에 커다란 차이가 생긴다는 것은 자명한 일이다. 같은 내용이라도 논리적으로 얼마나 정연하게 표현되는가에 따라 설득력이 달라지게 마련이다. 필요한 중간 과정이 생략된 논리와 쓸모없이 장황하거나 산만한 논리는 논문의 가치를 떨어드리며, 그릇된 논리는 허위

의 결론을 이끌어 온다.

논문을 쓰는 사람은 자신의 논리가 과연 정당한가에 대하여 끊임없이 검증하면서 선입관 · 편견 · 감정 따위를 극복하여야 한다. 학문 활동이 목표하는 객관성이라는 것도 일정한 역사적 · 사회적 상황 속에 살고 있는 주체의 문제의식과 무관할 수 없다는 명제는 언제나 참이겠지만, 그렇다고 해서 증거에 대한 자의적 해석과 억지스러운 논리화가 정당화될 수 있는 것은 아니다. 논문이란 투철한 문제의식과 뜨거운 지적 열정에서 출발하되 증거의 가치를 냉엄하게 저울질하고 해석하며 논리화하여 결론에까지 이르는 준엄성으로 완성되어야 한다.

우리가 '논문' 이라는 포괄적 용어로 지칭하는 학문적인 글들은 위에 설명한 기본 성격을 공통적으로 가지면서, 용도와 규모에 따라 몇 가지 유형으로 구분된다. 지나치게 번거로운 분류를 피하여 논문 작성의 동기 · 수준 · 규모를 종합한 종류를 제시하면 다음과 같다.

① 일반 학술 논문 : 학자들이 자신의 연구 성과를 발표하기 위하여 쓰는 논문을 총칭한다. 따라서, 그 규모 · 성격 등은 연구 분야와 논문의 주제에 따라 일정하지 않으나, 어떤 경우든 논문으로서의 기본 요건에 충실해야 함은 물론이다. 일반 학술 논문 가운데 잡지 · 학술지 등에 실리는 비교적 간단한 논문을 영어로는 'article' 이라고도 하며, 매우 체계적인 격식과 내용을 갖춘 논문은 'treatise' 라고 부른다.

② 학위 논문 : 영어로는 'dissertation' 또는 'thesis' 라 하는데, 석사 · 박사 등의 학위를 받기 위한 최종적 심사 자료로서 제출하는 논문이다. 따라서 그 기본 성격은 일반 학술 논문과 다를 바 없으나, 일정한 학업을 마치는 사람이 쓰는 것이므로 지도교수의 지도를 받아서 작성 · 제출하고 심사를 받는다는 점에 차이가 있다. 이로 인해 학위 논문은 그 체제도 해당 학문 분야의 표준적 격식을 충실히 따르는 것이 원칙이다.

③ 평론(essay) : 본격적인 학술 논문처럼 완전한 격식과 치밀한 인증을 제시하는 데 구애되지 않고 비교적 자유롭게 일정 주제 혹은 영역을 개관하면서 학문상의 견해를 제시하는 글이다. 예컨대 '한국정치학의 당면과제', '70년대 한국학의 회고와 전망', '생명기원설에 대한 몇 가지 의문' 등과 같은 제목의 글들이 이런 부류에 속한다. 서평도 평론의 일종에 해당한다.

④ 학기말 논문(term paper) : 대학 및 대학원 과정에서 공부하는 학생들이 한 학기를 마칠 무렵 담당교수가 내어 주는 주제 및 요건에 따라 작성하여 제출하는 논문이다. 학기말 논문을 쓰도록 하는 목적은 해당 강의의 내용을 충실히 소화하였는가, 공부한 바를 토대로 얼마만큼

이나 창의적으로 문제 해결을 감당해 낼 수 있는가 등을 평가하는 데 있다. 따라서 학기말 논문 역시 일반 학술 논문과 마찬가지의 요건을 따르도록 노력하면서 써야만이 지적인 성장의 결실을 거둘 수 있다. 대학 졸업 논문은 학기말 논문과 석사 학위 논문의 중간 정도에 해당한다.

⑤ **소논문 · 보고서** : 대학 · 대학원의 강의 도중에 제출하는 글들을 흔히 '리포트' 라고 지칭하는데, 이 말은 우리나라와 일본의 대학에서 통용되는 편의적 용어이며, 실상은 글의 내용과 성격에 따라 소논문과 보고서로 나누어 부르는 것이 바람직하다. 소논문은 대체로 200자 원고용지로 20~30매 정도나 그 이내의 규모이며, 어떤 문제에 대한 충분한 논증 · 해명보다는 강의 내용에 대한 학생들의 자발적 사고와 이해를 자극하기 위한 연습과제로서 부과된다. 그러나 소논문도 논문인 이상 논문의 일반적 형식을 갖추어야 함은 물론 설정된 문제에 관해 가능한 한 창의적이고도 조리 있는 해석 · 논의를 담아야 한다. 이에 비해 보고서는 조사 · 답사 · 관측 · 채집 · 실험 등에서 얻어진 결과를 정리하여 보고하는 사실기술적 기능이 주가 된다. 물론 보고서에도 경우에 따라서는 보고서 작성자의 의견이나 주장이 첨가되는 수가 있으며, 그 정도가 커지면 논문과의 구별이 불필요해지기도 한다.

위에 간단히 설명한 여러 종류의 글들은 대학 생활에서 항상 읽게 되는 것이지만, 학생들이 학업 과정에서 주로 쓰는 것은 학기말 논문과 소논문 · 보고서이다. 따라서 이들의 성격 및 의의에 대해 좀더 설명하기로 한다.

학기말 논문 · 소논문 · 보고서는 규모와 성격을 조금씩 달리하면서도 상당한 공통성을 가진다. 이들은 대학 교육에서 학생에게 부과되는 과제물이며 담당교수의 평가를 거쳐 학점 취득에 반영된다. 또한 이들은 그 자체로서 학문상의 특별한 성과가 완숙하게 맺어지기를 기대하는 것은 아니며, 어디까지나 학생의 지적인 성장을 촉진하고 다양한 연습의 기회를 마련하려는 과정적 기능을 가진다. 따라서 학생들은 이들에 공통된 다음의 의의를 충분히 이해하고 자신의 논문 · 보고서 작성에 참고함으로써 좋은 결실을 얻을 수 있을 것이다.

① 학생으로 하여금 교과서나 교수 한 사람의 강의 내용에만 매이지 않고 그 교과와 관련된 폭넓은 독서를 하도록 한다.
② 강의실에서 충분히 다루지 못하였거나 그렇게 하기 어려운 문제에 대하여 학생이 독자적으로 조사하고 스스로 문제 해결을 시도할 수 있는 능력을 기른다.
③ 여러 가지 자료를 분석 · 해석하고 활용하는 과정에서 관찰력과 비판적 이해력을 기른다.

④ 자신의 관찰 · 분석 결과를 정리하여 논리적인 방법으로 전개할 수 있는 훈련을 쌓는다.

⑤ 교수의 입장에서는 학생들이 문제를 어떤 방식으로 보고 있으며 설명과 훈련이 더 필요한 부분이 무엇인지를 확인하고 강의를 효율화하는 자료가 된다.

이상의 내용을 더 압축하면, 학기말 논문 · 소논문 · 보고서의 궁극적 목적은 학생들의 지적 독립 능력을 기르는 것이라고 말할 수 있다. 학생들은 교수로부터 이미 결정된 논제를 받기도 하고 때로는 일정한 범위 안에서 스스로 주제를 선정하기도 하지만, 자료의 수집에서부터 그 평가 · 분석 · 해석 · 종합 · 논리화의 과정을 거쳐 최종적인 원고를 만들기까지의 일은 자신의 힘으로 처리해야 하기 때문이다. 이렇게 해서 이루어진 성과는 비록 이미 알려진 결과와 별로 다를 바 없다고 해도 그것을 자신의 힘으로 얻어 냈다는 데에 커다란 의의가 있다. 또 그 가운데에 실수나 착오가 나타난다고 해도 배우는 사람으로서 두려워할 일은 아니다. 우리는 오히려 이를 통해 더 나은 수준으로 나아갈 수 있는 반성의 기회를 얻을 수 있기 때문이다. 적당히 참고 자료를 발췌 · 조합하여 아무런 창의성도 주관도 없이 만들어 내는 눈가림 논문은 좋은 평가를 받지 못한다.

:: 과제

1 좋은 논문을 쓰기 위해서는 위에 제시된 조건 이외에 또 어떠한 조건이 요구되는지 토론해 보자.

2 이번 학기에 작성할 소논문의 주제를 잡아 보자.

2장 논문의 준비 과정

논문은 수필이나 감상문 등과 달리 그 내용이 명료한 논리적 짜임새를 가져야 할 뿐 아니라 착상에서 완성에 이르기까지의 과정 또한 단계적 진행을 필요로 한다. 준비 과정이 뒤죽박죽으로 진행되었는데 좋은 논문이 나온다는 일은 있을 수 없다. 물론 논문의 규격에 따라 작성 과정은 더 복잡해지거나 비교적 단순해지거나 하는 등의 차이가 있을 수 있다. 그러나 간단한 주제로 씌어지는 소논문이라 해도 작성의 절차는 기본적으로 큰 규모의 본격적인 논문의 경우와 마찬가지의 과정을 응용하는 것이므로, 아래의 설명은 일반 연구 논문이나 석사 논문 정도에도 적용될 수 있는 표준적 과정을 기본으로 하여 진행하기로 한다.

논문 작성의 과정은 일반적으로 다음과 같은 단계들로 이루어진다.

① 문제의 발견
② 자료 수집과 예비적 분석
③ 가설의 수립
④ 연구 방법의 결정
⑤ 자료의 분석 · 해석과 논리화
⑥ 논문 개요 작성
⑦ 집필

다만 이들 각 단계의 작업 내용을 설명하기에 앞서 전제해 줄 것은 위에 열거한 순서가 꼭 일률적으로 고정되어 있는 것만은 아니라는 점이다. 예컨대 가설의 수립은 문제의 발견과 동시적으로 이루어질 수도 있으며, 어떤 경우에는 대단치 않아 보이는 자료들을 오랫동안 검토하다가 갑자기 문제가 발견되기도 한다. 따라서 명심할 것은 이들 각 단계의 기계적인 배열 순서가 아니라 그 사이의 유기적인 호응과 연결이라는 점이다.

① 문제의 발견

논문은 새로이 발견된 앎을 입증·전달하기 위한 글이므로 이를 위해서는 무엇보다 먼저 새로운 문제를 찾아야 한다. 그런데 새로운 문제란 각 분야마다 무한히 많으면서도 막상 논문을 쓰려면 쉽사리 잡히지 않는 것이 보통이다. 그 근본 이유는 학문의 성격 자체에 있다.

학문이란 하루아침에 어떤 비상한 천재가 나타나서 모든 비밀을 한꺼번에 다 풀어내는 것이 아니라 많은 사람들이 오랫동안 끈기 있게 연구하여 차근차근히 쌓아 올린 앎의 체계로서 존재한다. 따라서 학문의 세계에서 새로운 문제란 그저 새롭기만 한 것이 아니라, 첫째로는 해당 분야의 연구 수준에서 새로이 논의될 가치가 있으며, 둘째로는 그 해결을 통해 기존 지식의 확대·심화 혹은 수정이 이루어질 수 있는 문제이어야 한다. 따라서 밑도 끝도 없이 던져지는 거창한 문제는 비록 새롭다 해도 논문의 주제가 되기 어렵다. 비유해 말하건대 학문이란 큰 건물을 짓는 것과 같아서 11층을 쌓기 전에는 12층을 올릴 수 없는 것이다. 우리가 찾는 새로운 문제가 몇 층에 해당하는 것인가를 발견하려면 이에 앞서서 이미 쌓여져 있는 건물이 몇 층이며 그것은 새로운 층을 지탱하기에 충분한지를 알아야 한다. 즉, 새로운 문제를 발견하려면 원칙적으로 말해서 해당 분야 혹은 주제에 관한 지금까지의 연구 성과를 전반적으로 파악하고 그 중에서 확실한 것은 무엇이고 의심스러운 부분은 어떤 것이며 현 단계에서 무엇이 문제가 될 수 있는가를 판단할 수 있어야 한다.

그러면 공부하는 분야의 연구 성과와 현황을 완전히 알 때까지 학생들은 아무런 논문 주제도 잡을 수 없는 것일까? 그렇지는 않다. 학생은 새로운 문제를 찾아내는 데에 교수의 도움을 받을 수도 있으며 때로는 문제 해결의 방향과 방법에 대하여 조언을 얻기도 한다. 교수는 해당 전공 분야의 자료와 연구 성과를 파악하고 있으며 계속 새로운 연구를 하는 학자로서, 이미 연구된 것은 얼마만큼이고 앞으로 다루어져야 할 것은 무엇인가를 제시해 준다.

교수가 주제의 범위를 분명하게 한정하여 제시해 주는 예는 학기 도중의 소논문이나 조사·관찰·독서 보고서에 많다. 예컨대 '한국현대소설론' 이라는 강의에서 '소설 〈무정〉을 읽고 주인공 이형식의 성격을 논하라' 는 과제가 주어진다든가, '비교정치학' 담당 교수가 '서구형 민족주의와 아시아형 민족주의의 차이점을 논하라' 는 주제를 제시하는 것과 같은 경우이다. 이때 학생들은 일단 문제 선택의 고민을 덜게 된다. 그러나 그렇다고 해서 기계적인 조사와 논증의 일만이 남는 것은 아니다. 위의 것처럼 한정된 주제라 하더라도 그 핵심 문제가 무엇이며 이를 어떤 각도에서 파악하고 논술할 것인가, 다시 말하여 논리화의 전략을 어떻게 세울 것인가는 학생 개개인의 주체적인 모색에 달려 있기 때문이다.

예컨대 이형식의 성격이라는 문제를 놓고 한 학생은 그가 김선형·박영채라는 두 여성 사이에서 방황하면서 윤리적 의무감과 세속적 욕망의 갈등으로 인해 내면의 분열을 겪고 있다는 점에 초점을 맞추는가 하면, 다른 학생은 그가 낡은 관습으로부터 벗어나고자 하면서도 사실은 전통적 가치와 새로운 이념의 혼합 상태에서 자기모순을 드러내는 과도기적 지식인이라는 데에 주안점을 둘 수도 있다. 또 서구형 민족주의와 아시아형 민족주의의 비교에서도 경제적 요인에 비중을 두어 논하느냐 정치 이념의 성격을 중심으로 논하느냐 등 여러 가지 접근 방법이 가능할 것이다. 주제가 정해진 과제 논문의 성공 여부는 바로 이러한 해석과 논리화의 구상에서 반 이상이 좌우된다.

이에 비해 주제의 범위가 매우 포괄적으로 주어진 경우에는 개인적인 창의를 발휘할 수 있는 자유가 확대되면서 동시에 문제 발견의 부담도 커질 수밖에 없다. 가령 '한국근대경제사'라는 강의에서 '조선 후기의 경제적 변화 가운데서 한 가지 문제를 골라 소논문을 쓰라' 든가, '고전소설론'에서 '한국 고전소설 중 임의로 한 편을 분석하여 작품론을 작성하라' 등의 과제가 주어지는 예가 있다.

이런 때에도 학생들은 이미 강의를 통하여 문제의 배경 내지 바탕이 되는 내용을 공부하고 있는 터이므로 그것을 좀더 면밀히 검토하면서 문제를 찾아낸다면 좋은 주제를 잡을 수 있다. 다만 여기서 유의할 점은 아직껏 연구된 적이 없는 심각하고 새로운 주제라 해서 반드시 좋은 것은 아니라는 점이다. 논문은 기분 내키는 대로 써 나가는 글이 아니라 일정한 결론에까지 도달하여야 하는 것이므로 자기 힘으로 해결할 수 없는 문제는 좋은 주제가 못 된다. 논문의 주제는 쓰는 이의 능력과 준비 상태로 보아 해결될 수 있는 것이어야 하며, 분명하고도 구체적으로 한정된 것이어야 한다. 주제가 명확하게 한정되지 않으면 논문을 준비하는 과정부터가 초점이 없이 어수선해질 뿐 아니라, 결과적으로 이루어진 글도 확고한 논리와 결론을 가진 논문이 아니라 수필이 되고 말 염려가 있다. 주제를 넓고 막연하게 잡은 논문은 거의 틀림없이 시원치 않은 논문이라는 것이 교수들의 경험으로부터 나온 결론이다.

그러면 어떻게 해야 자기 힘에 맞는 명확하고도 구체적인 주제를 잡을 수 있을까? 이에 대한 대답은 전공 분야에 따라 조금씩 다르겠지만 일반적으로 다음과 같은 지침을 참고하면 도움이 될 것이다.

첫째, 다루고자 하는 분야를 시간적(시대적)·공간적으로 나누어 그 중에서 흥미롭다고 생각되는 한 영역을 택한다. 논문을 쓰는 것도 재미가 있어야 잘 되는 일이므로 흥미를 많이 느끼는 부분에서 문제를 택할수록 성공 가능성이 높아진다.

둘째, 선택된 영역에 작용하고 있는 여러 요소나 부분 중에서 어느 하나에 초점을 맞춘다.

셋째, 위에서 설정한 사항을 해명하는 데 가장 요긴하거나 덜 연구된 요소가 무엇인가를 문제로 잡는다.

이렇게 해서 설정된 주제의 예를 들어 보면 다음과 같다.

주제 : 월남 전통 사회의 가족제도 안에서 여성의 위치는 어떠하였는가, 특히 재산의 소유와 분배 · 상속에 관한 관습을 중심으로 고찰한다.

이 주제는 대체로 다음과 같은 단계적 축소와 구체화의 과정을 거쳐서 이루어졌다고 할 수 있다.

동남아시아의 사회 → 월남 사회 → 식민지화되기 이전의 월남 전통 사회 → 월남 전통 사회의 제도와 관습 → 가족제도와 관습 → 여성의 지위와 역할에 관련된 관습 → 재산의 소유 · 분배 · 상속에 있어서의 여성의 권리와 지위

이번에는 커다란 영역에서 차례로 범위를 좁혀서 주제를 설정하기까지에 이르는 과정을 순차적으로 예시해 보기로 한다. '국제외교론' 이라는 강의를 듣는 학생이 '국제외교론 중에서 임의로 특정한 주제를 골라 소논문을 작성하라' 는 과제를 받았다고 가정하자.

㉮ 국제 외교론 : 국제 외교는 대미 외교, 대중국 외교, 대일 외교 등 우리나라와 현실적 이해관계를 맺는 여러 나라와 관련되는 경우가 많다. 그 중 대미 외교는 한반도라는 특수한 상황, 우리와 미국의 공화당 및 민주당 정권과의 관계 등의 변수에 따라 항상 민감하고도 중요한 문제이다. 따라서 국제 외교 분야에서 대미외교에 대한 주제를 택하기로 한다.

㉯ 대미 외교론 : 대미 외교 또한 우리나라 정권의 교체와 맞불려 다양하게 전개된 측면이 있다. 이승만 정권 시기의 대미 외교, 박정희 정권 초기의 대미 외교, 박정희 정권 말기의 대미 외교, 그 이후 전두환, 노태우, 김영삼, 김대중 정권의 대미 외교 등이 있겠으나, "박정희 정권 말기의 대미 외교" 를 골라 본다.

㉰ 박정희 정권의 대미 외교 : 박정희 정권의 대미 외교도 시기에 따라 다를 수 있기 때문에 여기서는 1970년대 말을 그 시기로 잡고, 당시 민주당 출신 미국 대통령 카터와의 외교적 갈등 문제에 대하여 논의하기로 한다.

㉱ 1970년대 후반의 한국 : 박정희 정권이 장기 집권함으로써 국내에서는 박정희 정권에 대한

비판이 날로 높아가고 있었던 시기였으며, 한편 미국에서는 공화당에서 민주당으로 정권이 넘어 가면서 당시 한국의 인권 상황 등에 대한 우려를 드러내기 시작한 시기이기도 하다.

마) 박정희의 자주 국방과 미국과의 갈등 : 박정희 정권에 비판적인 미국에 대하여 박정희 정권은 자주국방의 의지를 천명하고 이에 대하여 미국은 주한미군 철수 등을 거론하면서 박정희 정권과의 갈등을 드러낸다. 이러한 갈등은 원인은 두엇이었으며, 당시 한국 외교 라인은 어떤 자세를 취하고 있었는지 분석해 본다.

이렇게 해서 나온 주제를 간단히 문장화하면 다음과 같이 될 것이다.

주제 : 1970년대 말 박정희 정권의 대미 외교 전략을 살펴보면서 당시의 한미 관계의 갈등을 분석해 본다.

이상에서 설명한 방법을 참고하면서 자신이 공부하는 분야를 주의 깊게 살펴 나아가노라면 여러 가지 재미있는 문제들을 발견할 수 있다. 문제는 아무에게나 보이도록 널려 있는 것이 아니라 항상 문제의식을 가지고 공부하는 사람에게만 발견되는 것이므로 우리는 끈기 있는 관찰과 날카로운 문제의식을 가지도록 힘써야 한다.

② 자료의 수집 · 정리

• 자료의 수집 : 일단 논문의 주제를 설정하면 본격적인 자료 수집에 들어가야 한다. 물론 자료에 대한 부분적인 검토는 문제의 발견 이전부터 필요하다. 해당 문제에 관련된 자료를 전혀 본 적이 없다면 무엇이 문제가 될 만한지조차 알 수 없기 때문이다. 따라서 문제의 발견 다음에 하는 자료 수집이란 이미 어느 정도 살펴본 자료들을 더욱 충실하게 조사 · 정리하는 일을 의미한다.

논문의 연구 대상은 어떤 작가나 사상가의 저술일 수도 있고 실제 현상 혹은 정부나 단체의 정책 등일 수도 있다. 그리고 그 연구에 이용되는 자료들 역시 문헌일 경우도 있고 실제 존재하는 현상이나 제도, 정책일 수도 있다. 이러한 논문의 자료 중에서 직접적으로 연구의 대상이 되는 자료를 일차자료라 하고, 일차자료를 위해 활용되는 자료를 이차자료라 한다.

일반적으로 인문과학에서 이용되는 자료는 사람과 그 사유 활동, 행동양식이 중심이 되고, 특히 집단에서의 문제는 사회과학적 연구와 연관될 수밖에 없다. 따라서 어떤 사건의 관계자나 목격자, 혹은 피조사 집단의 생각을 담아낸 인터뷰, 설문지, 사진이나 그림, 일기나 유언장 등의 개인 기록, 물품 등은 모두 일차자료가 된다. 사회과학의 연구논문에서는 이미 발표된 각종 통계표가 가장 중요한 일차자료가 되기도 한다.

이차자료란 이미 완결되어 발표된 기존의 학술 업적이나 자료집으로서 논문 작성자가 자신의 주제와 논지를 발전시켜 나가는 과정에서 반드시 검토하여 비판 또는 인용해야 할 가공된 자료를 뜻한다. 이러한 자료들은 논문 집필자의 연구 주제와 같거나 유사한 연구 대상을 조사하여 해석해 놓은 문헌들로서, 집필자의 글에 설득력을 부여하며, 일관성을 갖도록 해 준다. 다른 관점과 방법론을 이용한 이차자료는 비판적 시각을 유지해 가면서, 공통의 관점과 방법론을 가진 이차자료는 서로 이론적인 연대를 엮어 가면서, 논문을 작성하는 데 활용하여야 한다.

논문의 자료에 대해서는 그 배경이 되는 사회적 환경의 차이, 분석 방법과 조사 기간의 차이 등이 검토되어야 한다. 특히 이미 발표된 통계표는 대개 학문 외적인 제반 요소들이 극히 추상화되어 있기 때문에, 수치 속에 예상치 못한 이질적 요인이 숨어 있거나 자료 처리 방법과 양적인 크기의 척도가 달라서 비판적 해석 과정을 거쳐야 하는 경우가 많다. 따라서 기존의 통계표나 직접 조사한 설문조사는 수집과 처리 과정에서의 오류나 제약점들을 고려하여 평가되어야 한다.

가령 '한국 대학생의 직업관' 이란 논문을 준비하면서 서울에 있는 몇몇 대학의 1학년 남자 신입생만을 조사 대상으로 삼는다면 그 결과는 매우 편파적인 것이 될 수밖에 없다. 직업관은 남녀에 따라, 지역에 따라, 학년에 따라, 군 복무를 마쳤는가의 여부에 따라, 그리고 전공 분야에 따라 다를 수 있기 때문이다. 그러므로 자료를 수집하는 데에는 그 자료들이 왜 필요하며, 어떤 특성을 가지고 있고, 무슨 목적을 위해 어떻게 이용될 것인가에 대한 고려가 뒤따라야 한다.

외국 문헌을 이차자료로 삼는 경우가 많다. 이를 위해서는 충분한 외국어 실력이 있어야 하며 외국어 문헌 자체에 관한 깊은 이해가 있어야 한다. 그렇지 않으면 비판해야 할 부분과 수용해야 할 부분을 혼동하는 등의 위험에 빠질 수 있다. 또한 이런 외국 문헌을 이용할 때 외국과 국내의 여건 차이를 고려해야 한다. 외국에서 나온 자료들이 우리에게 매우 유용한 면도 있지만, 그들 나름대로의 기존의 선입관에서 유래하는 독특한 시각이 깔려 있을 수 있기 때문이다. 그러므로 국내의 현실 상황에 적합한 응용 방법이 설득력 있게 제시되어야 한다.

• 자료의 정리 : 자료는 계획을 세워서 수집 과정에서부터 차근차근히 기록 · 정리하는 것이 좋다.

연구를 위해 조사한 참고문헌들 가운데 필요한 것들은 컴퓨터에 입력해 두어 필요할 때 쉽게 찾아볼 수 있도록 한다. 예전에는 참고문헌 카드를 만들어서 보관해 두었으나 이제는 카드보다는 대부분 컴퓨터를 이용한다. 참고문헌을 정리할 때는 아래의 서지 사항을 적어 두어야 한다.

1) 단행본의 경우 : 저자명, 서명, 발행처, 발행지, 발행연도, 청구번호(도서관 소장인 경우).

2) 학술대회 발표논문집 : 논문 발표자, 논문 제목, 논문집 이름, 엮은이, 쪽수, 발행처, 발행지, 발행연도.
3) 연구 논문이나 서평 : 저자명, 논문 제목, 학술지명, 발행연도, 권, 호, 쪽수.
4) 학술대회 발표 초록 : 발표자명, 논문 제목, 학술대회 이름, 초록 번호, 초록 페이지(초록집이 발간된 경우), 학술대회 장소, 발표연도.
5) 학위 논문 : 저자명, 논문 제목, 학위 종류, 학위수여기관, 소재지명, 발행연도.
6) 특허 : 특허권자 이름, 특허 제목, 특허 번호 및 출원 국가경, 특허 허가연도.
7) 연구 보고서 : 보고자, 보고서 제목, 보고연도, 보고서 번호.
8) 전자문헌 : 전자주소, 접속일자, 프로젝트나 데이터베이스의 제목 · 편집자명, 갱신일자, 후원 업체나 기관, 사이트를 만든 사람 이름(개인 홈페이지의 경우).
9) CD-ROM : 저자명, 제목, 매체명, CD의 총 개수(전집류 CD-ROM의 경우), 판매처, 출판일자.
10) 텔레비전이나 라디오 프로그램 : 프로그램명, 제작자명, 방송사명, 방송일자.
11) 녹음 테이프나 비디오 테이프, 필름 : 제목, 제작자명, 발행처명, 제작일자.
12) 그림이나 사진 : 작품명, 작가명, 소장기관명, 소장도시, 촬영일자(사진의 경우).

③ 가설의 수립

수집된 자료는 논문을 쓰는 데에 긴요한 바탕이지만 그것만으로 시원스러운 결론이 제발로 눈앞에 나타나 주지는 않는다. 자료는 분석 · 해석되어야 할 재료로서, 이로부터 확고한 결론에 이르기까지는 분석 · 해석 · 추론 등의 작업 과정이 필요하기 때문이다. 이를 위해 필요한 것이 가설이다. 가설이란 일정한 문제에 대해 연구자가 머릿속에서 그려 본 가상적 해답으로서, 쉽게 말하면 'A라는 생물체에 x라는 자극이 주어지면 y라는 반응이 나타날 것이다' 라든가 'M이라는 사실에서 가장 중요한 결정 요인은 f였을 것이다' 등처럼 '…일 것이다' 의 형태를 취한다. 대부분의 논문에서 실제로 이용되는 가설은 이런 단순가설들이 몇 개씩 중첩되어 있지만, 그 기본 성격은 동일하다.

우리는 편의상 가설의 수립을 자료 수집의 다음 단계로 설명하고 있지만, 실제의 연구에서 가설은 문제의 발견과 함께 형성될 수도 있으며, 자료 수집 도중에 떠오르거나 자료의 분석이 많이 진전되고 나서야 비로소 나타나는 수도 있다. 그러나 한 가지 분명한 것은 어떤 경우든 가설이 없이 연구 활동이 이루어지지는 않는다는 점이다. 물론 가설은 그것이 참이라고 증명되어야 하며, 실제의 조사 · 분석 과정에서 잘못된 생각이었음이 드러나는 수도 있다. 하지만 결과적으로 틀렸다고 밝혀지는 가설도 쓸모는 있다. 가설이 있어야 우리는 어떤 방향으로 문제를 풀어 나갈

지 결정할 수 있으며, 혹 그 가설이 잘못된 것으로 밝혀지는 경우에도 왜 어디가 틀렸는지를 따짐으로써 올바른 결론을 이끌어 내는 데 도움을 얻기 때문이다. 가설이란 말하자면 낯선 곳에서 길을 잃은 사람이 자신의 과거 경험과 주변 상황에 비추어 깊이 생각한 끝에 이쪽으로 가는 것이 가장 좋으리라고 판단한 결과와 같다.

가설은 앞으로의 연구 진행 방향을 좌우하는 것이므로 가능한 한 높은 개연성을 가질 수 있도록 구상되어야 하며, 자료 전부를 아직 조사하지 못한 상태에서라도 한정된 양의 자료를 토대로 '이 문제는 거의 틀림없이 이러저러할 것이다' 라고 추정할 만한 가능성이 있어야 한다. 그러면서도 한편 연구자는 가설을 만들어 내는 과정에서는 가능한 한 모험적일 필요가 있다. 만약 착상 단계에서부터 이것저것 어려운 점을 걱정한 나머지 소극적인 추론밖에 해내지 못한다면 그 논문은 상식을 재확인하는 데 그치고 말 것이다. 이런 점과 관련하여 어떤 학자는 '착상은 대담하게, 논증은 신중히' 라는 지침을 제시하기도 하였는데, 이는 참으로 귀담아 둘 만한 말이라 하겠다. 가설은 바로 착상에서 논증으로 넘어가는 중간에 위치하는 것으로, 준비 과정에서는 대담하고 자유롭게 모색해 보고 확정 단계에서는 충분한 증명 가능성을 가지도록 정비하는 것이 바람직하다.

④ 연구 방법의 결정

논문을 쓰는 데에는 일정한 연구 방법이 필요하다. 방법이란 어떤 목표를 달성하는 데 있어서 과거의 경험에 비추어 효과적이라고 인정된 행동 유형으로서, 학문 활동에도 각 분야마다의 특성에 따라 다양한 연구 방법이 활용되고 있기 마련이다. 이 다양한 연구 방법 중에서 아무 방법이나 쓴다고 해서 다 좋은 결과가 나오지는 않는다. 또 이 방법 저 방법을 멋대로 뒤섞어서 적용할 경우에는 논문의 일관성이 없어질 뿐 아니라 뜻밖의 혼란이나 모순이 생겨나게 된다. 따라서 선택 가능한 여러 가지 연구 방법 중에서 어떤 것이 가장 효과적인가를 분별하여 알맞은 것을 택해야 한다.

연구 방법의 결정에서 가장 중요한 조건은 그것이 자신의 연구 목적 · 주제 · 가설 · 자료 등에 적합한가 하는 점이다. 이러한 조건에 맞지 않는 연구 방법은 아무리 멋진 최신의 방법이라 해도 좋은 성과를 기대하기는 어렵다. 쉽게 말해서 무게를 재는 데 전기계량기를 사용할 수 없고, 멀리 있는 물건을 보는 데에 현미경을 사용할 수 없듯이, 연구 목적과 재료에 맞지 않는 방법이란 아무 짝에도 쓸모가 없는 것이다. 그러므로 가장 바람직한 길은 자신이 연구하고자 하는 분야에서 활용되어 온 기존의 연구 방법을 잘 이해하고 그 장점과 단점을 살펴서 가장 나은 것을 택하는 일이다. 또 둘 이상의 연구 방법을 종합하거나 절충하고자 할 때에는 과연 그것이 가능한 일인지, 가능하다면 그렇게 함으로써 생기는 이점은 무엇이며 문제점은 어떤 것인지 미리 생각해 보아야 한다.

이러한 일반적인 원칙에 따라 연구 방법을 모색해 나가면서 부딪치는 문제들에 관하여는 교수와 상의하는 것이 좋다. 현대의 학문은 매우 다양하게 세분되고 전문화되어 있으며 그만큼 각 분야마다의 연구 방법이 다채롭기 때문에 연구 방법 선택의 세부적인 문제에는 해당 분야에서 풍부한 연구 경험을 쌓은 이의 조언이 긴요하기 때문이다. 또 평소에 기본적인 철학 서적과 인문 · 사회 · 자연과학의 성격 · 원리 · 방법 등을 다룬 책을 꾸준히 읽어 가는 것이 바람직하다. 이러한 바탕을 쌓으면서 강의를 듣고 전공 분야의 좋은 논문들을 찾아 읽노라면 연구 방법이란 무엇이며, 자신의 관심 분야에는 어떤 방법들이 있고, 그 방법들이 어떻게 응용될 수 있는지를 차츰차츰 깨닫게 된다.

연구 방법에는 자료 수집의 방법, 분석의 방법, 추론의 방법 등이 모두 포함되지만, 이 중에서 특히 문제가 되는 것은 자료 분석과 추론의 방법이다. 이들이 중요한 까닭은 자료 자체가 결론을 자동적으로 제시해 주지 않기 때문이다. 자료는 분석 · 해석되어야 하며, 그 결과는 논리화되어 최종적인 결론에까지 이르러야 한다. 연구 방법은 이러한 과정을 밟아 나가는 데 필요한 도구이다. 따라서 모든 도구가 그러하듯이, 연구 방법은 각자의 목적과 능력에 알맞은 것을 선택해야 하며, 일단 택한 다음에는 익숙하게 다룰 수 있도록 그 성질을 잘 파악하고 자꾸 연습해 보는 것이 바람직하다. 엽총의 성능을 잘 모르는 채 사냥에 나선 포수는 허탕을 치고 돌아오기 마련이라는 점을 명심하자.

⑤ 분석 · 해석 · 논증

위에서 연구 방법에 관하여 설명하였거니와, 어떤 연구 방법을 택하든 거기에 포함되는 공통된 요소들이 있다. 분석 · 해석 · 논증이 그것이다. 연구 방법은 전공 분야와 주제 · 자료의 성격에 따라 현저하게 다르다 할지라도 이들 요소는 어디에나 반드시 포함되기 마련이다. 여기서는 이러한 작업 요소들에서 일반적으로 요구되는 원칙과 유의 사항을 살펴보기로 한다.

우선 알기 쉬운 예를 하나 가상하여 보자.

1990년대의 어느 날 어둑어둑한 저녁 우주 공간 멀리서 날아온 외계인 하나가 고려대학교 앞의 주점을 몰래 엿보고 있었다. 그 안에는 다섯 사람이 모여 앉아서 매운탕을 안주로 하여 술을 마시고 있었다. 두 사람은 소주만을 마셨고, 나머지 세 사람은 막걸리를 마셨다. 여러 시간이 지나자 젊은이들은 취하여 노래를 불렀고, 마침내는 몸을 가누지 못할 지경이 되었다. 이에 외계인은 사태를 이렇게 이해하였다. '저 다섯 명의 지구인들은 처음에는 정신이 맑았는데, 음식을 한참 먹은 뒤에 몽롱한 상태가 되었다. 그들 중 둘은 투명한 액체(소주)와 붉은 빛깔의 음식(매운탕)을 먹었고, 셋은 흰빛의 액체(막걸리)와 붉은 빛깔의 음식을 먹었다. 그들이 공통적으로 먹은 것은 붉은 빛깔의 음식뿐이니, 저것이 그들을 몽롱하게 하는 물질임에 틀림없다.' 그래서 호기심이 생긴 외계인이 살그머니 들어가 그것을 먹어 보았더니 입 속에 불이 나고 창자가 마구 뒤틀리는 것 같았다. 이에 외계인은 자신의 분석과 결론이 과연 타당하다고 확신하면서 이렇게 말했다. '지구인들은 참으로 이해하기 어렵다. 이런 고약한 물건을 먹고 저렇게 스스로 몽롱한 상태에 빠지다니.'

이 외계인은 제법 똑똑한 것 같지만 분석과 추론이 잘못된 결과 엉뚱한 결론에 도달하였다. 그는 사태의 표면만을 보고 안이하게 인과 관계를 파악하였을 뿐, 이 사태에 관련된 요인들의 진정한 공통성과 작용을 파악하지 못했던 것이다. 하지만 이런 실수를 저지를 가능성은 우리 자신에게도 있다. 실수는 연구자가 부주의하여 중요한 요소를 파악하지 못할 때, 어떤 편견이나 선입견에 사로잡혀서 한쪽만을 생각할 때, 사물의 겉모습만을 보고 좀더 깊은 인과 관계와 의미를 포착하지 못할 때 흔히 일어난다. 또 이런 오류를 저지르지 않으려고 단단히 주의를 해도, 분석 · 해석 · 추론의 방법을 부정확하게 적용하거나 중간 과정에 착오가 있으면 결론은 빗나갈 수밖에 없다.

이와 같은 오류에 빠지지 않기 위해 분석 과정에서 명심해야 할 일반 원칙을 객관성 · 합리성 · 정밀성의 세 가지로 집약할 수 있다.

1. 객관성의 원칙이란 분석하는 이의 희망이나 편견이 사태의 참모습을 왜곡하지 않도록 해야 함을 말한다. 내가 관찰 · 분석 · 추론한 것은 정상적인 지적 능력을 가진 다른 사람도 이해하고 인정할 수 있어야 한다. 다만 분석의 객관성 여부가 자연과학에서는 분명한 데 비해 인문 · 사회과학에서는 연구자의 관심과 지향으로부터 완전히 독립된 객관성이 과연 가능한가의 문제가 있기는 하다. 그러나 이 문제에 대한 궁극적인 해답이 어떻게 나온다 해도 인문 · 사회과학 역시 학문인 한 일반적인 의미에서의 객관성이 필요함은 자명하다.

2. 합리성의 원칙이란 분석 과정이 논리적 기준과 절차에 합당하게 진행되어야 함을 말한다. 분석이란 연구 대상을 일단 몇 개의 부분 또는 차원으로 나누고 각각의 세부적 관계를 검토한 뒤에 그것을 계열화하거나 비교하는 등의 작업을 하는 것이기 때문에, 분할 · 분류 · 배열 · 대조 · 비교 · 재통합 등의 과정이 체계적이고도 정연하게 이루어지지 않으면 안 된다. 가령 사람을 분류할 경우 성별에 따라 남성 · 여성으로 나누거나 피부 빛깔에 따라 황인종 · 백인종 · 흑인종 등으로 나누는 것은 타당하지만, 남성 · 백인종 · 아시아인 등으로 아무 원칙 없이 분류할 수는 없는

일이다.

3. 정밀성의 원칙이란 분석 · 측정의 오차를 허용되는 한도 이내로 줄임으로써 신뢰도와 확실성을 높여야 함을 말한다. 일상생활에서도 흔히 경험하는 일이지만 최초의 지점에서는 작은 오차에 불과한 것이 마지막에 가서는 엄청난 차이를 초래할 수 있다. 비행기의 꼬리날개 각도가 진행하고자 하는 방향에서 단 1도만 어긋나 있어도 수만 킬로미터를 항해한 뒤에 생기는 오차는 수백 킬로미터를 초과하게 된다. 그러므로 논문은 자료의 선정에서부터 정리 · 분석 과정 전체에 걸쳐서 최대한의 정밀성을 유지하도록 하여야 한다.

4. 해석의 기준과 적절성 : 이상에서 설명한 객관성 · 합리성 · 정밀성의 원칙은 분석 · 해석 · 추론의 과정 전체에 해당하는 것이거니와, 해석에 주로 관련되는 문제로서 해석의 기준과 적절성의 문제를 더 생각해 볼 필요가 있다.

해석의 문제는 주로 인문 · 사회과학에서 많이 등장한다. 그 까닭은 인문 · 사회과학이 어떤 현상을 정밀하게 기술하는 데에만 그치지 않고 대개는 거기에 어떤 의미를 부여하며 때로는 명시적으로든 묵시적으로든 평가하기까지 하기 때문이다. 이 경우 의미 부여와 평가는 연구자의 입장 · 태도 · 비교 기준 · 가치관 등과 연관을 맺지 않을 수 없다. 그렇다고 해서 연구자가 아무런 입장이나 기준을 가지지 않는다는 것은 실제로 가능한 일도, 바람직한 일도 아니다. 따라서 우리는 우리 자신의 편견이나 선입견을 배제하도록 노력하면서 해석의 기준을 합리적으로 설정하고, 또 해석 과정과 결과가 문제와의 전체적 관련에 비추어 공정하고도 적절한 것이 되도록 하여야 한다.

가령 간단한 예로 어떤 분야에 종사하는 근로자들의 임금이 어느 해에 10% 인상되었다고 하자. 이 사실을 사용자 쪽에서는 10%나 올렸다고 할 것이고, 근로자 쪽에서는 10%밖에 오르지 않았다고 할 것이다. 이 경우 10%라는 수치는 해석의 근거로서 아직 불충분한 것이어서, 해석자가 자기대로의 입장이나 선입견에 따라 이것만을 토대로 해석해서는 공정성 · 적절성을 획득할 수 없다. 그 이전에 우리는 다음과 같은 사실들을 검토하고, 이들과의 전체적인 관련 하에서 해석을 이끌어 내야 한다. 10%란 명목임금의 증가인가, 실질임금의 증가인가? 상승률 산정의 기준 연도는 언제인가? 기준 연도의 임금은 적절한 것이었는가? 그간의 물가 상승률은 어떠하였는가? 또 노동생산성은 얼마나 향상되었는가?

:: 과제

① 아래의 자료를 토대로 가상의 상황을 설정하여 토론해 보자. 이때 이직률 자체에는 나타나지 않은 사회 · 정치 · 경제 · 문화 · 성적인 요인들을 함께 고려하여 수치를 분석해야 한다.

어떤 직업(은행원, 교사 등)의 이직률이 최근 5년간 다음과 같은 변화를 보였다고 가정하자.

5년 전 : 9%　　3년 전 : 9.4%　　1년 전 : 2.3%
4년 전 : 10%　　2년 전 : 5%

이 자료를 놓고 '최근 2년 동안 이 직업 종사자들의 이직률은 그 이전의 3년간에 비하여 현저하게 낮아졌다' 라고 하는 것은 단순한 사실의 기술이다. 여기서 더 나아가 '이러한 사실에 입각하여 볼 때 이 분야의 종사자들은 최근에 와서 자신의 직업에 대한 사회적 · 경제적 대우에 보다 만족하게 되었으며, 이는 곧 이 직종의 근로조건이 현저히 향상되었음을 말한다. 이와 같은 안정성은 금년과 향후에도 유지될 것이다' 라고 하면, 이것은 위의 사실에 대한 해석과 예측이 된다. 하지만 이 해석이 위의 통계 자료에만 의거한 것이라면 그것은 옳을 수도 있고 틀릴 수도 있다. 직업의 선택과 변경 여부는 해당 직업의 사회적 · 경제적 대우뿐 아니라 그것이 다른 직업과 비교하여 어떠한가에도 달려 있으며, 더욱이 이직률은 당시의 경기와 사회 상황에 크게 영향 받기 때문이다. 예컨대 어떤 직업에 대한 처우가 예전과 다름없이 나쁘고 이에 불만의 정도가 높다고 해도 경기가 침체되어 다른 직장을 구하기 어려울 때에는 이직률이 낮아지게 마련이다. 따라서 위의 통계에서 최근 2년간 이직률이 낮아진 것은 처우의 향상 때문인지, 경기가 심각한 불황에 빠진 때문인지, 아니면 그 밖의 어떤 제3의 요인이 관련된 것인지를 충분히 고려하여 해석해야 마땅하다.

⑥ 개요 작성

위에서 설명한 여러 과정이 앞뒤로 긴밀한 연관을 맺으면서 잘 진행되면 이제 논문을 쓸 단계가 된다. 그러나 머릿속에서 생각이 충분하게 익었다고 해서 곧바로 논문을 쓰게 되는 것은 아니다. 아주 짤막한 글이라면 상관없지만, 적어도 10여 매 이상의 분량이 되는 논문이라면 서론의 첫 문장부터 시작하기 전에 쓰고자 하는 내용의 개요를 작성할 필요가 있다. 개요는 논문을 쓰기 위한 최종 설계도와 같은 것으로서, 어떤 방식으로 논문을 시작하고 문제를 제시하며 자료와 분석 결과를 어떻게 배열하고 논리화하여 결론에 도달할 것인가를 미리 구상하여 정리한 것이다.

이러한 일이 필요한 이유는 글을 써 나아가는 도중에 필요한 사항을 빠뜨리거나 논증 순서에 착오를 일으키기 쉽기 때문이다. 수필 같은 글이라면 일정한 격식이 있는 것도 아니고 치밀한 논리적 구성을 가지지 않아도 좋으니 그저 생각이 흐르는 대로 써도 좋다지만, 논문은 그럴 수 없다. 필요한 자료나 설명이 빠지면 논문의 설득력은 약화되고, 논리가 산만해지면 결론의 확실성이 의심스럽게 된다. 설계도 없이 지은 집이 날림 공사가 되기 쉬운 것처럼, 개요를 미리 작성하지 않고 쓴 논문은 어디선가 허점을 드러내기 마련이다.

개요는 논문을 쓰는 사람 자신만이 보는 것이므로(단, 학위 논문 · 졸업 논문의 경우에는 지도교수가 읽고 조언을 한다) 어떤 격식에 구애될 필요는 없지만, 대체로 다음과 같은 여러 형태들 중에서 알맞은 것을 택하여 작성한다.

㉮ 항목식 개요

장 · 절 · 항 · 목 등의 분류 체계에 따른 논술 항목의 제목을 써서 단든 개요로, 전체의 체계를 명료하게 보여 주는 이점이 있는 대신에 각 논술 단위 안에서 전개될 내용까지 세밀하게 간추리는 데에는 불편하다.

:: 과제

② 항목식으로 구성된 아래의 자료를 비판적으로 분석해 보자. 논문의 제목과 각 항목이 일치하는가, 각 장과 절의 내용이 유기적으로 구성되었는가에 중점을 두고 살펴보자.

제목 : 초기 한국 그리스도교사의 비교사적 일고

1. 서론

2. 그리스도 신앙에의 도달

1) 조선 전교의 선구적 활동

2) 그리스도 신앙과의 해후

3) 신앙생활의 실천

3. 그리스도 교회의 창설과 선교

1) 한국 천주교회의 창설

2) 한국 개신교회의 선교

4. 초기교회의 발전

1) 평신도 사도직의 전통 — 천주교

2) 성서교회의 전통 — 개신교

3) 실천적 전교 — 지식층에서 서민층으로

4) 문화적 선교 — 저변층에서 중산층으로

5. 교난과 자유의 양면성

1) 박해받는 교회의 시련

2) 제약받는 교회의 발전

6. 결론

---

3 자신이 집필할 주제와 관련된 저서를 찾아보자. 목차를 구성하는 여러 가지 방법을 살펴보고, 목차 구성이 잘 된 논문 한 편을 예로 들어 그 이유를 밝혀 보자.

㉯ 문장식 개요

쓰고자 하는 내용을 압축하되, 온전한 문장으로 서술하여 작성하는 개요이다. 전체의 내용을 간결하게 정리하여 선명하게 보여 주는 장점이 있으나, 문장화하여 쓰는 데에 수고가 따르기 때문에 자신만이 이용하는 개요로서는 쓰이는 일이 드물다. 대개 학술 발표회에서 토론자와 청중들에게 발표 내용을 간추려서 제시하는 데에 사용한다.

㉰ 요점식 개요

위의 두 가지의 절충형이라고 할 수 있는 것으로서, 체계적으로 분류된 항목 속에 담길 내용을 더 세밀하게 요점적으로 규정하여 배열한 것이다. 이 경우의 요점은 문장화하지 않고 대개 짤막한 명사형 구절로 쓰며, 순차적으로 배열되는 요점들 사이에 '/'를 써서 구분한다. 이 방법은 아주 세밀하게 적용할 때에는 논문의 문단 단위로 다루게 될 내용까지 요점화하여 기록하기도 한다. 논문 작성에 가장 효과적인 개요의 형태로서 추천할 만하다.

:: 과제

④ 아래의 요점식 개요를 참고해서, 자신이 쓸 소논문의 개요를 작성허 보자.

— 한국전쟁의 발발과 기원

1. 서론

한국전쟁 연구의 의미와 방법은 어떤 의의를 지니는가?

기존 연구를 바탕으로 한 문제의 제기 / 시각 : 비판합리주의와 한국전쟁 연구의 관계는? / 인식과 해석의 준거 : 농민, 민주주의, 민족주의의 함수 관계는? / 방법론의 문제 : 분석의 영역과 방법은 어떠해야 하는가?

2. 본론

한국전쟁의 결정 과정과 그 결정에 대한 분석, 그리고 전쟁은 어떻게 일어났는가에 대한 3단계적 접근

1) 전쟁의 결정 : 과정

분단과 국토완정론의 등장은 무엇을 의미하는가? / 스탈린-모택동-김일성으로 이루어진 최종 결정 합의는? / 동아시아 공산주의 삼각동맹의 의미는?

2) 전쟁의 결정 : 분석

스탈린의 지원과 은폐의 이중주는 무엇인가? / 모택동의 내키지 않은 적극적 동의와 조중 공산

주의의 연대는 어떤 역사적 배경을 가지고 있는가? / 북한 내부의 결정은 김일성과 박헌영의 관계 속에서 어떻게 이루어지게 되었는지에 대한 모색 / 김일성과 박헌영이 바라본 대남, 대미 인식 문제에 대한 논의

3) 전쟁의 발발

한국전쟁으로의 이행과 관련된 사전 조치에 대한 탐색/ 집결지에서 인민군이 준비한 최종점검의 내용과 6월 25일의 공격명령에 대한 정치, 역사적 탐색/ 소위 말하는 북침 이론과 그 대답없는 질문의 구조 및 논리에 대한 문제

3. 결론

---

5 2장의 논문 준비 과정을 참조하여 자신이 집필할 소논문을 준비해 보자.

3장 논문의 형식

앞 장에서는 논문의 주제를 선정하고 내용을 준비하는 과정을 살펴보았다. 이 장에서는 논문을 구성하는 구체적인 형식에 대해 살펴보겠다. 논문은 일정한 학문적 공동체에 속해 있는 모든 사람들이 읽는 것을 전제로 한다. 따라서 그 내용은 독창적 · 개성적이라 해도 논술의 방법과 형식은 일반적으로 통용되는 준칙을 따라야 한다. 논문으로서 갖추어야 할 형식을 제대로 구비하지 않으면 그것만으로 벌써 필자의 학문적 훈련 정도나 성실성을 의심받게 된다. 그렇다고 해서 논문의 형식이라는 것을 거추장스러운 격식이나 공연히 복잡하기만 한 겉치레로 생각할 필요는 없다. 논문에 요구되는 제반 형식 요건은 학문적 권위를 자랑하기 위한 치장이 아니다. 그것은 수많은 사람들이 논문을 써 오는 동안 가장 간명하고 편리하게 필요한 사항들을 정리하는 효율적 방식이라고 인정되었기에 두루 통용되는 약속으로, 약간의 주의를 기울인다면 어렵지 않게 익숙해질 수 있다.

논문은 일반적으로 다음과 같은 부분들로 이루어진다.

① 제목
② 본문
　ㄱ. 서론
　ㄴ. 본론
　ㄷ. 결론
③ 주
④ 참고문헌 목록
⑤ 부록

이 중에서 주(註)는 간단한 것들일 경우 본문 원고의 하단에 쓸 수도 있으며, 참고문헌 목록은 생략되는 수도 있다(그러나 학생들의 보고 논문에서는 참고문헌을 생략해도 좋다는 지시가 따로 있지 않는 한 붙이는 것이 바람직하다). 부록은 필요한 경우에만 첨가하는 것으로서, 모든 논문에 다 요구되는 요소는 아니다. 그러므로 주가 본문 원고에 기록되는 경우 논문이 취할 수 있는 최소한의 구성은 제목 - 서론 - 본론 - 결론의 형태가 된다.

제목은 그 논문이 무엇을 다룬 것인가를 단적으로 말해 주는 핵심적 표지로서, 논문을 읽는 이들은 우선 제목을 보고 그것이 자신에게 필요한가 여부를 가늠한다. 따라서 논문의 제목은 간결하면서도 주제를 명료하게 제시하는 것이어야 한다. 시 · 소설 · 수필 등에서는 〈바람과 구름과 시〉라든가 〈잃어버린 나날을 찾아서〉 등과 같이 보는 이의 상상력과 호기심을 자극하는 제목이 효과적인 경우가 있지만, 이런 일은 논문에서 바람직하지 않다. 논문의 제목은 너무 광범위하여서도 안 된다. 가령 이광수의 〈무정〉 등 초기 소설 몇 편을 대상으로 한 소설론을 쓰면서 '이광수 연구' 라든가 '이광수 소설 연구' 같은 제목을 붙이는 것은 독자를 기만하는 일이 된다. 제목은 어디까지나 해당 논문이 다루고자 하는 주제의 핵심과 범위에 합당하여야 하는 것이다. 논문의 제목이 흔히 길어지는 것은 이 때문이다.

그러나 제목이 지나치게 길어지면 제목으로서의 간결성을 잃어버리는 문제점이 생긴다. 이런 일을 피하기 위해 때때로 이용되는 것이 부제이다. 부제는 간결한 제목만으로는 전달이 미흡한 사항을 이차적으로 한정해 주는 역할을 한다. 가령 이광수의 초기 소설들을 연구하되 특히 인물들의 성격 유형에 관한 분석을 주요 내용으로 하는 논문의 경우 '이광수의 초기소설 연구' 라는 제목 아래 '주요 등장인물들의 성격 유형 분석을 중심으로' 라는 부제를 붙이면 좋을 것이다. 다만 부제는 꼭 필요한 경우에만 써야지, 제목을 불필요하게 거창하거나 막연하게 붙이고 나서 부제를 첨가하는 일은 옳지 못하다.

① 논문의 구성

논문의 본문은 서론 · 본론 · 결론의 세 부분으로 구성된다. 서론에서 문제를 제기하고, 본론에서 이를 논증 · 해명하며, 결론에서 최종적인 성과를 집약함으로써 논문을 마무리 짓는다. 아무리 방대하고 복잡한 논문이라 해도 기본적인 틀은 이에서 벗어나지 않는다. 이 중에서 서론과 결론에는 논문의 일반적 양식이 요구하는 여러 구성 요소들이 있으므로, 그것들이 왜 필요하며 어떤 구실을 하는지 이해해 두어야 실제 논문 작성에서 응용할 수 있다.

㉮ 서론

서론은 그 논문이 무엇을, 왜, 어떻게 다루려고 하는지 밝히는 부분이다. '무엇' 이란 곧 연구의 목적과 범위이며, '왜' 는 연구의 필요성과 배경, '어떻게' 는 연구의 관점과 방법이다. 이를 순차적으로 설명하면 다음과 같다.

• 연구의 목적 : 해당 논문에서 밝히고자 하는 문제를 간결하면서도 명확하게 제시한다. 문장 형태로는 '이 논문은 …하는 것을 목적으로 한다' 라든가 '필자는 이 논문에서 …함으로써 …를 해명하는 데에 기여하고자 한다' 와 같은 진술 방식이 기본형이 된다.

• 연구의 범위 : 한 편의 논문에서 다룰 수 있는 범위는 한계가 있으므로, 필자가 선택한 문제 영역과 논의의 범위를 명시한다.

• 연구의 필요성 : 그 문제가 얼마만한 의의가 있으며, 왜 논의되어야 하는가를 밝힌다. 문제의 중요성과 새로운 연구의 필요성을 돋보이게 하되, 과거의 연구 성과를 무분별하게 깎아내린다든가 자신이 착안한 문제의 가치를 지나치게 과장하지 않도록 주의한다.

• 연구의 배경 : 해당 주제에 직접 · 간접으로 관련된 기존 연구의 윤곽을 간략하게 소개하고, 그 미비한 점과 문제점을 논한 다음, 자신이 이 문제를 택하게 된 배경을 설명한다. 규모가 작은 논문의 경우 이 부분은 위에서 설명한 '연구의 필요성' 과 통합되기도 하며, 큰 규모의 본격 학술 논문 및 저서에서는 '연구사' 라는 장으로 독립되는 수도 있다.

• 연구의 관점과 방법 : 선정한 문제를 어떤 각도에서 접근하여 무슨 방법으로 다룰 것인지를 밝힌다. 이때 관점과 방법이 특수하거나 새로운 것이라면 왜 그런 방식의 접근이 필요하며, 어떤 효과가 기대되는지에 관하여도 간략하게 논하는 것이 좋다.

• 기타 : 논문에서 사용한 자료에 대해 특별히 설명할 필요가 있거나 아직 일반화되지 않은 특수 용어를 사용할 경우 이를 미리 밝힌다.

이와 같은 여러 구성 요소를 긴밀한 논리적 관련 속에서 서술하되, 서론은 가능한 한 간명하여야 한다. 논문도 남에게 읽히는 것인 이상 독자의 편의를 고려해야 하는데, 군소리가 많고 장황한 서론은 처음부터 지루함을 느끼게 하기 때문이다.

㈏ 본론

본론은 서론에서 제시한 문제를 증거와 논리에 의해 해명하는 부분으로서, 논문의 성패를 판가름하는 중요성을 가진다. 다만 그 구성 방식은 학문 분야와 논제의 성질에 따라 달라지므로,

서론 · 결론처럼 일정한 구성 요소를 규정하기 어렵다. 본론의 요건으로 중요한 것은 충분한 자료를 이용하여 분석 · 해석 · 논증의 전체 과정을 조리 있게 전개함으로써 확실한 결론에 도달하여야 한다는 일반 원칙일 따름이다.

㉰ 결론

결론은 본론에서 논증된 바를 요약하고 최종적인 성과를 간명하게 제시함으로써 논문을 매듭짓는 부분이다. 따라서 결론은 논문의 핵심을 잘 간추리되 간결하고 또렷해야 한다. 이 밖에 결론의 부가 요소로서 그 논문의 성과에 따라 새로이 발견된 문제점이나 앞으로의 과제를 덧붙여 서술하기도 한다. 또 해당 논문의 내용만으로 문제를 충분히 해명하지 못했다고 생각될 경우 이를 명확하게 밝혀서 자신이 내린 결론에 아직 더 검토해 볼 여지가 있음을 밝혀 두는 것이 정직한 태도이다. 전공 분야에 따라서는 논문에서 얻어진 성과가 어떤 현실적 효과를 가져올 수 있는가 혹은 당면 문제에 대해 어떤 처방이나 조치가 필요한가 등에 관한 의견이 결론에 포함되는 수도 있다.

∷ 쓰기과제

1 자신이 쓸 소논문의 목차를 완성하고 서로 비교해 보자.

2 서론을 써 보자. 그리고 위의 조건을 충족시켰는지 검토해 보자.

② 인용

논문에서는 논거를 제시하며 논증을 진행해 가는 과정에 자료나 남의 연구 성과를 인용하는 일이 많다. 적절한 인용은 자신의 견해를 뒷받침할 만한 근거나 다른 사람의 이론 · 주장을 제시함으로써 논문의 구체성과 설득력을 높여 준다. 인용은 마치 재판에서의 증인과 같은 것이어서, 어떤 경우에는 백 마디의 논술보다 하나의 핵심적인 인용이 더 효과적일 수도 있다.

하지만 인용이 적절한 효과를 거두자면 인용되는 자료와 문헌이 충분한 가치를 지닌 것이어야 하고, 적절한 방식으로 활용되어야 한다. 아무리 권위 있는 학자의 견해라 하더라도 이에 대한 해석이 바르지 못하거나 알맞은 자리에 쓰이지 못하면 오히려 역효과를 가져오게 된다. 또 인용이 너무 많으면 자신의 논문이 아니라 남의 주장과 자료들을 잡다하게 모아 놓은 꼴이 되어 논문으로서의 가치를 잃게 마련이다.

인용에는 직접 인용과 간접 인용의 두 가지 방식이 있다.

직접 인용은 원문 그대로의 표현을 살리고자 할 때 쓰는 것으로서, 인용되는 부분의 말은 물론 맞춤법과 문장 부호까지도 원문대로 해야 한다. 가령 원문에는 밑줄이나 가점이 없는데, 인용자가 어떤 부분을 강조하기 위해서 이런 것을 첨가했다면 인용문 뒤에 '(인용자 가점)' 혹은 '(밑줄은 인용자의 것)' 이라고 표시해야 한다. 현대의 문헌 중에서 명백히 인쇄 과정의 실수로 인한 오식이라고 판단되는 것은 바로잡아서 써도 무방하지만, 원문의 정밀한 분석 · 검토를 하는 경우나 옛 문헌을 다루는 경우에는 함부로 고치지 않는 것이 좋다.

간접 인용은 원문 그대로 인용하는 것이 지나치게 장황하거나 번거로울 때 사용하는 것으로서, 그 성격상 원문의 내용을 압축하여 옮기는 방식을 취하게 된다. 이 때에도 옮기는 과정에서 본래의 의미가 왜곡되지 않도록 하여야 함은 물론이다.

인용은 직접 인용이든 간접 인용이든 남의 자료나 연구 성과를 참고한 것이기 때문에 주를 달아서 그 출처를 명확하게 표시하여야 한다. 만약 남의 견해를 참고하여 논문에 이용하고도 그것을 명시하지 않는다면 이는 학문의 윤리에서 용납되지 않는 파렴치한 행위이다. 인용을 할 때에는 가능한 한 1차적 전거를 이용하는 것이 원칙이다. 다만 1차적 전거를 찾을 수 없다든지 하는 부득이한 사정이 있을 때에는 남이 인용한 것을 다시 인용하는 재인용의 방식을 취할 수밖에 없다. 이 경우에는 어디에서 재인용하였다는 것을 명시하도록 한다. 가령 헤겔의 명저 《정신현상학》의 한 구절을 《헤겔 철학 입문》이라는 책에서 보고는 《정신현상학》 원전에서 직접 인용하는 것처럼 주(註)를 달아서 어려운 책을 읽은 듯이 뽐내려 한다면 안 될 일이다.

외국어로 된 문헌에서 인용할 때 원문을 그대로 인용할 것인지 아니면 인용 부분을 번역할 것인지는, 논문의 성격과 논문을 읽을 독자가 어떤 층인가에 따라 결정할 문제이다. 그러나 특별한 경우가 아니라면 인용 부분을 번역하는 것이 원칙이다. 원문을 보일 필요가 있을 때에는 주에 원문을 넣는다.

인용을 할 때에는 논문의 일반적인 약속을 지켜야 한다. 직접 인용의 경우 짧은 인용문은 본문에 포함하여 " "표 속에 쓰고(예 ①), 두 문장 이상이거나 길이가 긴 인용문은 본문에서 분리하여 따로 앉힌다(예 ②). 후자의 경우 인용 부분은 본문과 앞뒤로 각각 한 줄씩을 띄우고, 인용문 전체는 들여쓰기를 하여 좌측선에서 우측으로 두세 자 들여앉힌다. 이때 " "표는 붙이지 않는다.

인쇄를 할 때에는 들여 쓰는 인용문의 활자를 본문보다 작게 하는 것이 관례이다.

①

그 동안 민주주의와 전쟁의 양변관계(bivariation relationship)에서 민주주의와 전쟁의 상호 관계가 반드시 정(正)의 관계에 놓여 있다고 할 수 있는냐의 문제, 즉 "민주주의는 비민주적 체계보다 전쟁을 선호하지 않는다"는 명제에 대해서는 논란을 벌여오기는 했으나, 민주주의가 전쟁을 억제하는 한 요인인 것만은 분명하다.

②

소련 외교정책의 전문가인 올람은 당시 중소관계에서 중국이 소련에게 전투적인 태도를 취하도록 부추겼다면서 다음과 같이 진술하고 있다.

> 당시에 중국 공산주의자들이 소련에게 그들의 외교정책을 크게 변경하도록 강요하는다는 것은 거의 불가능했다. 그러나 자료가 보여주듯 중국은 소련이 좀더 전투적 태도를 취하도록 부추길 수 있었고 또 그렇게 했다. 스탈린은 (남의 말을) 잘 듣는 사람이었다.

" "표를 하는 인용문 속에 원래의 인용문이 있을 때에는 이를 ' '로 표시한다. 인용문 속에서 긴요하지 않은 부분은 생략할 수 있으며, 이때는 반드시 줄임표(생략부호)로 표시하여야 한다. 인용문에서의 생략을 표시하는 줄임표는 흔히 쓰는 '...'와 같은 표가 아니라 점과 점 사이에 하나 정도의 간격이 있는 '· · ·'표를 쓴다. 이 경우 생략 부분이 한 문장 이하이면 '· · ·'(석점) 표시를 하고, 한 문장이 넘으면 '· · · ·'(넉점) 표시를 한다. 원문에 없는 말을 인용자가 첨가할 경우에는 〔 〕 안에 쓴다.

:: 과제

③ 이번 학기 독서 과제로 지정된 책을 읽고 서평을 쓸 때, 인용한 부분에 각주를 기입해 보자.

④ 평소에 즐겨 읽는 책의 목록을 참고문헌의 형태로 정리해 보자.

③ 분류 기호

논문은 서론 · 본론 · 결론의 세 단위를 바탕으로 하여 이를 더 세분한 장 · 절 · 항 · 목 등의 여러 층위로 구성된다. 이들을 표시하는 기호는 혼란이 일어나지 않도록 질서 있게 배열해야 한다. 배열 단위들을 표시하는 계층 기호는 여러 가지 방식이 있는데, 어떤 방식을 택하든 간에 가장 중요한 문제는 등위에 따라 기호가 통일성 있게 주어져야 한다는 점이다. 제1편, 제1장, 제1절… 하는 식의 표시 방법은 규모가 큰 저술 이외에는 별로 쓰이지 않으므로, 보통의 논문에서 통용되는 분류 기호만을 보면 다음과 같다.

Ⅰ.		Ⅰ.
A.		1.
1.	또는	1)
a.		(1)
(1)		①

이처럼 단위가 작아질수록 한 칸씩 안으로 들여 쓰는 것은 차례(목차)를 쓰는 경우이며, 본문을 쓸 때에는 반대로 큰 단위일수록 안쪽에 쓴다.

Ⅰ.		Ⅰ.
A.		1.
1.	또는	1)
a.		(1)
(1)		①

④ 주

앞서 설명한 바와 같이 논문에 자료나 연구 문헌을 인용하였을 때에는 주(註)를 달아서 이를 밝혀야 한다. 또 논의의 진행 도중에 부수적으로 언급할 사항까지 본문에 프함시키면 전체의 흐름이 산만해지므로 이런 것은 주로 돌려서 처리한다. 후자의 경우는 필요한 사항을 보충 설명하는 것이므로 간결하게 써야 한다는 점 외에 특별한 형식상 제약이 없으나, 인용문의 출처를 밝히는 주는 필요한 사항들을 관례에 맞는 방식으로 기입하여야 한다. 인용주는 해당 문헌을 독자가 쉽게 찾아볼 수 있도록 해 주는 데에도 중요한 기능이 있으므로, 그 문헌에 관한 서지적 사항들을 정확하게 밝혀야 한다.

본문에 주의 번호를 적을 때는 인용된 내용의 끝에 반 칸 올려서 아라비아 숫자로 적는다. 이때 주 번호에는 '16)' 과 같이 반괄호를 하기도 한다. 어떤 문헌이 처음 인용될 때는 주 번호를 달고 그 출처를 상세히 밝혀 주어야 하나, 같은 문헌이 자주 인용될 때에는 정해진 약속에 따라 간략하게 표시할 수 있다. 주는 하나의 완전한 문장과 같이 취급하여 마침표를 끝에 찍어야 한다. 논문의 주는 붙이는 위치에 따라 각주와 후주로 구분된다. 각주는 해당 주 번호가 있는 본문의 하단에 붙이는 것이며, 후주는 논문 말미에 몰아서 다는 것이다.

인용문의 출처는 단행본, 연속 간행물의 두 종류로 나눌 수 있다. 주를 달 때에는 출처의 종류에 따라 다음의 사항 중 해당되는 것을 빠짐없이 순차적으로 기입해야 한다. 표지, 책등, 표제지, 판권지의 기재 사항들에 차이가 있을 때에는 표제지(속 표지)의 것을 기준으로 삼는다.

A. 단행본의 경우 :

저자명
서명
* 편집자(editor), 편찬자(compiler), 역자
* 판차(edition)
* 총서명과 그 권(호)수
출판 사항(출판지 : 출판사, 출판 연도)
인용 · 참고한 페이지

B. 연속 간행물(잡지, 논문집, 신문 등)의 경우 :

필자명
논문 · 기사의 제목
간행물의 제명
권 · 호수
* 발행처
발행시기
인용 · 참고한 페이지

참고 : *표 한 것은 해당될 경우에만 기입하는 사항임

저자명은 동양인의 경우와 서양인의 경우 기입 방법이 다르다. 동양인의 경우 성, 이름의 순서로 적고, 서양인의 경우 이름, 성의 순서로 적는다. 단, 서양인명의 경우 이름의 첫 글자는 대문자로 쓰고, 두 번째 글자부터는 소문자로 쓴다. 저자명을 적은 다음에 쉼표(,)를 찍고 다음 사항(저서명)을 적는다. 한국인 저자명은 저작의 표제지에 표기된 그대로, 즉 한글이면 한글로, 한자면 한자로 적는다.

국문 서명의 경우 서명 전후에 '《 》' 또는 '『 』' 를 하고, 서양서인 경우에는 이탤릭체로 하거나 서명에 밑줄을 긋는다. 그런데 이 밑줄은 출판할 때 이탤릭체로 바꾸라는 뜻이므로 본서에서는 서명을 이탤릭체로 쓰기로 한다.

각주에서는 출판 사항이 그다지 중요하지 않고 임의적이다. 출판 사항을 명기하지 않기도 하지만 명기할 경우에는 다음과 같은 방법으로 해야 한다. 출판 사항은 출판지, 출판사, 출판연도의 순으로 적고 전체를 원괄호 '( )' 로 묶는다. 출판지 다음에는 쌍점(:), 출판사 다음에는 쉼표(,)를 찍는다. 출판지란 출판사의 본사(편집부) 소재지를 의미한다.

인용하거나 참고한 쪽수는 반드시 다음과 같은 요령으로 명시해 두어야 한다. 한글로 표기할 경우에는 인용한 쪽수 다음에 '쪽' 이나 '면' 이라는 용어를 사용하면 되지만, 영문으로 표기할 때는 한 쪽만 인용했을 경우 'p.' 를, 여러 면에 걸쳐 인용했을 경우 'pp.' 를 사용한다. 이때 'p.' 다음에는 한 칸을 띄고 숫자를 쓴다(예 : p. 7.).

앞서 나온 주에서 이미 자세하게 다룬 문헌을 다시 인용할 때는 아래의 방법으로 간략하게 처리한다.

㉮ 같은 책, 같은 곳, Ibid.

Ibid.는 라틴어 ibidem(=in the same place)의 생략형으로서, 바로 앞의 주에서 다루어진 저술을 가리킬 때 사용한다. 이것은 동일 저자의 동일 저작에 대해 잇달아 언급할 때 쓰이는 것으로, 중간에 다른 저술(저자가 같은 경우라도)이 있으면 사용하지 못한다. 또 중간에 다른 주가 없을 경우라도 여러 페이지의 간격이 있을 때 'Ibid.' 을 사용하면 그것이 무엇을 가리키는지 확인하기 어려워 독자는 큰 불편을 느끼게 마련이다. 그러므로 이때는 저자명과 서명을 쓰고 페이지를 표시해 주는 것이 좋다. 'Ibid.' 에 상응하는 우리말 용어로는 '같은 곳' , '같은 책' 을 쓴다. '같은 곳' 은 앞의 주에 인용된 책의 페이지까지 동일한 경우에, '같은 책' 은 책만 같고 페이지가 다른 경우에 사용한다. 따라서 후자의 경우에는 '같은 책, p. 89' 처럼 페이지가 밝혀져야 한다.

1) 김윤환, 《한국노동운동사》(서울 : 일조각, 1970), p. 126.

2) 같은 곳. 〔책과 페이지가 같은 경우〕

3) 같은 책, pp. 215-219. 〔책은 같고 페이지가 다른 경우〕

4) Herbert J. Muller, *The Uses of the Past*(New York : Oxford Unversity Press, 1952), p. 25.

5) Ibid.

6) Ibid., p. 32.

7) Samuel N. Kramer, *History Begins at Sumer*(Indian Hills, Colo.: Falcon Wing's Press, 1956), p. 59.

8) Ibid., pp. 79-81.

9) Muller, op. cit., pp. 37-40.

〔주5의 Ibid.은 앞에 있는 Muller의 *The Uses of the Past*의 p. 25, 즉 동일 저서의 동일 페이지를 의미한다. 주6의 Ibid.은 바로 앞의 주5를 가리키므로 Muller의 *The Uses of the Past*를 의미하는 것에는 변함없으나 인용된 페이지는 다르다. 주8은 그 앞의 주7과는 페이지가 다르지만 중간에 다른 주가 없으므로 결국 Kramer의 *History Begins at Sumer*를 의미한다. 주9는 주4에서 다룬 것을 다시 언급한 것으로, 이때 중간에 다른 주가 있으므로 Ibid.을 쓰지 않고 Op. cit.(다음 항 참조)를 사용한 것이다.〕

㉯ 앞의 책, Op. cit.

Op. cit.는 라틴어 opere citato(=in the work cited)의 생략형으로서, 앞에 다룬 문헌을 다시 언급하고자 하나 중간에 다른 주가 끼어 있어서 Ibid.을 쓸 수 없을 때 사용한다. '앞의 책' 도 이와 같다. 그러므로 'Op. cit.' 와 '앞의 책' 은 Ibid.처럼 단독으로는 쓰이지 못하고 반드시 저자명을 곁들여야 하고, 또한 페이지 수도 함께 표시되어야 한다.

1) 강진철, 《고려토지제도사연구》(서울 : 고려대출판부, 1980), p. 37.

2) 최호진, 《한국경제사》(서울 : 박영사, 1971), p. 105.

3) 강진철, 앞의 책, p. 71.

4) T. S. Eliot, *The Sacred Wood : Essays on Poetry and Criticism*, 7th ed.(London : Methuen, 1950), p. 35.

5) Richard P. Blackmur, *Form and Value in Modern Poetry*(New York : Doubleday & Co., 1952), p. 219.

6) Eliot, op. cit., p. 59.

단, 앞에서 동일 저자의 저술이 둘 이상 다루어졌을 때는 Op. cit.나 '앞의 책'을 쓰지 못한다. 이 말이 그중 어느 책을 가리키는지 분명하지 않기 때문이다. 이런 경우에는 저자명 · 서명을 다시 적거나 서명만을 쓰고 페이지를 표시한다.

1) 이가원, 《연암소설연구》(서울 : 을유문화사, 1965), p. 237.
2) 이가원, 《한국한문학사》(서울 : 민중서관, 1961), pp. 79-84.
〔…〕
3) 이가원, 《연암소설연구》, p. 35.
4) 이가원, 앞의 책, p. 35. [誤]
5) Eugene V. Rostow, *Planning for Freedom : The Public Law of American Capitalism*(New Haven : Yale University Press, 1959), pp. 308-310.
6) Walt W. Rostow, *The Process of Economic Growth*, 2nd ed.(New York : Norton, 1962), p. 213.
7) Murray P. Bryce, *Industrial Development : A Guide for Accelerating Economic Growth*(New York : McGraw-Hill, 1960), p. 139.
8) Walt W. Rostow, *The Stage of Economic Growth : A Non-Communist Manifesto* (Cambridge : The University Press, 1960), p. 63.
9) Bryce, op. cit., pp. 218-222.
10) Rostow, op. cit., p. 79. [誤]

㉰ 같은 곳, Loc. cit.

Loc. cit.는 라틴어 loco citato(=in the place cited)를 줄인 것으로, 동일 저서의 동일 페이지를 가리킬 때 쓰인다. 따라서 페이지 수가 곁들여져서는 안 된다. '같은 곳'도 이와 마찬가지이다.

1) 김충렬, 《중국철학산고》(범학도서, 1977), p. 79.
2) 같은 곳.
3) Herbert E. Read, *Phases of English Poetry*(Norfolk : Direction Series, 1951), p. 63.
4) Loc. cit.

⑤ 참고문헌 목록

참고문헌 목록은 논문 집필에 참고 · 인용한 문헌을 일정한 양식에 갖추어 총괄적으로 제시한 것이다. 이것은 논문 작성에 이용한 자료와 연구 문헌을 밝히는 구실을 할 뿐 아니라 독자에게 관계 문헌의 정보를 제공하는 측면도 가진다는 점에서는 주와 유사하다. 그러나 이들 두 가지는 기능 면에서 차이가 있고, 기입하는 양식도 다르다.

주에서는 한 저술이 부분적으로 다루어지는 데 비하여 참고문헌 목록에서는 한 저술이 총체적으로 제시된다. 요컨대 주는 어떤 정보의 출처를 밝힐 뿐이고, 참고문헌 목록은 그 출처에 관한 총체적인 정보를 제공한다. 그러므로 주가 참고문헌 목록의 기능까지도 겸할 수 있도록 완전한 양식을 갖춘 경우, 그리고 논문 전편을 통해서 주의 수가 극히 적을 경우에는 참고문헌 목록을 붙이지 않을 수도 있다. 그러나 완전한 격식을 갖춘 본격적인 논문이라면 참고문헌 목록이 첨부되기 마련이다. 또 논문에 딸린 참고문헌 목록만 일별하면 그 논문의 성격이나 밑바탕을 알게 되므로 이를 신중하게 정리 · 기입할 필요가 있다. 다만 남에게 과시하려는 동기로 직접적인 관련이 없거나 잠깐 언급된 것들까지 번잡하게 늘어놓아서는 안 된다.

참고문헌 목록의 작성 방법에는 주의 형태와 비슷한 것이 많으므로, 둘 사이의 기입방법상 차이에 관해서만 설명하기로 한다. 여기서 언급하지 않은 사항은 주에 관한 설명을 참고하면 된다.

㉮ 주에서는 기입 사항들의 사이에 쉼표(,), 쌍점(:) 등이 쓰이며, 마침표(.)는 맨 끝에 꼭 한 번만 쓰인다. 이것은 곧 휴지는 있으나 단절은 없이 처음부터 끝까지 연속됨을 의미한다. 다시 말해 주의 모든 사항들은 하나의 문장을 구성하는 요소와 같아서 마침표는 그 끝에만 찍히는 것이다. 반면 참고문헌 목록에서 저자명, 서명, 출판 사항의 각 부분은 마침표로 그 마감이 표시된다.

㉯ 주에는 인용 · 참고된 부분의 페이지가 표시되지만, 참고문헌 목록에는 이것이 표시되지 않는다. 다만 잡지의 기사나 논문, 또는 단행본이라도 국한된 일부분만을 참고하였을 때는 페이지가 표시된다. 이때 페이지는 해당 부분의 처음과 끝을 'pp. 61-105' 와 같은 식으로 쓴다.

㉰ 참고문헌 목록 각조의 서두에 나오는 서양인명은 Eliot, T.S.와 같이 성, 이름의 순서로 적는다. 이는 알파벳순 배열을 위한 것이다.

㉱ 참고문헌들은 동양 문헌과 서양 문헌, 국내 문헌과 외국 문헌 등으로 나누고, 각기 저자(편찬자 · 역자) 이름의 자모순으로 배열한다. 단, 특별한 필요가 있을 때에는 다른 배열 기준(예컨대 연대순)을 적용할 수 있다.

㉲ 서목(書目)의 분류와 배열 방식은 알파벳순, 연도순, 테마별 분류방식이 있다. 일반적인 알파벳순 배열 방식은 저자명을 알파벳순으로 배열하는 것으로, 독자들이 저자와 저서를 쉽게 찾아볼 수 있는 이점이 있다. 두 번째의 연도순 기입 방식은 특정 저자의 저작을 보여 주고자 할 때 사용하지만 보통의 경우 알파벳순 기입 방식과 병행한다. 마지막으로 테마별 분류방식, 예를 들

면 소설, 시, 연구서 등으로의 분류는 논문의 내용에 대한 참고사항을 좀더 전문적으로 제시하는 데 보다 효과적이다. 가장 보편적으로 사용되는 배열 방식은 연도순과 알파벳순의 병행 방식이지만, 이런 분류 방식에 정해진 원칙이 있는 것은 아니다. 단지 각자의 논문에 맞추어서 효과적인 배열 방식을 택하면 되는 것이다. 그렇지만 해당 학문의 관례에서 벗어남이 없도록 하는 것 역시 중요하다.

위의 기본 분류 방식을 토대로 원칙을 세운 후 국내 문헌과 국외 문헌으로 기본적인 구분을 하고 단행본, 잡지, 시청각 자료 등으로 하위 구분하여 알파벳순으로 기입한다. 연도순이나 특정 테마로 분류하여 배열하고자 할 경우에는 꼭 이런 하위분류를 하지 않아도 된다. 국내 문헌과 국외 문헌의 배열 순서에 있어 일반적인 원칙은 없다. 두 가지 가운데 서지 수가 적은 것을 뒤에 기입하기도 하고, 그 수에 상관없이 국내 문헌을 국외 문헌보다 앞에 놓기도 한다.

㉶ 저자명과 서명 다음에는 각각 마침표를 찍는다. 주에서는 책의 부제목의 생략이 허용되기도 하나, 참고문헌 목록에서는 생략하지 않는 것이 원칙이다.

㉷ 판차 표시 다음에도 마침표를 찍는다.

㉸ 영문 논문의 경우, 마침표 뒤에 이어지는 모든 사항들은 머리 글자가 당연히 대문자로 적혀야 한다.

㉹ 국문 서명의 경우 서명 전후에 '《 》' 또는 '『 』'를 하고, 서양서인 경우에는 이탤릭체로 하거나 서명에 밑줄을 긋는다.

㉺ 주에서는 출판 사항이 괄호 속에 표시되지만, 참고문헌 목록에서는 괄호가 쓰이지 않는다. 그리고 주에서는 출판 사항 다음에 페이지가 표시되므로 쉼표(,)가 찍히지만, 참고문헌 목록은 출판 사항으로 마쳐지므로 마침표(.)가 찍힌다.

⑥ 주 · 참고문헌 목록 기입의 보기

연구 논문은 서양에서 유래하였고, 각주의 양식도 서양 문헌을 표기하기에 알맞게 표준화되어 있다. 그러므로 언어와 문자 체계가 다른 동양 문헌을 서양에서 일반화된 각주 양식에 맞추어 표기하자면 곤란한 점이 있다. 더구나 연구 논문이라면 흔히 동 · 서양의 문헌이 혼용되는 일이 많기 때문에, 각주로 이들 이질적인 문헌을 처리할 때 조화와 통일성을 기하기란 간단한 일이 아니다. 또한 서양의 각주 양식이라 하더라도 하나로 통일되어 있는 것이 아니라 언어나 지역에 따라, 그리고 학문의 분야나 단체(학술기관) · 출판사에 따라 차이가 있다.

㉮ Turabian Style (=Chicago Style)

김우창.《풍경과 마음》. 서울 : 생각의 나무, 2003.

Whitburn, Joel. *The Billboard Book of Top 40 Hits*. New York : Billboard Publications, 1985.

㉯ APA(American Psychology Association) Style

김우창(2003).《풍경과 마음》. 서울 : 생각의 나무

Arnheim, R. (1971). *Art and Visual Perception*. Berkeley : University of California Press.

㉮형은 출판 연도를 맨 뒤에 두지만, ㉯형은 출판 연도를 필자명 다음에 두되, 괄호 안에 넣어 기재한다. ㉮형은 각주를 달고 각주에 서지 사항을 기재하는 데 반해, ㉯형은 각주가 아닌 본문에 필자명과 출판 연도를 넣는 것으로 대신하고 각주에는 내용주만을 넣는 것을 원칙으로 한다. 가령 "김우창(2003)에서는…" 이라는 구절의 의미는, 필자가 '김우창' 이고, 2003년에 출판한 논저임을 의미한다. "김우창(2003 : 67)" 이라고 하면 그 책의 67페이지에서 인용하였음을 의미한다. 만약 동일 필자가 한 해에 여러 논저를 출판했고, 그 논저들을 모두 인용할 경우는 "김우창(2003a)", "김우창(2003b)" 와 같은 방식으로 구분한다. 그리고 저자명이 괄호 안에 들어갈 경우는 "…한다는 것이다(김우창 2003 : 67)" 이라 하여 출판 연도와 페이지를 묶는 괄호를 없앤다.

㉮형은 주에 출판 사항들이 모두 나와 있으므로, 때로는 논문의 말미에 참고문헌을 제시하지 않아도 무방하다. 그러나 ㉯형은 주 없이 본문 속에서 인용 사실을 처리하므로, 반드시 논문의 말미에 참고문헌을 달아야 한다.

㉮형과 ㉯형의 두 방식 가운데 어느 쪽을 선호하는지는 전공에 따라 다르므로, 자신이 속한 전공에서 어떤 방식을 쓰고 있는지를 미리 확인해 두는 것이 필요하다.

㉮형의 외국 인명인 경우, 주에서는 이름-성의 순으로 쓰고(예 : John Lyons), 참고문헌에서는 반드시 성-이름의 순으로 쓰고 성 다음에 쉼표를 넣어야 한다(예 : Lyons, John). 참고문헌의 경우 성을 먼저 써야만 참고문헌들을 알파벳순으로 정렬할 수 있다.

논문 집필자가 각주 양식을 선택할 때 고려해야 할 점은 다음과 같이 요약할 수 있다.

1) 학교에서 제정 또는 지정한 양식이 있으면 물론 그것을 따라야 한다. 그러나 지도교수의 취향이나 견해에 따라 달라지는 수도 있다.

2) 따로 지정된 양식이 없으면 가장 일반화된 것을 택한다. 그러나 국내에서는 어느 것을 일반적인 양식이라고 할 것인지 판단하기 어렵다. 아직 양식의 정비가 이루어지지 않았기 때문이다.

3) 양식의 시각적인 요소는 매우 중요하다. 일례로, 서양 문자의 경우 이탈릭체로 표기한 곳을 동양 문자는 어떻게 다루느냐가 문제이다. 밑줄을 긋거나 부호를 사용하는 방법도 있지만, 확연히 드러나 보이되 눈에 거슬리지 않는 양식이어야 한다.

ⓐ 단행본 : 저자 1인

(註) 현상윤, 《조선유학사》(서울 : 민중서관, 1949), pp. 39-42.

(參) 현상윤. 《조선유학사》. 서울 : 민중서관, 1949.

(註) Dan I. Slobin, *Psycholinguistics*(London : Scott, Foresman and Co., 1971), pp. 86-87.

(參) Slobin, Dan I. *Psycholinguistics*. London : Scott, Foresman and Co., 1971.

ⓑ 단행본 : 저자 2 · 3인

(註) 노창섭 · 김종서 · 한상준, 《개발도상에 있는 농촌사회연구》(서울 : 이화여자대학교 출판부, 1965), p. 65.

(參) 노창섭 · 김종서 · 한상준. 《개발도상에 있는 농촌사회연구》. 서울 : 이화여자대학교 출판부, 1965.

(註) Cleanth Brooks, John T. Purser, and Robert P. Warren, *An Approach to Literature*, 4th ed.(New York : Appleton, 1944), p. 106.

(參) Brooks, Cleanth, John T. Purser, and Robert P. Warren. *An Approach to Literature*. 4th ed. New York : Appleton, 1944.

ⓒ 단행본 : 저자 4인 이상

(註) 신건식 외, 《농촌지도론》(서울 : 진명문화사, 1979.), p. 79.

(參) 신건식 · 임문순 · 홍남식 · 오조환. 《농촌지도론》. 서울 : 진명문화사, 1979.

(註) Angus Campbell et al., *The American Voter*(New York : John Wiley & Sons, 1964), p. 148.

(參) Campbell, Angus, Philip E. Converse, Warren E. Miller, and Donald E. Stokes. *The American Voter*. New York : John Wiley & Sons, 1964.

ⓓ 단행본 : 저자명 불명

(註) 《춘향전》(서울 : 현암사, 1954), p. 23.

(參) 《춘향전》. 서울 : 현암사, 1954.

(註) *Literary Amusements : Evening Entertainer*, 2 vols.(Dublin : S. Price and others, 1782), 1:35.

(參) *Literary Amusements : Evening Entertainer*. 2 vols. Dublin : S. Price and others, 1782.

ⓔ 단행본 : 편자 1인

(註) 한용운 편,《불교대전》(동래 : 범어사, 1914), p. 76.

(參) 한용운 편.《불교대전》. 동래 : 범어사, 1914.

(註) Marcus Whiffen, ed., *The Architect and the City*(Cambridge : M.I.T. Press, 1965), p. 65.

(參) Whiffen, Marcus, ed. *The Architect and the City*. Cambridge : M.I.T. Press, 1965.

ⓕ 단행본 : 편자(남의 저술을 편찬할 경우)

(註) 최치원,《국역고운선생문집》, 최준옥 편(서울 : 고운선생문집편찬회, 1973), pp. 215-219.

(參) 최치원.《국역고운선생문집》. 최준옥 편. 서울 : 고운선생문집편찬회, 1973.

(註) John Locke, *An Essay Concerning Human Understanding*, ed. Raymond Wilburn(London : Dent, 1947), pp. 59-60.

(參) Locke, John. *An Essay Concerning Human Understanding*. Edited by Raymond Wilburn. London : Dent, 1947.

ⓖ 단행본 : 번역자 표시

(註) 양계초,《민족경쟁론》, 유호식 역(한성 : 고금서해관, 융희 2년=1908), p. 54.

(參) 양계초.《민족경쟁론》. 유호식 역. 한성 : 고금서해관, 융희 2년(1908).

(註) Paul Reuter, *International Institutions*, trans. J. M. Chapman(New York : Frederick A. Praeger, 1961), p. 93.

(參) Reuter, Paul. *International Institutions*. Translated by J. M. Chapman. New York : Frederick A. Praeger, 1961.

ⓗ 단행본 : 부서명이 있을 때

(註) 이종남,《조세법연구 — 부정소득의 과세와 대책》(서울 : 법조문화사, 1975), pp. 236-239.

(參) 이종남.《조세법연구 — 부정소득의 과세와 대책》. 서울 : 법조문화사, 1975.

(註) T.S. Eliot, *The Sacred Wood : Essays on Poetry and Criticism*, 7th ed.(London : Methuen, 1950), p. 33.

(參) Eliot, T.S. *The Sacred Wood : Essays on Poetry and Criticism*. 7th ed. London : Methuen, 1950.

ⓘ 단행본 : 총서 중의 하나인 경우

(註) 고유섭,《한국탑파의 연구》, 한국문화총서, 제3집(서울 : 을유문화사, 1954), pp. 32-54.

(參) 고유섭.《한국탑파의 연구》. 한국문화총서, 제3집. 서울 : 을유문화사, 1954.

(註) Matilda E. Steiner, *The Psychologist in Industry*, American Lecture Series, no. 79 (Springfield, III. : C.C. Thomas, 1949), pp. 99-100.

(參) Steiner, Matilda E. *The Psychologist in Industry*. American Lecture Series, no. 79. Springfield, III. : C.C. Thomas, 1949.

ⓙ 단행본 : 판차 표시

(註) 이창렬,《신국제경제론》, 제2개정증보판(서울 : 법문사, 1970), p. 123.

(參) 이창렬.《신국제경제론》. 제2개정증보판. 서울 : 법문사, 1970.

(註) Arthur William Thompson, ed., *Gateway to the Social Sciences*, rev. ed.(New York : Holt, Rinehart & Winston, 1959), pp. 233-235.

(參) Thompson, Arthur William, ed. *Gateway to the Social Sciences*. Rev. ed. New York : Holt, Rinehart & Winston, 1959.

ⓚ 단행본 : 영인본

(註) 小倉進平,《朝鮮語方言の研究》, 下卷(東京 : 岩波書店, 1944 ; 影印版, 서울 : 亞細亞文化社, 1974), p. 564.

(參) 小倉進平.《朝鮮語方言の研究》. 下卷. 東京 : 岩波書店, 1944 ; 影印版, 서울 : 亞細亞文化社, 1974.

(註) Frederick A. McKenzie, *The Tragedy of Korea*(London : Hodder and Stoughton, 1908 ; reprint ed., Seoul : Yonsei University Press, 1969), pp. 129-131.

(參) McKenzie, Frederick A. *The Tragedy of Korea*. London : Hodder and Stoughton, 1908 ; reprint ed., Seoul : Yonsei University Press, 1969.

ⓛ 단행본 : 출판 사항 불명

(註) 리승만, 《한국교회핍박》 (〔하와이〕 : 발행소 불명, 1913), pp. 59-63.

(參) 리승만. 《한국교회핍박》. 〔하와이〕 : 발행소 불명, 1913.

(註) Henry D. Northrop, *The Flowery Kingdom and the Land of the Mikado or China, Japan and Corea* (n. p., n. d.), p. 9.

(參) Northrop, Henry D. *The Flowery Kingdom and the Land of the Mikado or China, Japan and Corea*. n. p., n. d.

ⓜ 한 저술 중의 일부

(註) 조지훈, 〈민족문화의 당면과제〉, 《지조론》(서울 : 삼중당, 1962), p. 36.

(參) 조지훈. 〈민족문화의 당면과제〉. 《지조론》. 서울 : 삼중당, 1962.

(註) Richard Hofstadter, "Abraham Lincoln and the Self-made Myth," in *The American Political Tradition and the Men Who Made It*(New York : Alfred A. Knopf, 1948), pp. 99-101.

(參) Hofstadter, Richard. "Abraham Lincoln and the Self-made Myth." In *The American Political Tradition and the Men Who Made It*. New York : Alfred A. Knopf, 1948.

ⓝ 합집 · 선집 중의 일부

(註) 김철수, 〈분단된 독일〉, 독일문화연구소 편, 《독일문화사대계》, 1(서울 : 신지사, 1974), pp. 426-469.

(參) 김철수. 〈분단된 독일〉. 독일문화연구소 편. 《독일문화사대계》, 1. 서울 : 신지사, 1974.

(註) Richard Montague, "Pragmatics and Intensional Logic," in *Semantics of Natural Language*, ed. Donald Davidson and Gilbert Harman, 2nd ed.(Dordrecht, Holland : D. Reidel Publishing Co., 1972), pp.145-147.

(參) Montague, Richard. "Pragmatics and Intensional Logic." In *Semantics of Natural Language*. Ed. Donald Davidson and Gilbert Harman. 2nd ed. Dordrecht, Holland : D. Reidel Publishing Co., 1972.

ⓞ 여러 권으로 된 한 사람의 저술 중의 한 책 (책마다 이름이 다를 때)

(註) 崔南善, 《六堂 崔南善 全集》, 高麗大學校 亞細亞問題硏究所 六堂全集編纂委員會 編, 4 : 《故事千字》(서울 : 玄岩社, 1973), p. 36.

(參) 崔南善.《六堂 崔南善 全集》. 高麗大學校 亞細亞問題硏究所 六堂全集編纂委員會 編. 4 :《故事千字》. 서울 : 玄岩社, 1973.

(註) Will Durant, *The Story of Civilization*, vol. 1 : *Our Oriental Heritage*(New York : Simon & Schuster, 1942), p. 68.

(參) Durant, Will. *The Story of Civilization*. vol. 1 : *Our Oriental Heritage*. New York : Simon & Schuster, 1942.

ⓟ 여러 사람의 저술을 합찬한 것 중의 한 책

(註) 李相佰,《韓國史, 近世前期篇》, 震檀學會 編,《韓國史》, 第3卷(서울 : 乙酉文化社, 1962), pp. 236-239.

(參) 李相佰.《韓國史, 近世前期篇》. 震檀學會 編.《韓國史》, 第3卷. 서울 : 乙酉文化社, 1962.

(註) Hubert Hefner, *The Nature of Drama*, vol. 2 of *An Introduction to Literature*, ed. Gordon N. Ray, 4 vols.(Boston : Houghton Mifflin Co., 1959), p. 49.

(參) Hefner, Hubert. *The Nature of Drama*. Vol. 2 of *An Introduction to Literature*, edited by Gordon N. Ray. 4 vols. Boston : Houghton Mifflin Co., 1959.

(註) 震檀學會 編,《韓國史》(서울 : 乙酉文化社, 1962), 第3卷 : 李相佰,《近世前期篇》, pp. 236-239.

(參) 震檀學會 編.《韓國史》. 서울 : 乙酉文化社, 1962. 第3卷 : 李相佰,《近世前期篇》.

(註) Gordon N. Ray, ed., *An Introduction to Literature*, 4 vols.(Boston : Houghton Mifflin Co., 1959), vol. 2 : *The Nature of Drama*, by Hubert Hefner, p. 49.

(參) Ray, Gordon N., ed. *An Introduction to Literature*. 4 vols. Boston : Houghton Mifflin Co., 1959. Vol. 2 : *The Nature of Drama*, by Hubert Hefner.

ⓠ 잡지 및 논문집에 실린 글

(註) 李泰鎭, 〈朝鮮性理學의 歷史的 機能 — 그 再評價를 위한 하나의 試論〉,《創作과 批評》, 9(1974 가을) : 842-856.

(參) 李泰鎭. 〈朝鮮性理學의 歷史的 機能 — 그 再評價를 위한 하나의 試論〉.《創作과 批評》, 9(1974 가을) : 842-856.

(註) Warren F. Kimball, "The Cold War Warmed Over," *The American Historical Review*, 79(October 1974) : 1119-1136.

(參) Kimball, Warren F. "The Cold War Warmed Over." *The American Historical Review*,

79(October 1974) : 1119–1136.

ⓡ 신문기사

(註) 李元淳, 〈나의 回顧錄〉, 《한국일보》, 1975년 3월 13일, p. 4.

(參) 李元淳. 〈나의 回顧錄〉. 《한국일보》. 1975년 3월 13일. p. 4.

(註) Lynn Lilliston, "The Voices of Youth : They Know and They Talk," *Los Angeles Times*, 24 April 1966, sec. E, p. 1.

(參) Lilliston, Lynn. "The Voices of Youth : They Know and They Talk." *Los Angeles Times*. 24 April 1966. sec. E, p. 1.

ⓢ 백과사전류의 해설기사

(註) 《經濟學大辭典》(서울 : 博英社, 1964), s. v. "寺院經濟."

(參) 《經濟學大辭典》. 서울 : 博英社, 1964. s. v. "寺院經濟."

(註) *Encyclopaedia Britannica*, 1971 ed., s. v. "Academies."

(參) *Encyclopaedia Britannica*. 1971 ed. s. v. "Academies."

• 항목을 앞세울 경우

(註) "寺院經濟," 《經濟學大辭典》(서울 : 博英社, 1964).

(參) "寺院經濟." 《經濟學大辭典》. 서울 : 博英社, 1964.

(註) "Academies," *Encyclopaedia Britannica*, 1971 ed.

(參) "Academies." *Encyclopaedia Britannica*. 1971 ed.

ⓣ 학위논문

(註) 朴泰權, 〈崔世珍 硏究 — 그의 言語學的 業績을 중심으로〉(文學博士 學位論文, 釜山大學校, 1973), pp. 39–40.

(參) 朴泰權. 〈崔世珍 硏究 — 그의 言語學的 業績을 중심으로〉. 文學博士 學位論文, 釜山大學校, 1973.

(註) Fuller Schmaltz, "The Weltschmerz of Charles Addams" (Ph.D. dissertation, Columbia University, 1959), p. 7.

(參) Schmaltz, Fuller. "The Weltschmerz of Charles Addams." Ph.D. dissertation, Columbia University, 1959.

ⓤ 재인용(이차인용)

(註) 河野六郎, 〈朝鮮方言學試攷〉, p. 85, 金亨奎, 《韓國方言學硏究》, 下卷(서울 : 서울大學校 出版部, 1974), p. 14에서 再引用.

(參) 金亨奎. 《韓國方言學硏究》. 서울 : 서울大學校 出版部, 1974.

(註) William Stubbs, *Lectures on Medieval History*, p. 210, quoted in 〔or 'cited by'〕 G.G. Coulton, *Medieval Panorama*(New York : Meridian Books, 1954), p. 366, n. 2.

(參) Coulton, G.G. *Medieval Panorama*. New York : Meridian Books, 1954.

⑦ 전자 문헌의 인용

대부분의 참고문헌은 출판일이 유일하지만 전자문헌의 경우 수시로 새로운 내용이 업데이트되므로 유일한 날짜가 존재하는 것은 아니다. 따라서 이러한 경우 접속한 일자를 출판 날짜로 기재한다. 기존의 논문들을 살펴보면 전자문헌을 인용할 때 URL(Uniform Resource Locator)만을 기재하고 있지만, URL뿐만 아니라 해당 자료를 다른 방법으로 확인할 수 있는 정보(예 : 저자명, 제목)도 기재하여야 한다. 이렇게 함으로써 그 주소로 접속이 되지 않을 경우 다른 검색엔진을 통해 그에 준하는 정보를 독자들이 얻을 수 있다.

전자문헌을 인용할 때는 저자의 이름, 제목, 날짜, 출판 장소를 차례대로 기입한다. 저자의 이름은 제시되어 있는 경우에만 밝혀 주며 성 · 이름의 순서로 적는다. 제목은 국내 문헌의 경우 " ", 《 》, 또는 『 』로 묶어 주고, 영미쪽 문헌의 경우 이탤릭체로 하거나 밑줄을 긋는다. 본서에서는 이탤릭체로 표시하기로 한다. 날짜를 적을 때에는 확인 가능한 경우 그 페이지가 작성된 날짜를 적지만 이것은 거의 표시되지 않고 있으므로, 자신이 그 페이지에 접속하여 본 날짜를 적는 것이 일반적이다. 마지막으로 기입하는 URL은 인터넷상의 주소를 말하는 것으로, 일반 서적류의 출판사 정보에 해당한다고 할 수 있다.

주의할 점은 마침표, 쉼표, 따옴표 다음에는 반드시 최소한 한 칸씩 띄어쓰기를 해야 한다는 것이다. 그리고 각 참고 사이트의 마지막에는 마침표를 찍어야 한다.

1) 데이터베이스, 컴퓨터 프로그램

프로젝트나 데이터베이스의 제목, 기재된 경우 프로젝트나 데이터베이스의 편집자명, 전자문헌의 정보, 갱신일자나 개정일자, 후원 업체나 기관, 접속일자와 전자주소를 기재한다.

Britannica Online, vers. 98. 2. Apr., Encyclopedia Britanica, 8 May 1998 〈http://

www.eb.com/〉.

CNN Interactive, 19 June 1998, Cable News Network, 19 June 1998 〈http://www.cnn.com/〉.

The Electronic Text Center, ed. David Seaman, 1998, Alderman Lib., Univ. of Virginia, 14 Feb. 1998 〈http://etext.lib.virginia.edu/〉.

2) 전문 사이트 혹은 개인 사이트

사이트를 만든 사람의 이름, 사이트의 제목을 기재한다. 사이트의 제목이 나타나 있지 않을 경우 홈페이지임을 밝혀 주도록 하며, 영미쪽의 경우 "Home page"라는 어구와 함께 기재한다. 이 사이트와 관련이 있는 단체명, 접속일자, 전자주소를 기재한다.

— 박진형, "박진형 홈페이지," 2000. 5. 1. 〈http://members.iworld.net/pjh1968/dindex.htm〉.

— 신문이나 뉴스기사

"정부, 거시경제지표 대부분 상향 조정," 전자동아일보, 2000. 5. 2. 〈http://www.dongailbo.co.kr/ fbin/output?f=todaynets&n200005020019&main=1〉.

— TV나 라디오 프로그램

이병훈 · 이정표, "허준," MBC, 서울, 2000. 5. 1. 〈http://kr.drama.yahoo.com/xfile/xfile0014.html〉.

3) 온라인 정기간행물

— 학술 잡지의 기사

이남석, 〈이동의 움직씨에 관한 지시적 해석〉, 《한국어학》, 1999/9호 〈http://www.koreanliguistics.or.kr/book/n908.hwp〉.

— 신문이나 뉴스기사

"일, 음악 · 영상 온라인거래 과세 제안," 전자한겨레신문, 2000. 5. 13. 〈http://www.hani.co.kr/section-007000000/2000/007000000200005131039204.html〉.

— 잡지기사

최우석, 〈세계에 떨친 한국 정론의 기개〉, 《주간조선》, 2000. 5. 12. 〈http://weekly.chosun.com/news/html/200005/200005120016.html〉.

4) CD-ROM, 디스켓, 자기 테이프

— 단행 CD-ROM, 디스켓, 자기 테이프

《중앙 멀티미디어 대백과 99》, CD-ROM, 서울 : (주)LG유통, 1999.

5) 텔레비전과 라디오 프로그램

프로그램명, 방송사명, 방송 날짜를 기본 사항으로 하여 기재한다. 프로그램명은 국내 프로그램의 경우 인용부호와 함께 기재하고 서양 프로그램의 경우는 이탤릭체로 기재한다.

"추적 60분," KBS2, 2000년 4월 27일 방영.

The Buccaneers, by Edith Wharton, adapt. Maggie Wadey, perf. Mira Scrvino, Alison Elliot, and Carla Gugino, 3 episodes, Masterpiece Theatre, intro. Russell Baker, PBS, WGBH, Boston, 27 Apr.-11 May 1997.

6) 필름이나 비디오 테이프

일반적으로 단행본에 적용되는 기준을 적용한다. 슬라이드, 필름스트립, 비디오카세트 등임을 밝혀 준다. 국내 테이프의 경우 인용부호와 함께 기재하고 서양 테이프의 경우는 이탤릭체로 기재한다.

"러브레터," 이와이 슈운지 감독, 서울 : 한국영상투자개발, 2000

It's A Wonderful Life, dir. Frank Capra, perf. James Stewart, Donna Read, Lionel Barrymore, and Thomas Mitchell, RKO, 1946.

The Greek and Roman World, filmstrip, Chicago : Society for Visual Education, 1977.

7) 공연

Smokey Joe's Cafe, 제리작스 연출, LG 아트센터, 서울, 2000. 5. 20.

Hamlet, by William Shakespeare, dir. John Gielgud, perf. Richard Burton, Shubert Theatre, Boston, 4 Mar. 1964.

8) 만화

만화 또는 카툰임을 명시해 준다.

이홍우, 만화, 〈나대로선생〉, 《동아일보》, 2004년 2월 3일 A31면.

Chast, Roz, Cartoon, *New Yorker*, 7 Apr. 1997 : 72.

9) 광고

광고물, 광고회사를 명시해 주고 광고임을 기재한다.

"우리는 하나입니다," 광고, 국정홍보처, 2000.4.29.

Air Canada, Advertisement, CNN, 15 May 1998.

더 읽을거리

◆ 고려대학교 출판부 엮음. 《새로운 논문작성법》. 고려대학교출판부, 2001.

사회과학과 글쓰기

초 판 발행 2004년 9월 1일
개정판 발행 2005년 9월 1일
개정판 10쇄 2013년 8월 27일
지은이 고려대학교 사고와 표현 편찬위원회
펴낸곳 고려대학교출판부
www.kupress.com
kupress@korea.ac.kr
136-701 서울특별시 성북구 안암동
02-3290-4230, 4232
Fax 923-6311
찍은곳 경주문화인쇄

ISBN 89-7641-553-1 03710

값 10,000원
* 잘못 만들어진 책은 바꿔드립니다.